历史选择了

—— 龙市记忆

梅黎明　编著

江西教育出版社
JIANGXI EDUCATION PUBLISHING HOUSE

·南昌·

赣版权登字-02-2025-089

图书在版编目（CIP）数据

历史选择了龙市：龙市记忆 / 梅黎明编著.

南昌：江西教育出版社, 2025. 4. —— ISBN 978-7-5705-4643-5

Ⅰ. K295.65-49

中国国家版本馆CIP数据核字第202463K3P1号

历史选择了龙市：龙市记忆
LISHI XUANZE LE LONGSHI : LONGSHI JIYI

梅黎明　编著

江西教育出版社出版
（南昌市学府大道 299 号　邮编：330038）

各地新华书店经销
江西骁翰科技有限公司印刷
720 毫米 × 1000 毫米　　16 开本　　21.75 印张　　327 千字
2025 年 4 月第 1 版　　2025 年 4 月第 1 次印刷

ISBN 978-7-5705-4643-5
定价：49.00 元

赣教版图书如有印装质量问题，请向我社调换　电话：0791-86710427
总编室电话：0791-86705643　　编辑部电话：0791-86700573
投稿邮箱：JXJYCBS@163.com　　网址：http://www.jxeph.com

序言

　　笔者每次来龙市都会到龙江书院，然后走上会师桥，凭栏文星阁，远眺龙江水，脑海中蓦然出现的便是朱毛会师的历史场景。那会师桥化作一道彩虹，飞上了井冈山头；那龙江水奔涌千里，荡涤着茫茫神州。从会师桥到金水桥，人们可以从中看到，人民军队从无到有，人民政权由小到大。从井冈山会师纪念碑到人民英雄纪念碑，先烈们所建立的千秋伟业，将永远矗立在中国人的心头。

　　回首英雄聚首的光荣历史，为什么会发生在龙市？这方水土有什么样的秉性，让历史选择了它？笔者行进在龙市的大街小巷，寻找那段刻骨铭心的历史记忆，感悟这方水土特有的风土人情。笔者涌动着思绪，从形成的《历史选择了龙市——龙市记忆》书稿中试图去解答这个疑问。

龙市，古道热肠、淳朴之气

　　这里背依五虎岭，龙江河环绕四周，虎踞龙盘，人文鼎盛。相传在南宋建炎年间（1127—1130年），萧姓族人从吉安宣都峡石下园砻头洲迁徙至此立基，以故地名"砻头"命名，后随集市的发展，这里被称为"砻头市"或"砻市"，新中国成立后简称"龙市"。

　　龙市原属宁冈县，后宁冈县撤销，归属井冈山市。原宁冈县古称永宁县，元代时从永新析出立县。黄洋界、九龙山、七溪岭等崇

1

山峻岭环绕四周，外来势力较难进入。古时这里民风淳朴而刚强，民众不畏强暴，敢于和贪官污吏作斗争，令封建官府无可奈何，难以治理。统治者设立永宁县，就是期盼这块土地"永远安宁"。过上安宁和富足的生活，是这方水土人世世代代的愿望。

而开始真正给人们送来幸福生活的，应是二十世纪二三十年代的中国共产党人。当地老百姓在中国共产党的领导下闹革命，分得了土地，建立了工农兵民主政权，真正当了主人。

时光回溯到1927年10月，天高气爽，秋意渐浓。当时，毛泽东带着几个人几匹马，转过蜿蜒的山路，走过大仓的那座古桥，与等候的袁文才会面。当陈慕平看见毛泽东后，立即把袁文才引上前去迎接。他们把毛泽东一行带到林凤和家，并在林家门口以最高礼仪隆重接待。毛泽东和袁文才在林家吊楼上会面并进行了交谈，为工农革命军安家在茅坪提供了条件。正如熊寿祺回忆所说："记得主席说过：'袁文才对革命是有帮助的。'三湾改编后的工农革命军两营人，没有袁文才答应以茅坪安定伤病员，没有与袁文才、王佐联合而不反对我们，我们是不容易进去的，就是进去了也难站住脚。"谭震林也说："部队到了茅坪，就是根据地创建开始的第一天。"从此以后，毛泽东率工农革命军进驻茅坪，并在袁文才的帮助下，设立了留守处和后方医院，史称"茅坪安家"。

龙市，宁折不弯、刚烈之气

毛泽东在《井冈山的斗争》中写道："整个的罗霄山脉我们都走遍了；各部分比较起来，以宁冈为中心的罗霄山脉的中段，最利于我们的军事割据。"从此，"宁冈"这个地名，就成了井冈山革命根据地范围内重要的政治与地理标志。

为了革命，这方百姓作出了巨大牺牲。据国民党"进剿军"的一个登记记载，1933年6月1日至1934年5月间，全县被焚屋宇700多栋，荒田1000余亩，损失耕牛3000多头。据《江西年鉴》记载，苏区时期，全县被焚房屋1437座，死亡11680人，财产损失不计其数，许多人家牺牲七八口人，有的全家被杀绝。大革命前夕，全县人口达9万人，到新中国成立初仅剩3.3万人。国民党反动派和土豪劣绅虽然一次次疯狂"进剿"、屠杀，但这方百姓英勇不屈、前仆后继，留下了许多可歌可泣的故事。

许多革命烈士的英雄事迹，让我们感受到那段血与火的历史和这方百姓的风骨。

萧正干，龙市上江边村人，历任龙市区工农兵政府秘书长、宁冈县苏维埃政府秘书长。1930年2月，宁（冈）遂（川）边防保卫团大肆捕杀红军及工农政权的革命人士。为了革命，他抛弃家庭，将唯一的儿子托付给堂弟媳妇刘含英照料，意志坚定地跟随中共宁冈县委、宁冈县苏维埃政府机关，在小江、棋子石一带打游击。同年5月的一天上午，他请假回家探望儿子，不料被龙市保卫团发现。敌人冲进来不由分说，一把将他来个五花大绑，并喝令他交出枪支和文件。萧正干说："我只有字管（毛笔）没有枪，文件我也不可能随身带。"敌人见他面无惧色、从容不迫，知道再问也是白搭。于是，敌人就在他家翻箱倒柜，里里外外搜了个遍，结果除了一些古线装书外，什么东西也没有搜出，只得押着萧正干出门往河西丫权坳走去。到了坳顶上，萧正干站住不走了。他说："我哪儿也不去了，要杀要剐由你们！"敌人说："你想死，没那么便宜！"说完，敌人就将他绑在一棵大树上，严刑拷打，要他供出党组织的去向。萧正干怒目而视，拒绝回答，敌人便惨无人道地将其杀害了。

萧作富，龙市村人，1928年加入中国共产党，曾任区赤卫队队长、红四军第三十二团一营二连排长，先后参加过七溪岭战斗、黄洋界战斗、坳头陇战斗。由于作战勇敢、机智多谋，他深得袁文才和何长工的器重。1930年2月，谢角铭和王云隆反水投敌组建了宁（冈）遂（川）边防保卫团，专与红军为敌。5月中旬，萧作富正准备去新城寻找红军独立营之际，被谢角铭派人诱骗至大陇。谢角铭好酒好菜加以款待，许以连长之位，邀他参加保卫团，被萧作富一口回绝。谢角铭见萧作富软硬不吃，便对他施以重刑，坐老虎凳、灌辣椒水、打毛竹钉等。尽管如此，萧作富仍大义凛然、坚贞不屈，决不反水投降，结果被谢角铭枪杀于大陇井水背，时年仅25岁。

行笔此处，笔者恍然觉得萧正干、萧作富在历史镜像中很眼熟，似曾相识。历史中有许多与他俩有着同样秉性、同样风骨的人。他们是谁？是袁文才，是龙超清，是贺氏三兄妹，是千千万万这方水土的老百姓。当年毛泽东上井冈山，他们打开山门，接纳了红军，接纳了中国共产党。他们掏心窝地与你交朋友，又不畏强暴地与敌人抗争到底。他们是生活在我身边的人，是那个年代革命者与群众的人物群像：刚烈、勇敢、真诚、善良……

龙市，富足安宁、烟火之气

经井冈山市历届党委、政府20多年的持续建设，龙市经济和社会得到高质量发展，百姓生活焕然一新，这方水土真正步入了"永宁"时代。

我们有幸作为今天城市建设的见证者、参与者、创造者，一次次站在五虎岭上，在历史与现实中，肩负起发展的重任；在记忆和梦想中，构建起新时代前进的蓝图。在新时代前进的脚步中，尊重过去，是为了不忘却历史；记住历史，更是为了让子孙有更加丰富的记忆。

历史，不能忘却。这里是井冈山会师的圣地，也是军政院校的摇篮。那些革命旧址旧居一起扛起了这座城市的荣光。生活在老屋的人们，对河东米街、河西鸭街这样的老街倍感亲切。历经风雨的小巷，守候着人们的乡愁；皑皑白雪覆盖的沥青路，和着人们匆匆的脚步，一步步踏出了日益富足的日子。

历史，忘却不了。习近平总书记带领我们走进新时代，今天的龙市已经发生了翻天覆地的变化，一条条窄街小巷先后拓宽，一座座楼宇大厦鳞次栉比。城区大街，车水马龙；农贸市场，货源充足；龙江两岸，绿树成荫，鸟语花香。不经意间，这里已成为宜居宜业的湘赣边界秀美小城，商贾游人纷至沓来。为了铸造城市之魂，支撑井冈山旅游业拓展，当地党委、政府站位全局、统筹谋划，着眼华夏文脉传承，文旅融合呼之欲出。破旧立新，顺应百姓呼声；枯木逢春，推动历史进程。

随着市镇现代化进程不断深入，龙市规划和建设日新月异。城市记忆是城市发展、变迁过程中留下的印记，它记录了城市的点点滴滴，是人们对一座城市最直观的印象表达。不同的城市有自己不同的印象，城市需要沿着记忆的长绳去拾掇、发掘属于自己的特有元素，才能塑造出属于自己的独一无二。《历史选择了龙市——龙市记忆》这本书完整记录了龙市发展的历史渊源和真实轨迹，填补了龙市历史文献编著的空白，所记录的内容概而全，较为系统地反映出了龙市的历史、文化、经济、社会事业等领域的发展历程和现状，涵盖了龙市的方方面面；所收录的资料许多是过去不为人所知的，有的资料是几经周折才收集到的，成果来之不易。

谨以此书献给朱毛会师九十五周年，献给千千万万为这方水土披肝沥胆、披荆斩棘的人们。

2023 年 10 月

（作者梅黎明系中国井冈山干部学院分管日常工作的副院长，

曾任井冈山管理局党工委书记、井冈山市委书记）

目录

第一章

边 陲 龙 市

BIAN CHUI LONG SHI

地名由来

据清代乾隆年间《永宁县志》记载，龙江系深山龙王喷出的涎水形成，并且龙王常循水现身于一片石头河床上，故此地称龙头。随着社会不断发展，龙头渐成周边地区集市贸易之地，砻匠将生产的砻床（民间砻谷的一种工具）到龙头出售，生意非常兴旺，因而有了砻市之称。民国时期，砻床交易渐渐消失，称砻市名不副实，于是以龙江为历史载体，改称龙市。

在另一种说法中，龙市地名与龙江河有关。相传，龙市在开发之初并没有江河，只有一条小小的水溪。不知是到了何年何代的一天，突然天昏地暗，接着暴雨下了三天三夜，整个原胜业乡的低洼之处全变成了一片汪洋。人们一打听才知道，原来是被许真君锁在新建西山古井中的聂龙（孽龙）出世了。它一出来，便对着苍宇大声喝道："许真君，你在哪里？今天我要把你剥皮抽筋！"没想到一股飙风吹来，竟把它吹了个团团转，吹向了南天。聂龙好不容易站稳脚跟，正想发怒，却见已到南天门下的黄洋界下了。但见黄洋界崔巍浩荡、景色优美，胜似天上琼林，于是聂头打落云头，决定在此再行修炼，择日再找许真君报仇。于是，它投胎到源头一新婚少妇胎中，准备三年后的芒种节出世。可是，聂龙没有想到，自它偷逃之时，即被在庐山仙人洞打坐修炼的许真君掐指算出，许真君立马来到了胜业乡源头村，找到那少妇的家人，告知其真相，并嘱咐他们将产妇转至楼上居住，减少水汽以防聂龙逃脱。端午节那天，正是芒种节气。许真君来到这户人家，在楼中架起了一口油锅，用三昧真火把油烧得滚烫，只等聂龙一出世，就将其丢入油锅炸死。没想到就在聂龙出生之时，突然响了一个炸雷，震碎了房顶的一块瓦片，一股雨水漏下，直泻女人胯下，聂龙顿时顺势降世，顺着雨水升上屋顶逃至野外。许真君立马追出，一人一龙在山顶展开了激战。聂龙不是对手，摇身变出九条龙。许真君也化出九个身形，一路追赶，在离源头村十里许的地方一刀将一条大龙斩下，这个地方就是大陇，随后又将一条龙斩下，现在这地方被称为中陇。聂龙见许真君如此厉害，几条化身就往下跑。许真君连忙一路追赶来，在今上桥电站上面田垄，又将一条龙的背身削下，现在这地被称作龙背上。紧接着，在今天叫龙角头的地方再将一条龙的龙角连头砍下。聂龙急速逃跑，许真君哪能放过，急跨两步，在龙市又将一条龙砍落，尸体跌落在一块大石上，人们从此把这个地方叫作砻（龙）头。孽龙自知性命难保，急忙一纵，许真君也一纵追上，在今天的三湾处将其砍下，所以有了九陇。许真君成功地铲除了聂龙，保护了百姓的生命财产。后来，人们在黄洋界猴子山一个自然生成的山洞里，建了一座龙王庙，称龙王仙庙。

随着时间的推移，砻头只保留在口语上，文字表述则成了龙市，数百年来沿用至今，并且被毛泽东在井冈山斗争时期选定成宁冈县的县城。

龙市镇情

　　龙市镇位于井冈山西部，地处东经113° 54′—113° 57′、北纬26° 41′—26° 43′，东邻葛田乡，南毗睦村乡，西与东上乡连界，北与古城镇接壤。镇内四面群山起伏，中间是河谷盆地，地势西南高东北低，素有"驼岭峙其西，龙江贯其中"之说。境内最高峰海拔392米，河流以龙江为主，龙江自南蜿蜒入镇，至竹下纳古田水，至相公庙纳睦村水，转向北流，至大江边汇合东源水，入古城镇境内。龙市"握交通湖南之枢纽"，吉衡铁路、319国道、S50井睦高速公路贯穿境内。辖区总面积94.48平方千米，下辖3个社区、14个行政村、104个村民小组。截至2022年年末，龙市镇辖区总户数8425户，户籍人口2.8万余人，其中农业户籍4047户，农业人口1.7万余人，除傣、回、苗3个主要少数民族外，均系汉族。

　　这是一块历史悠久的土地。据漕水陇、窑下等地发现的石器、陶片等文物表明，早在西周时期就有先民在龙市的土地上繁衍生息。唐末天复年间，先后有张、陈、萧、尹等姓氏的先民，从吉安、永新等地迁来，开基立业。陈三翁（字广琳）于北宋至道年间，徙居永新州胜业乡石陂村，成为陈姓开山鼻祖，殁葬石洲上燕窠形。南宋建炎年间，萧奇美从吉安宣都峡石下园砻头洲徙此立基，以故地命名此村为砻头，后随集市的发展称砻头市。元至顺年间，砻市属四保龙溪乡。清末民初，砻市属砻市自治区四保自治乡。1928年2月21日，宁冈县工农兵政府成立，驻龙市，地属龙市区龙市乡，此为龙市县治之始。1933年，国民党宁冈县政府机关设龙市，属龙市区第一保联地。1940年，改保联为乡（镇），龙市始称龙市镇，县城属龙市镇第一、第二、第三保地。1948年，龙市镇辖8保，县城仍属第一、第二、第三保地。1949年秋，龙市属一区（城厢）龙市镇庄前和四区石陂乡。1956年4月，全县调整为1镇8乡，龙市始为县直辖镇建制。1958年称龙市公社；1968年与东上、河桥公社合并，仍称龙市公社，驻地东上；1972年析出东上、河桥公社，称龙市镇，驻地龙市；1981年改龙市镇为龙市公社；1984年改龙市公社为龙市镇，恢复县直辖镇建制。2000年10月，井冈山市和宁冈县合并，组建新的井冈山市，龙市被列为井冈山三大城区之一，开启了新的行政运行体制。2019年，荷花乡、坳里乡并入龙市镇。

这是一方拥有名胜古迹的宝地。龙市不仅人文底蕴深厚，自然景观也极其优美，其中"江狮磅盘""钟楼晚翠""网形晓凉""金龟玉印""旗山凤舞""龙溪古阁""驼峰叠嶂""东江游鱼"并称龙市古八景。此外，境内建筑遗迹还有东汉建安年间的三昌仙、北宋熙宁年间的龙溪观、明代成化年间的萧公牌楼、清代道光年间的龙江书院、西式风格的刘德盛药店等。这些山川胜迹，历经沧桑，惜多圮废，现已重加修葺，成为新的景点景观。

这是一个人才辈出的福地。"一门三举人，隔河两进士"的佳话，道不尽古龙市的文风鼎盛。北宋天圣二年（1024年）进士、平江府通判、朝散大夫、知平江军府尹说，明永乐二年（1404年）甲申科进士、翰林院庶吉士、编修、文渊阁学士陈兴，明永乐三年（1405年）乙酉科进士、刑部主事江志昂，明正统四年（1439年）乙未科进士、潜山知县、长垣知县、顺德知府萧翼，他们既是治国安邦的朝廷栋梁，又是久负盛名的饱学鸿儒，留下了流芳千古的诗词歌赋和耀古烁今的累累著述。清代江西抚标中军参将、加提督衔、兼管左营张祖恩，诰授振武将军；清代先后任溆浦、石门、沅江、桑植、安化知县的张谟，为政爱民，清正廉洁，真乃魁星高耀，彪炳史册。清末民初的张篾匠、萧刀匠、陈木匠等名技师，为人类文明进步和社会发展作出了重要贡献。

这是一片红色的土地。土地革命战争时期，龙市是伟大的井冈山会师地，红

四军曾在这里创建，革命的火种曾在这里点燃。1926年11月下旬，中共宁冈县第一个党支部在龙江书院文星阁成立。从此，龙市人民在中国共产党的坚强领导下，在毛泽东、朱德、陈毅等革命先辈的率领下，踊跃参军参战，配合红军前仆后继，浴血奋战、舍生忘死，在创建、巩固和发展井冈山革命根据地的斗争中，在保卫罗霄山脉中段"武装割据"的伟大实践中，先后有156名优秀儿女为革命英勇献身。龙市的每一寸土地都洒下过革命先烈的鲜血，每一座山峦都留下了红军战士的足迹。境内有保存完好的毛泽东与袁文才大仓会面旧址、红四军军部旧址、红四军军官教导队旧址、红四军建军广场等革命旧址10余处，其中被列为全国重点文物保护单位2处、省级重点文物保护单位2处。新中国成立后，为缅怀革命先烈，纪念井冈山会师，人民政府建造了井冈山会师纪念碑、井冈山会师纪念馆、井冈山根据地烈士陵园、会师桥等纪念设施。此地成为一个没有围墙的博物馆，成为传承红色基因、赓续红色血脉的生动课堂，成为对外宣传和进行爱国主义教育以及革命传统教育的重要阵地，先后被中共中央宣传部、团中央书记处、中国文学艺术界联合会、国家文物局、中国人民解放军国防大学、工程兵指挥学院、国防科技大学、陆军步兵学院、南京政治学院、郑州防空兵学院等30多家单位列为"革命传统教育基地""爱国主义教育基地""中国井冈山干部学院教学实践基地"，每年接待游客超过100万人次，一直在向各界传扬会师圣地的故事……

潮涌千帆竞，奋楫正当时。龙市扛起"产业兴旺、人气集聚、商贸繁荣"的发展使命，全力推进产业提档、消费提级、品质提升，正努力建设一座活力之城、实力之城、现代之城。

党组织的创建

1926年7月，龙超清以国民党江西省党部特派员的身份，回到宁冈领导革命斗争。他与先期毕业回家而早在1925年就已加入中国共产党的刘辉霄，首先发展了刘克犹入党，在龙市黄家祠组成3人的马克思主义学习小组，宣传"联俄、联共、扶助农工"三大政策，为宁冈县党组织的建立奠定了基础。

1926年11月底，中共宁冈支部在龙江书院文星阁正式成立，龙超清任书记，刘辉霄任宣传委员，刘克犹任组织委员。第一批发展入党的有袁文才、龙雨、谢希安、邓海波等7人。党支部隶属中共江西地委领导，后改属中共吉安地委领导。1927年春，随着农民运动的发展，党员发展到30多人，中共宁冈支部下设5个党团支部。此时，袁文才领导的宁冈农民自卫军亦已建立起党的组织。同年7月，中共宁冈区委成立。

1928年2月20日，全县党员代表大会在龙市刘德盛药店召开，宣布成立中共宁冈县委，龙超清任书记，刘辉霄任宣传部部长，刘克犹任组织部部长，赵谐克、袁文才、邓海波、文根宗、胡白凡、萧子南、龙寿宇、谢希安等人为委员，隶属中共赣西南特委领导，同时受秋收起义前委的指导。各地召开群众大会，宣布赤卫队员都是共产党员，全县党员人数发展到2400余名。3月，湘南特委代表周鲁来到龙市，取消前委，工农革命军开往湘南，致使边界"顿失中心，各自为政，起不良之现象"①，造成"三月失败"，党的组织遭受严重损失。当时赣西南特委遭敌破坏，宁冈党组织改由吉安县兼管。后来，由于土客籍矛盾妨碍了党的发展，前委对宁冈的党组织进行了改组，将土客籍的党员调一大部分外出工作，并派何长工等人到宁冈县委工作，令何长工担任县委书记，很大程度上缓解了土客籍之间的矛盾，从而推动了宁冈县党组织的发展。后来，毛泽东在1928年写的《井冈山前委给中央的报告》（《井冈山的斗争》）中说："十一月到今年四月，为重新建立党时期。""到今年二月，宁冈、永新、茶陵、遂川都有了党的县委，酃县有了特别区委，莲花亦开始建立了党的组织，和万安县委发生了关系。"②党组织的恢复发展，为井冈山革命根据地的建立和巩固提供了良好的组织保证。

井冈山会师后，"再开始边界的割据"③。随着军事斗争的胜利，毛泽东等人采取了从政治上到组织上的一系列正确措施，使边界党的组织很快得到恢复，并有了新的发展。一是在组织上建立了边界特委，统一了边界各县党组织的领导。1928年5月20日，边界党的第一次代表大会在宁冈茅坪召开，会上决定成立湘赣边界特委。随后，宁冈县委隶属于湘赣边界特委，全县4个区、39个乡都建立了党的组织，区有区委，乡有支部。二是在湘赣边界党的第一次代表大会上，毛泽东回答了"红旗到底打得多久"的疑问，从政治上阐明了党的前途，坚定了边界共产党人及革命群众对创立罗霄山脉中段政权的信心。边界三是"边界党（地方的党和军队的党）的政策是正确的"④。当南方统治势力暂时稳定，湘赣两省敌军频频前来"进剿"，兵力数倍于己时，由于政策正确，边界出现"割据地区一天一天扩大，土地革命一天一天深入，民众政权一天一天推广，红军和赤卫队一天一天扩大"⑤的局面。到6月23日龙源口一仗后，边界的割据区域迅速扩大，井冈

---

① 《中共江西省委转来毛泽东同志的信》（1928年5月19日），中共江西省委党史研究室等编《中央革命根据地历史资料文库·1》，中央文献出版社、江西人民出版社，2011，第328页。

② 《毛泽东选集》第一卷，人民出版社，1991，第73、58页。

③ 《毛泽东选集》第一卷，人民出版社，1991，第59页。

④ 《毛泽东选集》第一卷，人民出版社，1991，第59页。

⑤ 《毛泽东选集》第一卷，人民出版社，1991，第59页。

山革命根据地进入全盛时期。宁冈有了党的县委，党员的数量达千余人。在革命态势高涨之际，宁冈县党的工作也不断得到发展。党的组织逐渐由秘密到半公开直至完全公开，有的地方甚至公开挂出党的招牌，公开征收党员。"在赤色政权下的各县，党的发展在农村中非常的快速（如永新、宁冈……）。"①宁冈党员一时竟增到1300余人，但也有不少投机分子趁机混入党内，到九月"洗党"时才被清除出去。

1929年6月下旬，红五军由粤北返回边界，中共宁冈县代表会议在龙市召开。会议贯彻边界特委二届四次执委会议精神，恢复中共宁冈县委。此时，宁冈县委管辖3个区委，即东南特区和西北特区区委，原属遂川县的大小五井区委亦划入宁冈县委管辖，全县党员人数有300余人。

1931年3月，中共宁冈县代表大会在龙市刘德盛药店召开，选举中共宁冈县委员会，中共宁冈县委员会此时下辖4个区委；1932年，下设32个支部，党员达498名；1933年增设柏路区委；1934年3月至6月隶属于赣西南特区委之西路行委；8月属湘赣临时省委管辖，10月起属湘赣省委管辖。

---

① 井冈山革命根据地党史资料征集编研协作小组、井冈山革命博物馆编《井冈山革命根据地》（上），中共党史资料出版社，1987，第137页。

工农兵政府的成立

1928年2月18日，工农革命军攻克宁冈县城新城，活捉县长张开阳，推翻了国民党县政权。按照毛泽东提议，宁冈县治之地由新城迁至龙市。随即，宁冈县工农兵代表大会在龙市张家祠召开。大会选举产生11人组成的县工农兵政府执委会，3人为常委，青年农民文根宗任县工农兵政府主席。政府下设粮食、土地、军事、财政、青年等部，并设监察主任一职。大会讨论作出决定：在全县普遍建立区乡工农兵政权；开展打土豪、筹款子、分浮财运动；建立赤卫队、暴动队，保卫巩固红色政权。

2月21日清晨，宁冈及附近的贫苦农民2万余人开始聚集在龙市沙洲，参加宁冈县工农兵政府成立大会。沙洲正中用48个禾桶，上面铺上门板，搭建了一个临时主席台，台顶悬挂着"宁冈县工农兵政府成立大会"红布横联。10时许，毛泽东、张子清、宛希先、何挺颖、袁文才、龙超清等军队和地方领导人走上主席台入座。萧子南宣布：宁冈县工农兵政府成立！顿时，鞭炮齐鸣，锣鼓喧天，会场一片欢腾。毛泽东在会上向到会的各界人士作了热情洋溢的讲话。他说："今天的大会，是个胜利的大会。从此，宁冈人民有了自己的政府，贫苦工农要自己当家做主了！"接着，他把文根宗请到台前向大家介绍说："这就是文根宗同志。就是他，在新城战斗中活捉了张开阳，立了头一功！从今天起，他就要担任大家的工农兵政府主席。'工农掌权坐天下'，大家要拥戴他、支持他，把宁冈的工作做得更好！"①在一片欢呼声中，毛泽东庄严地把宁冈县工农兵政府大印交给文根宗。

大会还宣布成立中共宁冈县委，龙超清任县委书记；成立县赤卫大队，石敬庭任大队长。龙超清、文根宗分别代表县委和县工农兵政府在会上作了发言。大会的最后一项议程是公审反动县长张开阳。当萧子南宣布将张开阳押进会场时，全场军民群情激愤。新任县工农兵政府主席的文根宗一一宣布了张开阳的罪状，并以宁冈县工农兵政府名义，宣布判处张开阳死刑，立即执行。

县工农兵政府办公地点设在龙市河西婆婆庙。此后，4个区、39个乡工农兵政府相继成立。

执委会原则上3个月改选一次，从1928年至1934年成立茶（陵）宁（冈）县苏维埃政府终止，前后计16次改选，部分负责人被反动派杀害，大多数则是到期改选或调整。

1928年5月下旬，湘赣边界工农兵苏维埃政府在茅坪成立。6月初，县工农兵苏维埃第二次代表大会在县城龙市召开。会议传达贯彻湘赣边界特委、军委制定的建设和巩固根据地的政策；着重就如何在全县深入开展土地革命，全面分配土地问题进行了讨论研究；按3个月一届的规定，选举了新的执委会成员，组成工农兵政府（5月后，工农兵政府改称为工农兵苏维埃政府）。9月，县工农兵苏维埃第三次代表大会在县城龙市召开。大会根据边界特委的指示，对建设巩固的红色政权进行了讨论研究，决定对区乡特别是乡一级政府，要把那些"挂起红带子，装得很热心，用骗术钻入了政府委员会，把持一切，使贫农委员只作配角"②的小地主、富农清除出去，整顿政府，推广民主制度，调整改选执委会成员。

1929年6月，县工农兵苏维埃第四次代表大会在龙市召开。会议贯彻边界特委二届四次执委会议精神，传达东固革命根据地经验，着重讨论研究"公开与秘密割据相结合"的形式，"党和苏维埃亦都应秘密着"，武装形式应"由守土的赤

---

① 《访问谢合斌、谢锡光等老同志的记录》（1971年），现存于井冈山会师纪念馆。
② 《毛泽东选集》第一卷，人民出版社，1991，第73页。

卫队改为游击部队"①，并选举了新的执委会成员。

　　1931年5月，县工农兵苏维埃第五次代表大会在龙市张家祠召开，到会代表100余人。会议要求在恢复和巩固一区（龙市）、二区（古城）、三区（新城）的红色割据区域的基础上，力图恢复全县红色割据区域。大会还选举了新的执委会成员。

---

① 　井冈山革命根据地党史资料征集编研协作小组、井冈山革命博物馆编《井冈山革命根据地》（上），中共党史资料出版社，1987，第314页。

工会组织的建立

1927年1月，在中共宁冈支部领导下，宁冈县总工会建立。随之，各区、乡的工会组织也相继建立。1928年2月，宁冈县工农兵政府成立后，县总工会设委员长1人，下设组织、宣传、青工、工人武装、女工、失业救济等部和秘书处。1931年4月，全县组织雇农工会。1932年3月，县赤色工会成立。1934年年初，红色工会停止活动。

井冈山斗争时期，县总工会组织工人参加赤卫队，担负站岗、放哨、巡逻、抓坏人等工作。1928年11月，县总工会抽调80余名手工业工人到大井、小井黄洋界参加修筑营房及哨口工事。次年1月，当湘赣两省国民党军"会剿"井冈山时，他们还配合红军作战，奋战三昼夜，终因寡不敌众，大小五井失守，只剩30余人归队，余均壮烈牺牲。1932年3月，为完成中共湘赣省委下达宁冈县的200名扩红指标，工会组织在工农群众中进行扩红宣传，动员大批赤卫队员参加红军队伍。1933年1月，中共湘赣省委配定宁冈革命战争公债500元的任务，工会积极组织会员认购，保证了任务的完成。

共青团的建立

1923年1月20日，江西省党组织负责人赵醒侬在进步青年学生中组织了中国共产主义青年团江西地方团（后改称南昌地方团）。这时，在南昌求学的龙超清、刘辉霄、刘懿等人经常和赵醒侬、方志敏及青年团组织接触，在他们教育和启发下，接受了进步思想，先后加入了青年团的组织。1924年至1925年的寒暑假，这些进步青年受南昌党团组织派遣，利用回乡度假时机，向青年和学生广泛宣传革命道理。

1926年7月，龙超清受江西省党组织派遣回到宁冈，首先在龙江书院成立学生联合会，推选萧子南为学生联合会主席，陈茂登、刘克壮、凌登云、邱凌岳、徐克刚、饶中干、邱文明为委员。通过学联，龙超清等人与青年学生取得更广泛联系，在青年学生中宣传共产主义思想。同年秋末，在进步青年学生中发展了一批团员，并在龙江书院文星阁成立了共青团宁冈支部，萧子南任书记，成员有李筱甫、刘克勋等人。

9月，北伐军进入江西，刘克猷、萧子南、蔡承卿等人在龙江书院组织140多名学生走向龙市街头游行示威，高呼"打倒列强！""打倒军阀！"等口号，声援北伐战争。为扩大革命武装力量，他们组织了一大批青年农民参加袁文才的农民自卫军，使这支仅有30多人、10多支枪的保卫团扩大改编为有100多人、60支枪的农民自卫军。

1927年湖南马日事变后，国民党右派疯狂镇压革命，湘赣边界各县团组织大都受到破坏，但宁冈团组织无损，7月扩充为宁冈团区委，书记仍由萧子南担任。在中共宁冈区委领导下，共青团宁冈区委继续把全县青年团结起来，坚持斗争。

1928年2月18日，工农革命军攻占宁冈县治新城，推翻了县国民党政权。中旬，第一届共产主义青年团宁冈县委员会在龙市成立，选举赵锦元、萧文范（显邦）、萧子南、徐奎焕（克刚）、萧铁平、赖以遵、谢瞻石7人为委员。萧子南任书记，赵锦元为宣传干事，萧文范为组织干事。

团县委建立后，全县4个区、39个乡，区有团区委，乡有团支部。4月，朱毛会师后，红四军军委抽调一批共青团员（大部分是从衡阳四师及警卫团起义过来的学生）来宁冈帮助团的工作，全县区乡工作迅速开展。团组织教育和发动广大团员打土豪、分田地，建立政权，参军参战，支援前线，在各项工作中起模范带头作用，并普遍地组织少年先锋队、儿童团组织。

1928年8月，一区（龙市）、二区（古城）划为西北特区；三区（新城）、四区（大陇）划为东南特区，分别成立西北团特委和东南团特委。

西北团特委代表大会选举苏富连、凌登云、徐克刚、萧子菊、萧铁平等人为委员，苏富连为书记。

东南团特委代表大会选举苏兰春、叶有清、谢凤生、谢伏生等人为委员，苏兰春为书记。

各级团组织恢复后，组织领导广大青年团员积极参加打土豪、分田地以及建立红色政权、参军参战支援前线、开展文化活动等革命工作，为井冈山革命根据地的创建、巩固和发展，作出了重大贡献和巨大牺牲。

创办红色小学。湘赣边界工农兵政府成立后，开办列宁小学、平民小学等红色小学，规定年满6岁的儿童均可入学，一般不缴学费；上课的老师请村里有文化的人来担任，教学的课本由各地自行编写，结合生产和斗争实际，注重向学生传播革命道理。由于团组织的有力推动，井冈山革命根据地的青少年教育事业蓬勃发展。仅在1927年年底到1928年秋，宁冈县就办起12所红色小学，学生达到

800余人。

推广社会教育。除开办小学外，根据地还开办夜校、识字班、半日学校等多种多样的社会教育，扩大受教育的普及面。此外，根据地还创立工农俱乐部，成立读报组，举办演唱会，组织大家做识字牌、写墙报、编演戏剧、发行报刊等，对广大群众尤其是对青年人和少年儿童开展更广泛的文化教育和政治教育。

注重思想引导。共青团配合党组织对广大军民强化理想信念教育，取得极大的成功。军事斗争是残酷的敌我较量，加上敌人的经济封锁，井冈山革命根据地的物资极度匮乏，一些人产生畏难思想和悲观情绪，甚至有人提出"红旗到底打得多久"的疑问。共青团及时组织广大军民学习毛泽东的《中国的红色政权为什么能够存在？》等著作，从理论上作出回答的同时，还在实践中坚持把武装斗争、土地革命等重大问题结合起来，增强理想信念教育的实效性。据不完全统计，在井冈山斗争时期，龙市牺牲的革命烈士达80余人，绝大多数都是年轻人。

发挥先锋作用。为了帮助各地搞好土地革命，共青团充分发挥党的助手作用，从各级团组织中抽调了大批青年干部深入根据地发动群众，指导群众进行分田。在党开展的反经济封锁的斗争中，宁冈县的青年人更是冲在前面，积极参加农业生产，有效保证了根据地军民的粮食供给。在党领导群众开展的反对封建陋习的革命运动中，团员带头支持实行婚姻自由，男女平等，提倡婚姻简朴节约，还积极参与打击有劣迹的赌徒、赌棍，大力支持苏维埃政府禁食鸦片等行动。

妇女会的建立

　　随着根据地的逐步建立，红色政权正式成立，大革命失败后被迫解散的边界各地的妇女组织又恢复发展和建立起来了。1928年2月，县工农兵政府成立后，县成立了妇女委员会，委员5人，龙佩云任主任。随后，全县区、乡都建立了妇女委员会，成员由贫苦劳动妇女、红军家属组成。县妇女委员会几经改选，主任先后由谢洁莲、刘观秀、谢青莲担任。1931年3月，县妇女委员会下设优待红军委员会。

　　妇女委员会组织的任务是：积极领导妇女反帝反封建；反对童养媳制度；反对打人骂人；宣传婚姻自主，男女平等，宣传剪发放足；宣传不信神不信鬼，发动妇女打神台和菩萨；参加扩红宣传，动员青年参军；给红军做鞋、洗补衣服、送茶、送饭、唱歌、跳舞；给伤员上药、烧水、煮饭，照顾红军家属，给军属代耕。在土地革命战争时期，妇委会发动妇女积极参加打土豪、分田地运动。工农革命军中的伍若兰、贺子珍、康克清等杰出妇女干部都曾在宁冈从事过革命斗争，对宁冈妇女运动起了积极推动作用，影响和带动许多妇女投身革命。井冈山斗争时期，宁冈县区、乡分别成立了妇女组织，肩负起为红军探听敌情、看护伤员、送水送饭、织斗笠、打草鞋、削竹钉、洗衣服等任务。在黄洋界保卫战前夕，她们将毛竹削成两头尖尖的竹签，在火上烤一下，再放到马桶尿里泡一泡，在敌人上山的必经之路上插满，为黄洋界保卫战的胜利作出了重要贡献。

在井冈山革命斗争的艰苦岁月里，龙市11名妇女为中国人民的解放事业英勇捐躯。

宁冈县解放始末

1949年，中国人民解放军在接连取得辽沈战役、平津战役、淮海战役和渡江战役的决定性胜利之后，正以秋风扫落叶之势，挥戈向东南、中南、西北和西南进军，扫荡残敌。

国民党宁冈县县长卢盛闻听解放军即将到来，失魂落魄，惶惶不可终日。1949年7月底，他带着宁冈县保安团和随从逃往湖南。当其逃至与湖南交界的睦村时，被宁冈县大恶霸陈振华等人截住，夺走宁冈县政府大印。陈振华被国民党赣西绥靖司令部任命为宁冈县县长，纠集400余名匪兵隐入深山、乡村，妄图东山再起。

7月28日，宁冈县人民解放促进会（以下简称"促进会"）在东源秘密成立。促进会就发展组织成员和策动国民党地方武装人员起义投诚等事项作了部署。

8月10日，中国人民解放军第二野战军第五兵团第十八军第五十二师一五六团，由永新经七溪岭进军宁冈。在新城与国民党军一部激战，并乘胜追击残敌，新城获得解放。在当地老红军的组织和带领下，新城人民欢欣鼓舞，热烈欢迎解放军重返当年井冈山革命根据地的红军大本营——宁冈，并送粮送菜，支援解放军。

8月16日晚，中国人民解放军第一五六团从新城开进县城龙市。第二天，促进会就迅速赶到龙市尹家祠，和解放军接头。促进会向解放军表示热烈欢迎，并热情接待了解放军。促进会在城乡各地大量张贴人民政府的布告，宣传党和人民军队的政策，还积极开展安定社会秩序的宣传活动，使广大群众认清了形势，主动地与解放军交谈。龙市街头到处可见欢声笑语的人群，军民欢聚一起，热闹非凡，秩序井然。

中国人民解放军第一五六团派人组织促进会成员学习党的方针政策，进行形势教育，使大家提高了思想觉悟。接着，促进会向地方反动武装头目陈振华、萧文德等人去信，宣传党的政策，敦促其交枪投诚，将功赎罪，争取宽大处理。在我党政策的感召下，8月21日上午，赣西绥靖司令部暂编第一连通过联系后，连长萧文德带领80余人、60条枪向解放军投诚，受到热烈欢迎。在龙市尹家祠门前，该连改编为"解放连"，萧文德任连长。同时，解放军向他们发还了刚缴交的武器，并对"解放连"进行整训，开展"三大纪律、八项注意"等内容的宣传教育，令其筹集军粮和维护龙市的地方治安。此时，除柏路、茅坪、大陇等边远地区尚有国民党军盘踞外，全县大部分区域得到解放。

8月24日，在宁冈的解放军部队准备开赴湖南，去参加围攻衡阳的战斗。出发前，解放军派通讯员将介绍信送给促进会的同志，要他们和"解放连"去永新找宁冈县委，协助县委和县大队剿灭宁冈的残匪，解放宁冈全境。促进会的同志接信后，为防止陈振华等地方反动武装的反扑，与"解放连"的官兵一起暂时撤到东上一带打游击，利用离永新近的条件，便于绕道去找宁冈县委。26日，萧文德率"解放连"部分武装人员赶往新城、七溪岭一带迎接宁冈县委的同志。促进会的萧文经、萧济春两人绕道三湾、小江去永新找宁冈县委，当他们走到白竹园时，得知前方发生地方反动武装交战，被迫返回东上。

当天，中共宁冈县委书记、宁冈县人民政府县长赵协魁率工作人员从永新县烟阁进驻宁冈新城，并与前来迎接的"解放连"胜利会合。大家欢欣鼓舞，着手开展宁冈全境解放和政权建设工作。接着，宁冈县人民政府发布了一系列布告，号召全县人民迅速动员起来，积极发展生产，努力支援前线；号召全县人民、各阶层人士应遵守和维护解放军颁布的约法八章，积极赞助人民的解放事业；宣布了《关于收缴武器和投降人员出路问题的有关规定》，以早日肃清匪特反动分子，保障人民安居乐业；明令各级伪职人员到当地人民政府登记，凡机关所有档案、资产等一律交人民政府接管，在接管前应各安守自职，负责保管，不得遗失。

8月27日，地方反动武装头子陈振华纠结部属，回到龙市县城，为他窃据宁冈县县长一职游行示威，并在龙市加岗设哨，加紧欺压百姓，反动气焰嚣张一时。在东上的促进会成员，通过化装成卖米的商贩等，绕道古城，到达新城，向县委汇报了龙市和陈振华的一些情况。县委书记赵协魁听了汇报后，考虑到我大部队尚未到达，决定暂不进攻龙市，并布置武装人员在古城至龙市一带密切监视县城之敌，提高警惕，严防敌人袭扰，并派员到龙市附近的村庄侦察敌情。县委在新城大力开展发动群众、建立农会和战前准备工作，组织进步青年到周围村庄张贴宣传标语，宣传全国全县的解放形势，动员群众回家搞好生产。同时，县委还进行了争取开明的国民党上层人士和兵士的工作，以瓦解敌军，使国民党残敌军心动摇。

9月6日凌晨，中国人民解放军第四野战军第四十八军两个连来宁冈侦察，在吉安军分区部队配合下，于柏露下陇村歼灭国民党赣西南绥靖司令部一个营，俘获敌营长等30余人，缴获一批枪支弹药。

9月25日，在县委的要求下，上级协调派来中国人民解放军第四野战军第四二六团，支援宁冈剿灭残敌。新城人民喜气洋洋，像当年配合红军反"会剿"一样，为解放军打米、磨粉、做米果、预备干粮，绘制宁冈路线图。翌日傍晚，解放军在地方武装和人民群众的密切配合下，自新城分三路出击，围歼残敌。中路经古城直捣龙市；左路过桥上、茅坪至大陇；右路过城边、穿坳里、东上而取睦村，对陈振华等匪军形成包围全歼之势。

当我军由新城进发时，陈振华闻风而逃，其部队溃不成军，少数散兵则变匪为民潜伏下来。9月27日拂晓，解放军和工作队顺利占领县城龙市及各乡村。至此，宁冈县全境获得解放，宁冈人民重见天日。县委和县人民政府机关由新城迁往龙市办公，接着成立了中共宁冈县委，县委下设秘书室、组织部、宣传部，并建立了区乡政权，成立4个区公所（城厢、古城、新城、龙源），下辖39个乡镇。随后，宁冈开展收枪剿匪，接管军、政、财、粮、邮政部门，进行征粮支前等工作。

而后，解放军第四二六团兵分三路继续向黄洋界、酃县南流青石岗、茶陵、遂川大汾一带进军剿匪，歼灭贺维珍残部和陈振华等匪兵300余人，活捉敌少将参谋刘继向，缴获大批武器。至此，县内较大规模的土匪基本被剿灭。

从此，当年红军大本营所在地的宁冈人民在党的领导下，开展剿匪反霸、减租减息、土地革命、发展生产、建设家乡等工作，走上了富足安乐的康庄大道。

第二章

古 韵 龙 市

GU YUN LONG SHI

五虎岭望月

龙江奔流

龙江书院的高度

刘德盛药号

......

五虎岭望月

　　五虎岭挺秀于龙江中游西岸，与县城隔江相望。每当月明时分，五虎岭云烟轻笼，层峦耸黛，展现一幅清丽的天然图画。来看月景的游人都十分赞赏这姣好的山容水意。"五虎望月"被推为龙市古八景之首。

　　以往朗月之夜，因四时变换，五虎岭景观迥然不同：春日，两江急浪在山下乌龙潭汇合后奔腾东去，伫立山边可一览"月涌大江流"的气势；盛夏，徘徊山间便可享受"风月无边"的清爽；深秋，登上山上临江亭阁可以领略"山高月小、水落石出"的意境；隆冬，到山下码头能一睹"其神若何，月射寒江"的风采。

　　中秋傍晚云淡天青，去五虎岭看月。走过华灯初上的街市，避开马路的尘嚣，进入红四军建军广场，仰见龙江三孔桥通体缀满彩灯，似金龙凌波飞跨江上，淡黄的月亮刚从远山后面悄悄露出笑脸。江面上波光粼粼，犹如千万双明眸闪烁，争看月宫嫦娥。迎着初升的月亮，信步踱过三孔桥，乘兴直上五虎岭，恍若履彩虹而登仙界。

　　夜气如水，密不透风，将人无孔不入地裹围起来。人在黑夜中蹒跚，恍若挣扎在幽幽海底，彼此见不着人影。三人只得以拍手为联络信号，跌跌撞撞向前摸了一段路，头上忽然罩下密密挤挤的星光来。于是大家几乎同时长吁了一口气，先确认了方才是在密林中夜行，接着又确认了当下是立身在一块不大的空地上。

抬头望，纤尘不染的天空缀满大大小小的星星，宛如万千流苏维系的水银珠。它们不分大小，既不自卑，也无自傲，更不曾相互遮蔽，各个流放着清辉。不禁为人们过去在繁华胜地居住时，夜晚每每注目于艳冶的霓虹和折射出七色辉光的喷泉，竟全然不记得星辰的辉耀而深深地自惭自责了。一会儿，那空中的小星星又渐次隐去了，灿亮的大星变小了，正不知天宇间发生了何种变故，却见东山头右侧探出一张姣好的眉脸来。

这是月，秋岚氤氲中的山间月，金瓯尚缺的上弦月，遍施恩德于海内外儿女的慈母月，不管人多人少、有人无人一样忠于职守的公仆月。月光似有暖意，它所君临的地方，夜气立时就被蒸干了，天上地下满世界都是明亮亮、鲜灵灵的，像贴上了一层银箔。面前的这株躯干挺拔、巨冠如云的千年古树，当是最能体察上弦月的深心了，最能切准上弦月的脉搏了，最能把握上弦月的走向了。它虬枝如龙，云盖迎展，远远地去迎接上弦月的照临；它轻声哼一支温柔的摇篮曲，又呼唤来山际的雄风，请风把这古老的心曲送给月儿；它积叠着在峰仞间游漾的云岚，再用这些天然的净纱拭去上弦月久积的征尘；它还高扬着枝干，要把月儿再送上一程。那月儿也是最能体察古树深心的了，它把更清亮的辉光泼泻下来。这使古树又想起它早已逝去的青春岁月，于是，它周身散发出水银色光焰，它对着月的明镜梳理云鬓，轻摇翠冠，朦胧中迎风甩撒着如云的秀发。那月儿看得痴情、看得心热，便不禁淌下欣喜的泪，这些泪珠化作了满山满野清凉的风露。

上弦月在上升，然而它的升高也如它的诞生一样，都是静默的、悄然的、不事先声张的，何曾想到要人们提前赶来伫候观仰；它既要升高，又要复圆尚缺的金瓯，还一刻不停地把亮丽的辉光送达世间，这种心血与力量的付出，定然是十分巨大的，而它却一向独立支持，庄重自强，何曾低眉折腰乞助于他人。它的襟怀又最是坦荡磊落的，最是能披肝沥胆的，即使在最辉煌的时分也展露自己的斑影，让世人看个分明；它又极是宽容大度，从不因为自己辉亮夺目而

拒绝熹微，在它所莅临的空际，天上群星竞彩，地上流萤戏飞，无边世界呈现一派富丽宁馨庄严的祥和气象。人们自然少不了望月、踏月、梦月、觅月，不谓不知月。而在这静谧的山中，静谧的林间，不只用眼睛看，也凭心灵去感应，方悟出对月的知与识甚少。愈发怅恨浅薄了，怅恨中也复萌了些许的喜悦，不是已经开始有了小知小识吗？

久久凝望着渐高渐圆的上弦月，人们都知道在音乐和文学的领域中，月亮是永恒的题材。从贝多芬不朽的"月光曲"，到目前中外的流行歌曲，反复歌颂月亮，诸如"月儿弯弯照九州，几家欢乐几家愁""青纱外月隐隐，青纱内冷清清""这绿岛像一只船，在月夜里摇呀摇"，歌词虽通俗，倒十分写实且形容出月色感人。文学中更不用说，翻开唐诗宋词，举目皆是月影，诸如"举头望明月，低头思故乡""今宵酒醒何处？杨柳岸，晓风残月"。满月撩人乡愁，残月陷人孤绝，"云破月来花弄影"却又把月亮形容得鲜活香艳，一脉风流体态。

月光的最可爱处，在于它的从容大度和淡雅清纯，它那份笃定和镇静，任你这地球上发生了什么大事，烽火连天炮声隆隆，或天灾人祸洪流滚滚，抑或笙歌盈野一片祥和，它总是不改其衷，该来的时候来，该去的时候去，将它的光芒分给苦难的人间，照向琼楼玉宇，也照向茅屋陋巷，眷顾幸福的人，也眷顾不幸的人。它不忘任何一个阴暗的角落，永远慷慨地给予，厚此薄彼这个词在它的词典里找不到，它的心正如它的面貌，透剔明亮，谦和慈祥。

伴着轻柔的山风，跟随月亮来到松林深处的聪明泉亭，亭后竹影摇曳的山壁上挂着亮晶晶的泉流，亭中一口清澈满盈的方井中，映出与明月亲近谈心的身影。双手捧起清凉的泉水，圆月就在掌心中颤动发光，爱极啜饮，圆月便滑进胸怀。这时清风又把树枝弄响，送来一阵阵满含桂香的凉意，仿佛从月宫上飘下来一般。皓月如灯，月影在如雪铺地的山径上徜徉，对着清晰移动的身影，不禁手舞足蹈，趣味盎然。沐浴在芬芳的月色里，顿觉胸襟如洗，惬意如梦，美妙之处难以用言词描述。

下山路上喜看县城万家灯火依山错落，璀璨逶迤十余里，与天上星月相辉映，晚风吹来一阵阵愉快的歌声。江边新建的防护堤伸开健壮的长臂有力地拥抱住巍峨亮丽的山城。凭借三孔桥来到江心上，听天风萧萧，秋波拍岸，望中天月光射五虎岭间……不禁陶醉在清丽而又灿烂的月景之中。

龙江奔流

龙江，湘赣边界的河，古代的先哲以象征华夏民族图腾的"龙"为她命名，赞美她滋养的土地为"一年耕而三年食"，这是祖先对龙江寄托了崇拜的情怀、殷切的期望。

漂泊异国的游子遥望着她的方向，默念她的名字礼拜祷告，思源祭祖，认她为赣江的母河之一。

龙江，是禾水上游的一条支流，发源于井冈山市境内猴山拐湖，一路接纳百川，滔滔北流，曲折回环40.2千米，流波惠泽大陇、葛田、龙市、古城四乡（镇）405.8平方千米土地，割峡谷而奔平原，出禾水而入赣江，在罗霄山脉的腹部，拓出了一片锦绣乡土。

几百里龙江，网络东西川原，缝合南北江山，开辟了一条造物者的画廊，其间气宜地润，草木竞荣，风物灵美，山川形胜。七溪岭崇高而超迈，五虎岭雄浑而深含；白鹤翔集于春林芳岸，繁衍高贵的家族；华南虎游荡于幽篁深溪，静守怡适的故园。九龙山风涛萧萧，短尾猴出没于原始林莽；黄洋界云烟缈缈，奇峰隐现于太虚幻境；上游河段，飞瀑溅雪，奇潭怪石；中游河段，湖光潋滟，渔歌唱晚；下游河段，烟波浩荡，帆樯竞渡……叹不尽天地赋大美，江流呈奇观。

龙江，古老而神圣的母河，她与其他江河一样同是中华民族的摇篮，哺育了千万年的华夏文明。

早在十万年前，龙江的初民们便在上游的楠木坪劳作生息，在楼下和乔林村的沙土下，埋藏着他们在石器时代的遗物和灵魂。

当长江以南还处于草莽丛生的蛮荒时代，当轩辕黄帝正率领北方部落在黄河岸边逐猎的时候，华夏民族的另一位祖先神农氏，便选择龙江流域栖居：他在中游的沃野上，尝百草，垦荒莽，播谷物，务稼穑，开创了中国历史上最早的农垦文明。悠悠数千年岁月，龙江以浩浩不息的一江浓情，泽灌出丰腴的田亩，两岸稻菽青青，莲荷田田，棉麻摇风，菜花泛金，桑林簇秀，茶畦叠翠……恩泽无量的龙江，为神州大地营造了一座巨大的粮仓，诱惑历代的帝王将相，争来虎踞龙盘；一派江山，成为历史的主宰者们挥师用武、开国建邦的必争之地，造就了多少彪炳史册的英雄俊杰！

元代红巾军徐寿辉、明代起义军张献忠、清代太平军石达开……众多的风云人物，都曾受过龙江的膏泽，在这片土地上成就功名。

井冈山斗争时期，龙江两岸是武装割据的红色区域。1928年4月，朱德率领南昌起义军余部和湘南起义农军与毛泽东领导的秋收起义军，在龙市河东广场胜利会师，成立中国工农革命军第四军，点燃了革命的星星之火，开创了第一个农村革命根据地。河西老街至今还保留了红四军军部旧址、工农革命军军官教导队旧址、毛泽东同志和朱德同志会面旧址等革命旧址10余处。新中国成立后，这里成为陶冶情操、振奋精神的生动课堂，成为对外宣传和进行爱国主义以及革命传统教育的重要阵地。

一代代龙江的儿孙们创造了灿烂的文化，装点着她的煌煌容光、彬彬风仪。

两岸秀峰相对立，一江碧水向西流。道教圣地三昌仙的三清殿，变幻着仙阙的灵光；七溪岭的古栈道，传播着先祖的智慧；青连山的文峰塔，记载着游子望归的乡愁；云岗山的摩崖石刻，镶嵌着书法艺术的瑰宝……星罗棋布的文化遗存沿江陈列，组成一座不朽的龙江历史博物馆。古今智者，莫不惊叹；天下民众，莫不仰慕。

龙江，清神素魄，雅怀慧心，粼粼碧波涵漾着一江灵气，塑造或化育了千古风流人物：唐代张钦因平叛而受封清远军节度使，明代湖广道监察御史龙遇奇敢于进谏而被皇帝授匾，而"金爪拳王"黄三祥、绿林好汉袁文才、开国少将赖春风、"诗书画三奇"吴承燕……都生于龙江或养于龙江。龙江的一脉精魂，凝成了多少旷世奇才！

新时代的风云从江上呼啸而过，两岸涌现簇新的景观。龙江承担起变革自我的光荣使命，百里长波，回响着向未来世纪奔流的阵阵潮音。

龙江在龙市穿域而过，两岸形态各异的村落或依山而建，或临水而栖。"山水在城中，城在山水中"的生态园林景致令人向往。改革开放以来，岸上发生了翻天覆地的变化，先是那些低矮凌乱的瓦屋土坯房被拆除，而后堤顶就有彩色大理石铺设的人行道，再后来有了历代名人题咏龙江的花岗石护栏，有了树木花卉的绿化带。经意或不经意间，河堤在一段段垒高，桥梁在一座座架起，高楼在一天天林立，路灯在一盏盏延伸，空地在一片片变绿，樟树在一年年长粗……那气度，那风韵，总让人有一种说不出的欣喜。

这亮丽的美景不知吸引了多少游客前来观光。那是一个有风的春夜，只见两位老人漫步于龙江河边，在灯影的陪伴下，沿河岸行进。他们畅谈龙江河治理后的巨变，愈谈愈兴奋，不时发出的笑声，随风传向远方……

有月的夏夜，龙江河上浮动着一只只游船，每只船上坐着大人和小孩，游船与灯影共舞，笑声与月光相融。河岸边，这儿一双，那儿一对，好像情侣大聚会似的，甜蜜的笑声穿越灯影，黏附在水面上。

飘雪的冬夜，一群学生模样的小姑娘，灯影下，她们正在用相机互相拍照，兴致颇高，任雪花在头顶飞舞……

古人吟唱道："沧浪之水清兮，可以濯吾缨；沧浪之水浊兮，可以濯吾足。"龙江的湛湛清波孕育的儿女，如鱼群一般依恋于一江春水，与龙江同生同灭，共荣共辱。怎能不珍惜她的辉煌，挚爱她的美丽，捍卫她的圣洁，抗污染而拒浊流，守护和拥抱一条清清丽丽的江！

龙江书院的高度

井冈群峰跃出烟雨，更显葱茏。龙江水沉静，仿佛晓妆的山间女子，一笑一颦，自有妩媚。曾经风起云涌、龙腾虎跃的古镇龙市，以安宁祥和示我。90多年过去了，时间老人温软的手，抚平了大地上的皱褶。

并没想到，龙江书院保存得如此之好，这组建于清代道光二十年（1840年）的砖木混合结构建筑群，蹲守在五虎岭之麓，笔直的封火硬山墙有邀苍翠之意，阴阳瓦屋面呈现一种冷峻的表情。当初，书院由葛田乡洋坳村富豪吴典勋倡导，联合宁冈、酃县、茶陵三县的客籍绅民捐款集资修建。整座书院坐西北朝东南，面阔38米，进深53米，面积2000余平方米。全院9厅18井，前后三进，左右并联三栋，门首悬挂书院匾牌。前为考课坐次；中为明道堂，系主要讲学场所；后为孔圣殿，上建魁星楼（又称文星阁），可凭栏远眺；左、右栋各有"三斋一祠"，左为启秀斋、齐心斋、珍席斋、报功祠，右为漱芳斋、梯云斋、步月斋、崇义祠。东南为书院经理局，西南为守院所，共有大小房间百余间。院前为泮池（半月形水池），上跨小石拱桥，俗称状元桥。外围墙，东西两隅门分别称"道德藩""诗书圃"。整个建筑系砖、石、木结构，基座均为大石条横砌而成，前后三进间由木板屏隔成，两侧经石拱门达左右斋室，斋、堂屋顶采用歇山顶和两坡式，上置风火墙。书院内屋宇参差，天井错落，回廊串通，具有江南山区通风和采光的建筑特色。据《龙江书院尚义录》记载，山民共输田百余亩，谷量计千余担。只是谁也不曾预料，有朝一日，它会被写进中国的革命史。

清光绪二十七年（1901年）朝廷下诏，宣布废除科举考试，改书院为学堂。三十四年（1908年）县人刘秉淦、李先甲于龙江书院创办龙江高等小学堂，民国元年（1912年）成立附设国民学校，书院修整教室达25间之多。

一座小巧玲珑的状元桥，一座麻石条砌就的泮池，一棵斜撑身体的香樟，在书院前构成一幅风景图。这三进院落里，储蓄着怎样的养汁，流淌过怎样的热血，制造出怎样的中国情结，一切缄默如禅，等待我一一解读。

大门、明道堂、文星阁、启秀斋、珍席斋、报功祠、崇义祠……一个又一个天井，衔接着前后建筑，也衔接着天地；一间又一间厢房，寂静无尘，又分明弥漫着从不曾消逝的气息。人们越过岁月的崇山峻岭与他们相遇，那些英武坚毅的面孔洋溢着自信和乐观，是那样的熟悉，似乎人们在前世有过缘分。他们有的从湘南来，有的从罗霄山脉来，有的来自书香门第，有的世代耕耘于陇上，为着共同的信仰，在这个叫龙市的小镇相聚，在这座墨香氤氲的书院里商谈一个话题，如何经营井冈山，中国革命的旗帜举向何处？我仿佛聆听到他们登上文星阁的脚步声。在那儿，群英聚会，一枚棋子落定，满盘活出新的风云。

文星阁，阁高三层，当年乃俯瞰古镇的好去处。那些英雄的姓名早已写进汗青，毛泽东、朱德、陈毅、王尔琢、张子清、何长工……他们好像一群教师，研讨、编写着一个国家的命运教科书；他们好像一群社会学家，为一个民族的未来把脉定向。那天，1928年4月28日，毛泽东介绍了井冈山革命根据地的主要情况，朱德则讲述了湘南暴动和部队转移上井冈山的经过。在亲切热烈的气氛中，与会者达成共识，两军会师后成立工农革命军第四军。会议间隙，他们可以远眺到会师的战士在龙江河边出操、唱歌、集会，聆听到清脆的军号声、百鸟的欢鸣声。一种崭新的气象扫去多日的阴霾，笑容重新回到了将士们的脸庞。

行走在书院里，脑海里会浮想着1928年5月4日工农革命军第四军隆重成立的情景。会场离龙江书院不远，现已开辟为会师广场。而中厅明道堂，则见证了工农革命军第四军党的第一次代表大会的胜利召开。三湾改编的成果在这次会议上得以进一步巩固，党支部建在连上，设立各级党代表和士兵委员会，官兵平等，待遇一样。中国历史新的一页，就从书院的眼皮底下翻起。朱德曾经为此兴奋地赋诗一首："红军荟萃井冈山，主力形成在此间。领导有方在百炼，人民专政靠兵权。"

在书院的一侧墙壁上，一副当年的对联，道："红军中官兵伕薪饷一样，白军里将校尉饮食不同。"今人曾有文道："毛泽东与朱德，红米饭与南瓜汤，井冈山与根据地，这些名字或名词一旦交集，就是两支部队会师，足以砸碎旧中国的所有机器。"

丰子恺先生说："人生有三层楼，第一层是物质，芸芸众生，拥挤不堪；第二层是精神，已经坐满，后来者只好站立；第三层是心灵，寂静无声，阳光万道。"1928年暮春，文星阁上的人们心怀阳光，抵达一个信仰的高地。

1937年，黄底靖、李雪甫同各界士绅商议，在龙江书院重办龙江小学，黄底靖任校长。同年，县立第一区中心小学由龙江书院迁至河东筼峰书院，陈家骏任校长。1939年3月，县政府根据上级文件及士人倡议，将龙江小学与县立第一区中心小学合并，创办宁冈县立初级中学，以龙江书院为校舍。该年十月，江西省教育厅下文批准学校春秋季均招生，校长由县长胡良玉兼任，陈家骏任教导主任，黄底靖任总务主任。在那全民动员抵御日寇的烽火岁月中，师生齐心，抱定认清德、智、体的方向，追求真、善、美的目标，为学求知，身体力行。1942年9月至1946年9月，杨奋武出任专职校长期间，严谨治校，务实教学，引领学生"勤奋读书，扩充知识，锐造文明，发皇科学，复兴民族，报效祖国"（宁冈县中校歌）。1946年9月至1949年7月，继任校长龙登云整顿校务，完善设施，改革学风，充实师资，学校教育模式初步形成，管理格局基本奠定。学校自创办到新中国成立前夕，共历16届，培养了初中毕业生521人。

新中国成立后，县人民政府接管宁冈初中，县长赵协魁兼任校长，萧文经主持学校日常工作，继之由地区教育局先后委派徐敬凡、段之帆来校任副校长，至1954年县委调钟应瑞任专职校长。1953年接省教育厅通知，"宁冈县立初级中学"

更名为"江西省宁冈初级中学";1958年9月增设高中部,校名改为"江西省宁冈中学";1959年下半年因宁冈与井冈山合并,又更名为"江西省井冈山中学";1962年宁冈与井冈山分治,学校复称"江西省宁冈中学"。"文化大革命"期间,宁冈中学于1969年宣布撤销,1971年重办,定名为"宁冈五七干校",校址迁龙市观音坪(原县委党校),1972年复名"江西省宁冈中学",转迁骆家坪至今。

从新中国成立至20世纪60年代末,龙江书院一直是宁冈中学所在地,直到1969年成为县委招待所,1978年辟为井冈山会师纪念馆。从新中国成立初到"文化大革命"前,十七年的跌宕起伏,十七年的自强弘毅,宁冈中学在风雨洗礼中由小到大,由弱渐强,由次趋优,随着祖国的繁荣强盛而蒸蒸日上。龙江书院正是伴着宁冈中学新生,扶掖着宁冈中学前进,看着宁冈中学茁壮成长。

滔滔龙江水东去,巍巍五虎岭揽幽。龙江书院仿佛一颗璀璨的明珠,在历史文化的长河中,闪着绚丽的光芒。依稀中,仿佛看见名流大师、文人学士和革命先驱吟诵着名诗胜典从历史、文化的深处向我们遥遥走来……

附:创建龙江书院原序

大凡人才之盛,借山川之钟毓而生,亦赖书院之培养而成。顾书院之名,始于唐,盛于宋。旧史所载,如鹿洞、鹅湖、岳麓、嵩阳,所谓四大书院者,皆所以鼓励人才,仿州序党庠之遗,法良意美,由来尚矣。

郑溪据吉郡上游,玉鹅耸翠,金马流清,山川之秀,甲于诸邑。宋以前之人才,无论已自有元析置以来,士之登贤书,光竹帛者,代不乏人。迨我朝定鼎,吉郡之登进士第者,自郑溪始。甚矣,人才之不圉也!

余自戊戌秋来莅是邦,采风之下,留心学校,询知其书院久圯,士子束发受书,率皆家弦户诵,绝少观摩,以故土生其间,不免学殖荒落,安小就而无远大之志。不然,山川未改,仰止犹新,士之继踵前徽者,何不数数?

观夫十室之邑,必有忠信,声名文物之区,为治较易,司土者唯加意人才而已。越明年，都人士卜地于龙头河西，革其故而鼎新之。余亟为奖劝，俾有能者董其事，有力者醵其金，鸠工庀材，云兴雨集，经始于庚子之春，落成于癸卯之秋，楼阁上达乎重霄，堂构横亘于隙地，间一年，而几席器皿，亦厘然毕具矣。颜之曰"龙江书院"。无何工程浩大，度支维艰，缮租并输，尚乏羡余。为膏火计，余适移篆安成，以不获见葳事为憾。幸摄篆戴晴，初孝廉，亦风雅令也，复饬劝捐钱文，筹备膏火，计捐输之多寡，援成例而详请议叙。由是，财用不匮，延请山长，士之负笈肄业者，咸视馆如归焉。

余回篆之明年，为刊尚义录，而请序于余。余进诸君子而言曰：自昔四大书院之藉垂不朽者，惟是阐发往训，开益来学，非若末俗涉猎词章，专为利达计也。然学者诚能究乎身心性命之原，体认乎纲常名教之重，将必有人才蔚起，继踵前徽者。饮水思源，谓斯非特山川之钟毓，殆亦乡先辈培养书院之所致也乎！行见蜚英，声腾茂实，处为醇儒，出为名臣，不因循流俗，为学校光，以仰副圣天子崇儒重道之雅化，是则余司土者之所冀幸也夫。

是为序。

道光二十九年岁次己酉仲冬上浣日

杨晓昀

（作者为清永宁知县）

刘德盛药号

在湘赣边界的龙江河畔，原有一条青石板老街，街两边有百货摊、豆腐店、裁缝铺、茶馆、酒楼、染坊等店铺。而最称得上"老字号"的，要数十字路口的那家刘德盛药店，它有130多年的历史，是省级文物保护单位。

刘德盛药店位于井冈山市龙市镇河西巷，坐西北朝东南，砖木结构，是一座三栋两层连在一起的院落：前栋是药铺；中栋为大硬山顶砌封火墙，阴阳土瓦屋子面，面宽三间，室内为过厅，两侧辟天井，在前檐墙两边设板梯和楼廊通后栋二层；后栋为西欧教堂式洋楼，四角攒尖顶，盖阴阳土瓦屋面，四向倒水，中间为厅堂，次间为厢房，外墙四周设回廊，用砖砌廊柱和弧形拱券。整个建筑面阔14.8米、进深20米，建筑用地面积296平方米。清末民初，社会混乱，由于天灾、战祸、官虐等，南昌一带许多人携妻带子，逃往湘赣边界，开店招工，经商谋生。其中尤以樟树人办药店为盛，郭姓、黄姓、杨姓、刘姓在龙市、古城、新城、睦村都有药号，他们的药号遍及宁冈县，"刘德盛药号"盖为佼佼者。此号创办于光绪四年（1878年），药号主人刘淇泉，亦系樟树人。他在30多岁时，随父来到宁冈，开药店积聚了财富，随后在龙市河西街购买土地，建造德盛楼。"德盛"二字非为其名，乃是取医德厚泽之意。

在光线暗淡的老店里，有端庄肃穆地为人搭脉的坐堂老中医，有气定神闲地用药戥称药的店员，以及用铁碾细细研磨药材的学徒，便觉时间在这里流逝得真慢,仿佛转了个弯,怕扰了谁似的。而这条街上,一色的青砖黛瓦,石板甬道,尽是些老铺子、老作坊、老手艺,来这里买东西的也是些老顾客或爱怀旧的老人,再不就是邻里之间的买来卖去。行人路过,老远看到药铺的大门两边摆着大大小小的竹匾,晾晒些根、皮、花、草、仁、壳之类的药材。像蒲公英、陈皮等可晒的,就放在太阳底下暴晒,而如花类只能阴干的就晾在屋檐下。再走近点儿,一缕好闻的药香扑鼻而来,那是上千百味中草药经洗晒、焙干、烘炒等工艺后,沉淀在岁月里汇合而成的药气。贾宝玉说过,药气比一切的花香果子香都雅。

其实,幽静的药铺一切古雅。那清漆斑驳的拦柜,常年摆放着捣药钵、毛边纸、戥子秤、算盘、铁碾,还有整面墙的雕花百眼橱,全是抽屉,每个抽屉上贴的药标签已经泛黄,推拉的铜把手也摩挲得锃亮,屉子里的每味药都藏着一个"神农采药"的故事。橱顶是一排青花瓷罐,瓷罐口系着红布条,布条上有小楷写的药名,都是些丸、散、膏、丹;橱楣是从右至左用颜体书写的横幅——"精选道地药材,精制丸散膏丹",字迹气势恢宏,骨力遒劲。就连坐堂的白胡子老中医,也一派仙风道骨,仿佛他一出手即有出神入化、药到病除之神效。他那线装本医书、号脉枕、写处方的狼毫笔、砚台等都像是古董。

药铺里最生动的环节,就是抓药。伙计接过处方,先过目,再放栏柜上展平,用毛边纸压住其角,按抓几服(剂)铺上几张黄表纸,然后取戥子秤。这戥子秤小巧精致,骨质的秤杆,秤盘、秤砣为黄铜,秤链似项链,计量单位精确到克。开始抓药时,伙计先倒置秤盘,用秤杆敲敲盘底,抖落残留的杂质,再左手提秤向百眼橱走去,每一味药与抽屉标签对号入座,右手抓药,一味一秤,秤砣放在剂量的量子上,不偏不斜,多则减,少则加,抓好一味,就在对应处方上的药名上打钩。若有临阵捣碎的,称好后再倒入捣药钵里叮叮当当捣几下。等药抓齐了,核对一遍,确认无误,再一一打包。伙计打包的动作麻利,将黄表纸四边收拢,折成斗,撅一撅,包成一个方棱出角的梯形状,然后一包包码起来,将处方封顶,一手按住处方,一手从天花板吊下来的线坨上拽下一段,横一捆,竖一扎,再打个结,然后算盘子"噼噼啪啪"一拨,结账。

若有不便煎药者，药铺也可代劳，一般用红泥瓦釜或砂罐煎煮，熬出的汤剂，褐色稠浓，一口喝下去，畅快淋漓，像是饮下浓缩在此的五千年的中医文化。

刘淇泉于光绪二十九年（1903年）去世，其子刘品玉接管家业，继续经营药号，生意颇为红火。刘品玉不仅略知文书，通晓珠算，而且性情豪爽，交游广泛。在革命烽火岁月中，他结识了时任中共宁冈县委书记龙超清、宁冈县委宣传部部长刘辉霄等人，与他们关系融洽，来往频繁。1927年10月初，秋收起义前委书记毛泽东引兵井冈山来到龙市，龙超清、刘辉霄动员刘品玉将德盛楼让给毛泽东居住，刘品玉二话没说，爽快地应承下来。于是，德盛楼成为一代伟人毛泽东的旧居、红四军军部驻地。

1928年3月的一天，由湖南省委派来的湘南特委军事部部长周鲁一到宁冈县龙市，便在刘德盛药店召开了前敌委员会会议。出席会议的有毛泽东、张子清、余贲民、何挺颖、宛希先、熊寿祺、袁文才等人。会上，周鲁指责这里"烧杀太少，行动太右，没有使小资产变无产，不能实现党的新策略"，不执行进攻长沙的计划，与省委和中央的路线背道而驰，在政治上犯了极其严重的错误；在组织上不服从中央和湖南省委的领导和指挥；在军事上造成严重损失，害怕逃跑，逃避斗争，把部队带到井冈山沟里来；等等。周鲁的讲话遭到与会者全体反对，张子清、宛希先、袁文才等人相继发言，用事实进行反驳。毛泽东在会上据理力争，生动形象地描述中国革命的形势："中国是全国都布满了干柴，很快就会燃成烈火！"

周鲁无法说服毛泽东，一口咬定毛泽东违抗中央和湖南省委攻打长沙的命令，代表省委宣布撤销以毛泽东为书记的前委，并改组为师委，由何挺颖任书记。同时，他还将中央决定"撤销毛泽东的中央临时政治局候补委员"，错传为开除毛泽东的党籍。毛泽东改任师长，率领由工农革命军改编的第二师（已在湘南的由朱德率领的南昌起义军余部改编为第一师）开往湘南，参加湘南暴动。

几天以后，军号嘹亮，战马嘶鸣，工农革命军向湘南开拔。尽管"湘南特委代表周鲁来宁冈取消前委"，"同时毛部又因湘南特委的要求调往湘南"的目的达到了，但却错误地酿成了"取消前委后，顿失中心"，"使边界被敌人占领一个多月"的严重后果。

时过境迁，沧海桑田。历史老人叩问，刘德盛药号换了几代主人？生意还那样兴隆吗？河西老街石阶上马车如龙的辙迹不见了，店铺前游人如织的履痕消匿了，只剩下那座古朴陈旧的洋楼，在风雨中默默地伫立，无言地述说着当年这段鲜为人知的故事……

长街短巷

"驼岭峙其西，龙江贯其中。"曾经被誉为"边界重镇"的龙市古城，记忆中如一条扬帆远行的航船，将一方古老的城池变得生动而鲜活。

那些细细窄窄、深长幽静的大街小巷仿佛是一根根跳动的血脉，联通着古城的气场，静静地流淌着并演绎出970多年生生不息的生命乐章。一条条纵横交错的小巷，时至今日依旧保留着明清航船远行式的古建筑格局。各条街巷宽窄有别，相互包容，相互避让，各得其所。移步换景，这样的建筑群里蕴含着道法自然的营造景观。

大块黑乎乎的屋瓦下，都是比线要细的巷子，七弯八拐地把民宅串在一起，这便是河西街了。巷子虽小，龙市人却将其称之为街。街道是用卵石铺就的，穿皮鞋的龙市人走来优哉游哉，但外乡人不习惯。这七高八低的街道，穿皮鞋嫌滑，尤其是雾过的清晨；穿布鞋嫌底薄，硌得脚底隐隐作痛。

巷子窄得容不下两人，一人过去，一人得像鲳鳊鱼似的贴在白墙上；唯有老街上的孩子，精得跟猴似的，在一路摇晃的行人中，窜得贼快。走在小巷子里，弄堂风猎猎作响，夏天自然凉快，但冬天出门就得缩头。所以冬天的太阳，对于龙市人来说特别的珍贵。在人们记忆中，年迈的老爷爷会坐在竹椅子上，竹椅的四只脚，两只在门槛里，两只在门槛外；唯有这大门口，上午有段日照的时光。老爷爷一边晒太阳，一边看阳光缓缓地走过墙边的干草，眼睛露出回忆和感动的亮光；而他背后的过道边，一盆盆花木飘落着悸动如心的落叶。

老爷爷常说的一句话，那就是"看着这满街的人啊，一茬一茬地冒出来，就知道自己真的老了"。老街上，人们有着一张同样慈祥的脸，就像巷子里随处可见的宅墙，苍茫而又清瘦。

巷南是民宅，巷北也是民宅，民宅与民宅参差不齐，往往是门对着窗，窗对着门。有些大人倚门而立，看着似自个儿在自言自语，其实是跟巷对面那扇窗里的人在说话呢。家家户户挨得近，看不到人却听得见声，所以龙市人没有隔日的新闻，张家婆媳闹别扭，李家的小夫妻恩爱甜蜜，一大早就跟冬天里的大雪，飘得角角落落都是。闹一回红脸，夜里就老实多了，龙市人就怕这个，于是一到夜里，巷子里就静得很，唯有伏在巷头巷尾的狗儿，嫌静得没趣，冷不丁儿地吠上两声。

最热闹的地方是河东桥头，在龙市人嘴里，叫桥头街。各色小店就开在桥两边，尤为醒目的是酒楼与茶室。两家的屋顶上，一黄一白两旗招展，黄的中央一只碗，碗里大写一"酒"字，白的中央也是一只碗，碗里大写一"茶"字。两旗在风中，也在龙市人的耳边猎猎作响。

后来，酒楼与茶室归了公家，两面旗才撤了下来，但没了半空中飘扬的旗，龙市人心里总觉得少了点儿什么。龙市人，是连女人都能喝酒的，这大概在别处不多见。不过，女人家都躲在家里喝，酒楼和茶室则是男人居多。有人爱喝酒，有人爱饮茶，到一定的年龄之后，则酒茶俱爱，这几乎是每个龙市男人的人生经历。

酒逢对手，醉了，有闷声不响回家的；也有借酒劲儿独上桥头，于暮色中拍遍桥上栏杆的，亦哭亦笑，那份豪情算是龙市老街的又一景。这座无名木桥相当古老，痕迹斑斑，裂着无数的木缝，木缝里杂草丛生，枯荣自便。桥虽老，却照旧拱着不老的渔歌；就像细密的巷子里，青苔的祝福茂盛在烟熏的屋檐。

暮色中的河东桥头，其凭栏处妙不可言。登高而望，大块的屋瓦上炊烟如织，编织着龙市人的幸福；桥下潺潺的流水，汪汪地流淌着渐渐浓稠的月光。谁家的孩子，还在龙江河边爬树，被惊动的麻雀叽叽喳喳地骂着。多少年后，人们在外谋生，每次回老家，借着暮色，穿过高楼大厦与矮街小巷，喜欢久久地站在河东桥头，在幽深的天空下细细阅读这龙市，感受心里的一片安宁与清纯。

人们记忆中，从小就在这些情趣盎然的巷道里穿行游走，记住了小巷一个个颇具寻常的名称。这些名称很有自己的文化特色，犹如龙江水中激起的浪花，有以姓氏命名的，如萧家巷、张家巷、尹家巷……想来当年聚居于此的都是这样姓氏的家族。他们以这样的一条小巷为据点，劳作耕种，或是在小城的街巷里做一些小生意维持优哉游哉的小日子。或是这样姓氏的大户人家，一户就占据了整条小巷，那些曾经的青砖灰瓦、高墙大院、飞檐转阁，见证了昨日的显赫与旧梦。一个个家族，随着小巷的四季轮回，年复一年，走过岁月，度过时光，历尽沧桑，和古城一同闲适在一方古朴安静的天地间。

有的小巷名称让人遐想联翩，米巷的幽深处，是否深藏着一家酿酒的作坊，醇香的米酒使得小巷人家殷实富足；或是，在米巷的尽头，有一家榨米线的小作坊，清香的稻米随风在小巷口飘散；又或许有酒香、有茶香，还有糯米的飘香。民以食为天，这样一条小巷，成为古城里最最热闹的民生之地，也就不足为奇了。复兴巷，一个很有文化、很有觉悟的名字，想来这里应该是一块文化思想活跃之地；或者，这里曾经居住过一群发奋读书、立志成才的忧国忧民的新青年；再或者是几个曾旅居上海、北京或海外的青年学生回到故里，他们那时髦的衣着打扮或是言谈举止，不知不觉中给偏安一隅的古城带来了一股新文化、新思想的气息。还有河西正街、坳上街、河东正街、下街、横巷、鸭巷等。

小巷名称的由来，已无从考证。人们只能从那些古朴的名称里，体会旧时百姓凡俗安然的生活。遥想当年古城的老百姓随晨钟暮鼓，穿越一个个春夏秋冬，穿行过一条条幽深的小巷，生息繁衍，快乐在简单的快乐里。

假如厌倦了尘世的喧嚣烦闷，你不妨走进古城，徜徉在一条条幽静的小巷。没有车流，没有尾气，只有安静的时光和几百年光阴磨平了陈旧的青石板。立于小巷任何一座古朴的门楼前，想象走进这座雕花大门的四合五天井的院子，看到旧梦里的曾经时光，也可以于现实的光景里，轻轻走进这样的院子，感受现世的静好与安稳，或者，就这样漫无目的地游荡在小巷里，感受一段不与纷扰有关的静谧和淡然。

行走之间，你会在小巷遇到静倚坐于门槛的三两位老人，花白的银发，沧桑的面庞，还有脚边那只慵懒的小花狗，在冬日的暖阳里或是夏日的余晖下，安享生命黄昏的时光。偶尔，还会遇到挑着担子穿行在小巷间叫卖的豆花女，一声响亮的"水豆腐哩"，回响在小巷深处。一个拖着小车的外乡人，穿街走巷，卖着那些个针头线脑和丁丁糖、布娃娃，随着小车碾过的吱吱响声，带来静谧中的生动与鲜活。

百转千回，悠悠穿行在宁静而深邃的小巷里，你是否也会邂逅一位像戴望舒眼中丁香一样结着愁怨的姑娘？或是碰上一位风度翩翩的少年郎？回望，昨日身姿袅袅的青春丽影，也许就是小巷深处那道龙钟老态的身影。曾经气宇轩昂走出流星大步，或许就是与你擦肩而过的满头银发的驼背老人的身形。那些灰瓦、土墙、飞檐、转阁，都悄无声息地暗藏在小巷深处的时光中。昨日，今朝，曾经，过往，都在悠长的小巷里随光阴流逝，无声无息……

幽深的小巷，记载了龙市古城970多年的沧桑，写下了几代小城百姓的悲欢离合。一条小巷，就是一部活着的历史，2条长街9条小巷，将一个古老的城池，鲜活在历史的记忆里。

河西老街

　　"小小宁冈县，三家豆腐店，城内打喷嚏，城外听得见。"这是流传在原宁冈县的一首民谣，它真实表现了县城所在地龙市的历史写照。河东和河西不仅是街名，而且组成了龙市闹市区。河西老街依河而建，南北延伸，在岁月深处静静地流淌。

　　记忆中的老街醒在深秋河面氤氲的雾霭中，一切都很舒缓。三两声自行车铃响划破整个街区的梦境，吆喝声开始此起彼伏。店面的木门板依次被拆开，先后探出几个精明的脑袋，紧接着传来女人哄骂小孩的声音以及淘米的响动。

　　老街开始忙碌起来，在街口的菜场，各类小商贩已齐聚。一阵鸡飞狗跳后，人们开始了各自的营生。萧屠夫照例举起了他那把快刀，将最精瘦的一小块猪肉预留给菜场斜对面姓张的妇人；"鱼头张"一把抓住水桶中的一条鱼，肆无忌惮地喊着一些谁也听不明白的话；菜农王老二则将各类菜蔬分摊开，码得整整齐齐后，开始用备好的稻草绳捆扎。尔后，老街小巷的深处，总会飘来一阵阵诱人的香味，一对白发夫妇正推着一小车冻米糕朝你慢慢走来……

　　正午的河西，一切变得缓慢起来。懒懒的阳光照在街心，老人们坐在藤椅上闲聊着，三两女人围在井边洗菜。沿着青石板随意走动，你会看见砖瓦的建筑比邻参差，起伏延绵，青藤爬满墙壁，写下光阴的痕迹。此时的河西仿佛停留在了时间之外。

时光如水，光阴似箭，而河西的一切似乎与水有着莫大的渊源。70年前，或者更早的时候，河西街口立有一个码头，客船从这里将竹木、药材、土特产品运往各地。在大桥建起之前，河西街口搭有简易的木桥，与河东沟通。木桥上过往的人们风尘仆仆、行色匆匆。每年夏季，龙江河都会涨水。大水时常将木桥冲毁，于是河西街口便有了木筏工和船老板忙碌的身影。这当中有一位年近半百的老船工，用半生积蓄购置了一条小船，免费接送过往的人员和货物，风雨不曾改变。据说老船工十岁的独子当年死于一场水患……

然而，河水也有多情的一面。夏日的傍晚，河西汉子光着膀子，一个猛扎，跃入水中，不一会儿的工夫，几条河鱼被一根草绳串着拎上了岸。此时，正在岸边洗衣服的婆娘立马停下了手中的活，忙着上前接过丈夫手中的鱼。落日余晖洒在河面，远处船帆隐约，夫妻俩喜悦的心情随着河水荡漾……离河西码头不远的江上有一座小岛，岛上生长着参天的树木、各色的小草花。芦苇花开的季节里，江边飞鸟来来往往。

临水的河西住着的是一些小市民和漂泊不定的外来客商。他们性格淡定如水，很容易在平淡中获取满足。谋生之余，他们喝着小酒，玩着牌九，在指缝中将大把大把的时光挥霍，或许他们把更多的希望寄托给了下一辈。正如他们所希冀的那样，河西街的确有很多年轻人靠着努力闯出了一条与他们父辈不同的路。

除了各种风味小吃店、杂货铺、中药店之外，河西老街似乎没有什么商业。倒是各类手工业林林总总，有篾匠店、糊纸店、陶瓷店、木器店等，还有一些特殊的小店铺，出售一些古老的介于宗教迷信和风俗之间的怪异器物，譬如神龛、灵屋、冥纸之类。在某个特定的日子里，这些特殊物品的出现，让老街沉浸在一种神秘的氛围当中。

在外面待久了，回到龙市常有一种陌生感。有时候，时间和空间总给人以一种特定距离。比如，只是隔着一条河，河西人和隔岸各乡村人的口音却有点不一样。

时间就像龙江河里水草，有的被彻底冲走了，有的停留并延展开来。河西街

口的码头是不见了，而一个古桥墩作为标志却矗立在那里，在河西的上游和下游又分别建起了两座大桥。

　　河西张氏祠堂，人们小时候会在那里捉迷藏、玩游戏、看戏剧。现在祠堂大概已经消失在大小超市和商住楼等各式钢筋水泥建筑当中了。河西入口处建起了井冈山会师纪念碑，供人们瞻仰留念；龙江岸边辟为休闲走廊，那里有成片的绿地和花草以及供人们娱乐健身的器材；一群妇女在那里跳着扇子舞，小孩则在草地上尽情玩耍，远处传来人们唱采茶戏的声音。

祠堂遗韵

在龙市大地上行走，令人心醉的是古老的祠堂。"青砖祠堂石板路，水田鱼塘绿果林，古树樟荫卧水牛，喧闹嬉戏鸡鸭群。"信步走进一个个村落，总能在郁郁葱葱的古樟旁，在三三两两的翠竹间，在碧波荡漾的河岸边，偶遇它们古朴的身影。漫长的岁月在它们身上留下沧桑，经年的雨水在它们脸上留下霉点，时光的牙齿将青砖的墙面啃噬得凹凸不平，但它们依然气宇轩昂，光彩照人。

祠堂是龙市大地上的优雅建筑，恢宏的格局、硬朗的线条、庄重的氛围、繁复的雕花……让人肃然起敬。大部分时间里，祠堂是寂静的，天井里蓄满时光之水。每遇节假日，祠堂开始喧哗，子孙集结于此，在袅袅青烟中，缅怀祖先功绩。每遇喜事，祠堂里更是张灯结彩，欢声笑语，先辈们的荣光被一代代铭记，一代代传承。

龙市人聚族而居，族必有祠，宗必有谱。这样的生活方式，已延续千年。难怪有人说："葛田的鱼塘，石陂的祠堂。"据统计，仅石陂村就有十几栋古祠。村民在祠堂内开展唱歌、跳舞、演出等娱乐活动。龙市人对于宗族文化的推崇，与先民迁徙历程密不可分。对于古代中国人来说，世代定居是常态，迁移则是意外。对于最初迁徙者来说，总希望有一天可以还乡。可转身即天涯，随着时间的推移，他们的子孙离故乡越来越远，家乡永远回不去了，他们的乡愁成了永恒的乡愁，他们只能希望子孙们永远不要忘记回家的路。

"一族如一家,一家如一人。"祠堂是维系宗族的根,这个根,不仅仅是指血亲意义上的根,更是文化的根、道德的根。我们常常说,人不能忘本,那么,这个"本"又指的是什么?《大戴礼记》中有言:"礼有三本:天地者,性之本也;先祖者,类之本也;君师者,治之本也。"而"报本之礼,祠祀为大",祠堂是祭祀祖先的地方,其首要功能在慎终追远。

这种追远,又分为几个层次。首先是对于根的追思。"我是谁?我从哪里来?我到哪里去?"这不仅仅是一个哲学层面的命题。翻开龙市各个氏族族谱,可以看到清晰的迁徙路线。龙市人这种根的意识,极其强烈。对于迁徙者来说,身体虽然离开故乡,但是心却永远怀念着故乡。大兴土木,建造祠堂,就是要告诫后人,即使走得再远,也不要忘记自己出发的地方。其次,是缅怀祖先的功德。迁徙的道路,漫长而艰辛,创业的过程,曲折而辛酸,祖先筚路蓝缕,掘石筑巢,垦荒造田。纪念祖先,其实就是要继承祖先的精神。从这个意义上说,它是精神的居所。

国有史书,邑有县志,民有家谱。一本族谱,就像一条河流,记录着一个家族的来处,记录着一个家族的血脉。泛黄的纸张上,每一个娟秀的名字,都是一条支流。对于游子来说,行囊中最珍贵的就是族谱。在岁月长河中,在迁徙过程中,离散似乎不可避免,那些失散的亲人,正是通过族谱重新回归到家族怀抱中。

新中国成立前夕,国民党撤离大陆,龙市有100多家眷随军去了台湾。寻根问祖、认祖归宗的故事几乎每天都在龙市上演。

还乡是一个温暖的词语,也是一个悲壮的词语。有这样一个故事,有一个人和他的朋友相约一起漂洋过海,出外打拼。临行之前,新婚妻子哭了一夜,他答应妻子一定努力奋斗,让她过上好日子。此去经年,妻子独守空房,夜夜以泪洗面,结果哭瞎双眼。妻子每天坐在村口等待丈夫归来……日子一天天过去,她已是白发苍苍,仍无丈夫音讯。她不知道,丈夫早已客死他乡。又过了许多年,他的朋友事业有成,衣锦还乡。朋友没有忘记当初的承诺——一起出去,一起回家。朋友将他的遗骨藏在枕头中,带回故乡……

有多少背井离乡的人，就有多少朝思暮想的乡愁。乡愁是需要栖息地的，对于漂泊在外的游子来说，故园是乡愁永恒的居所，它藏在内心最温柔的角落。一个人无论走多远，都走不出自己的祖籍；一个人无论走多远，都走不出自己的乡音；一个人无论走多远，都能听到故乡的房子在风中歌唱。那些被风雨剥蚀的老房子沉默不语，无论游子身处世界哪个角落，它们都在静静地等待，等待游子的归来……

参天之木，必有其根；怀山之水，必有其源。对于族人来说，祠堂如一团燃烧的熊熊烈火，时刻温暖着心扉。对于离乡的游子来说，祠堂则是回家的路标，祠堂门前的幽径，都像是一条条脐带。子孙们无论走到哪里，无论走得多远，总会像归鸟一样，回来寻根问祖，寻觅最初出发的地方。

百年一日，一日百年。时光就像流水一样，不知不觉地流走，一代一代的人，在这些村落里繁衍生息。

白云悠悠，岁月无声。寂静的午后，空荡荡的青砖祠堂里，散发出一缕缕历史的沉重气息。它仿佛有一种魔力，走进去，会让人心安，让人沉醉，让人久久不愿离去。

康寿亭

　　"亭者，停也。人所停集也。"古时十里一长亭，五里一短亭。很多文人在羁旅途中或者与他人道别的时候，都喜欢在古亭抒发情感，表达自己的离愁别绪。李白的《菩萨蛮》写道："何处是归程，长亭更短亭。"古亭从一种实用性的建筑被诗人赋予了悲伤色彩，后来成为一种表达伤感的象征性建筑。

　　在龙市樟树坪通往树背、华岭、洋坳等地山坡上，路边有一个名叫康寿亭的亭子。本地人说，这个古亭坐落在此已经很久很久了，久到人们都记不起它最初的名字。凝目望去，草野中的古亭，似乎只是一道残旧的风景，在远离城市喧嚣的一角，寂寥地坐守光阴。

　　路亭坐东朝西，长8.3米，宽5米，高6.9米，砖、木、瓦结构，青石为基，歇山顶式样。据碑文记载，此亭修建于清咸丰九年（1859年），由树背村张成久募捐所建，至今已有160多年的历史。凉亭的廊柱上刻有两副对联："大家莫作炎凉态，小坐但作风月谈。""歇片刻沏杯茶去，莫苦走放下担来。"亭内有条形木凳、木桌、木质茶桶。南北两面的墙上立有功德碑，雕刻着当年修建凉亭捐钱捐物的人名。

　　进入亭中，亭柱斑驳，尚有一丝红漆残留，仿佛在证明它的百年沧桑。旧亭、古道、夕阳、草野，构成一道令人惆怅的画面，前不见古人后不见来者，难尽戚然，想起"长亭外，古道边，芳草碧连天。晚风拂柳笛声残，夕阳山外山。天之涯，地之角，知交半零落。一壶浊酒尽余欢，今宵别梦寒……"这阙经典名篇。

早先，康寿亭是南来北往赴龙市赶集的商户、贩夫、村民途中歇息地。龙市作为湘赣边界重镇，市墟繁荣，商贾如云。每逢镇上一、四、七赶集，肩扛山货、箩挑农产品的村民，经过蜿蜒山路的跋涉劳累，都要在亭内歇脚、乘凉，或喝水休息打个盹儿，或吃点儿干粮抽袋烟，或谈天说地就地交易。会弹唱演奏的人就现场来一段山歌民谣，引来欢呼声一片。更有采茶戏好手即兴来一段《刘海砍樵》唱段，赢得掌声如潮。

关于康寿亭，老辈人讲述过一位女斋人的故事。民国时期有一位女斋人，每天都会准时送茶水来凉亭，将亭内的茶桶盛满供路人饮用。地方家族每年也会分给她一些谷粮作为回报。女斋人无儿无女孤身一人，每天除了送茶，打扫凉亭，有时还自做些叶儿粑赠送给过往歇脚路人充饥。

女斋人精通刮痧、切脉，懂些汤剂药方。某日一挑夫面色苍白，人还没踏进亭子便一头倒下，吓得亭内人惊叫不断，女斋人马上找来草席扶其躺下，仔细把脉后，舀来凉水为其擦拭散热，喂些粥水，待其苏醒后对其进行刮痧、针刺放血，经过一段时间的休息后，挑夫竟然恢复如初。

还有一次，一个风雨交加的清晨，女斋人送茶到凉亭，见一后生脸颊绯红，浑身哆嗦蜷缩于亭内一角。女斋人见状立即架柴生火，将姜片、银翘、金银花等放入锅中，煮水给后生喂服，还叫路人帮忙将后生背至五里外一郎中家医治。当得知后生是准备去广州投考黄埔军校时，女斋人对其更加悉心照料，临别赠送他一块银元作盘缠。1941年，已担任国民革命军新编某师某营营长的后生，曾专程赶来康寿亭致谢女斋人当年的救命之恩，遗憾斯人已逝。军官留下20块银元，请求当地族长修葺女斋人的墓地和路亭。后来，军官随军入缅作战牺牲疆场，族长特地在亭内立碑，上刻"抗倭英烈"。

岁月悠悠，这个古亭曾经有多少人在此驻足，流年飞絮中又送走了多少南来北往的过客，静寂无言中看尽了多少人间的悲欢离合？不知道亭旁的小道，留下了多少参差不齐的脚印，迎来了多少三拜九叩的香客，还有那些提篮别斧的山

51

民？那亭中的石凳有多少人坐过，那石桌上摆过多少壶离别的浊酒，那斑驳的亭柱有多少人抚摸过？那周遭的草野，在翠绿枯黄中经历了多少生命的轮回？那山上下来小歇片刻的老翁是不是曾经在亭子里嬉闹过的放牛郎？不得而知，或许只有古亭知道，岁月知道。

新中国成立后，国民经济得到全面恢复，古亭沿路又呈现过热闹的景象。这些年随着公路、铁路的四通八达，当年热闹非凡的路亭，在岁月的风雨中逐渐淡出了人们的视线。但那些有关路亭的陈年往事和那些不同寻常的人，仍然深深烙印在故乡人们的记忆中，永难释怀。

银子冲古井

到过龙市的人，最先感受到水的情韵，不是在河里，也不是在塘里，而是在银子冲路边一口普通的水井旁。河水虽然清悠，但不如这口井水柔得使人神怡。这口井里的水，照得见村人的心窗，走得进村人的脉管。

银子冲这口被全村人引以为豪的水井，是什么时候打成的，只有上了年岁的老人才能对此娓娓道来。这口水井坐落在五虎岭山脚下银子冲村中的路边，井宽1.5米、深2米，四壁用大小不一的石块砌成，凌乱中显出整饬过的痕迹。石罅隙里，还蔓生着喜湿爱水的苔藓、青草，一年四季都是绿茵茵的。或许便是因了这井壁的葱郁苍翠，那水格外清澈甘冽，入口还有微微的回甜，是古宁冈三大名井（另外两个是虎岭神珠井、大陇婆婆坳冷水湖）之一。

银子冲井水在村人心中是神泉、药泉，可去灾、可保命。天有大旱，于此求雨，屡屡有应。龙市人说，银子冲井水能治百病，喝了能延年益寿。在银子冲，众多男女老少，提着大瓶小罐，争着取银子冲井水。遇有山洪暴发，数日内河水不清，而银子冲井水则神清气定，清澈如镜，为全村最后之备用水源。每年重阳节爬五虎岭登高望远的游人如鲫，但银子冲井边上更是热闹非常。有时候取井水的人排成了长龙。有的人不顾风姿，两腿跪在井边，或者趴在地上伸手取水，连70多岁的老翁都不例外；外地游客，能争着捧上一捧银子冲井水解渴，或洗洗面，这也是一大快事，至少是心灵上的满足。小井出奇，名扬千秋，难道不是五虎岭

下一小景吗？

和北方不同，银子冲的井没有护栏，井水长年累月地敞豁着，明朗着，映照着日月、天空、树木和汲水人的倒影。井上也没辘轳，汲水时，给木做的水桶系上井绳，水桶落在水面上之前，手臂稍稍一抖一松，腰身儿一弯一趁，那水桶在井里很顽皮地翻个个儿，就像孩子在河里洗澡时扎猛子一样，等人再一提，就提上来荡满的一桶清水了。一担水放在肩上，两只桶前后颤悠，依然可以随意地挥甩着手，脚步沉稳地把水挑回家里，把一个个或丰或满的日子倒进锅里。就像祖祖辈辈一样，他们围着那口井活着，喝着那井水娶妻成家、生儿育女，然后老去，死去。也许，他们的一生，就像井旁那些竹树灌藤一样，紧紧地缠绕在了那口井的周围，须臾不可割离。

夏天的井边，是最凉快的去处。从田里回来，在井沿上汲一桶清亮的水，把头插进去，"咕咚"一气，直喝得五脏六腑清凉如洗。然后索性将桶举过头顶，兜头一浇，那才叫爽！女孩子们，在一旁用木盆洗头，满头青丝软软地漂在水里，轻轻地搓揉，然后坐在一边，用一柄木梳，从上而下，细细地梳理，直梳得青烟如笼、晚霞四起，那才叫美！

有时挑水的人多，便需等待。倘非锅里急着用，便都会谦和地你推我让。实在推让不过，那率先汲水的人便会自觉地将井边所有水桶一一盛满。这当儿，那些一旁等着的，便会随意拉扯几句鸡毛蒜皮的小事，信口开开或荤或素的玩笑。没遮没拦的声音，在井口荡来撞去，如此也就会有几滴诗意或一段故事洒落在井边或井里。事隔多年，正是这些朴素零星的诗意，这些一鳞半爪的故事，构成了人们对那口井的所有怀念中最温馨也最动情的部分。

饮水思源，一口水井，对一宗一姓、一族一村的荫泽，不亚于祖上传下来的瓦屋田产。银子冲井，至今仍为龙市增添着神韵和灵气。

萧氏旌义坊

明成化二年（1466年），土地干旱，水稻绝收，全县发生重大饥荒。龙市村邑之巨族萧氏连续数十日设立粥栅，开仓放粮赈济灾民，使许多人免于饿死。

萧公孟魁的德举为朝廷所知，降旨赏予旌表授七品郎官，并在次年建旌义坊。经过一年多建设，牌坊落成。主牌坊为两层，高4米有余。琉璃瓦盖顶翘角，正门两边是坊墙，宽7米。牌坊两头前面有两面八字墙，正门上头中间书写"八叶流芳"4个苍劲大字，两边是一副湖南茶陵县状元萧锦忠手书楹联，上联："凤集旗山翔万仞。"下联："龙游带水耀千层。"两边牌坊墙上分别写着两个大字，左边是"风起"，右边是"蛟腾"。前面两边的八字墙中间分别是一个大字，左"孝"，右"忠"。八字墙的墙头面也是一副萧锦忠遗存的楹联："西园翰墨林，东壁图书府。"

牌坊是随地势而建的，要进牌坊，须上七个半台阶，而台阶用卵石铺就、麻石砌成。据历代老人传下来的说法，在当时封建帝王时代，所有从牌坊下经过的文官要下轿，武官要下马。

这座记载着萧公孟魁广施恩德的历史文物，在"文化大革命"初期被批为封建统治阶级树碑立传的产物，1966年下半年，一天之内全部拆除毁掉。

1999年，门头下与新屋下的村民集资2万余元，在原址上按照原貌进行修

复，由于受到资金的限制，旌义坊的部分建筑采用了砖混结构，工艺水准上与原貌尚有很大差距。尽管如此，门楼的复建向世人昭示了萧氏先祖的功德和家族文化，也寄托着村民缅怀先祖业绩和勉励后辈奋发向上的心愿。

上桥村石拱桥

"驼背老公公，趴在河中间，背上有人行，腹下船可通。"这是给孩子们猜的一个谜语，谜底就是"桥"。

在清澈的龙江河上游，横卧着一座石拱桥。它没有南京长江大桥的宏伟壮丽，也没有卢沟桥的古朴典雅，却有着钢铁般坚固的桥身，象征着农民们执着的追求和永恒的奉献。

石拱桥建于清康熙年间，称为"上嫁桥"。据说，这座桥是旧时当地一位陈姓乡绅嫁女时修建的。人们为铭记他的功德，将其取名为"上嫁桥"。桥体为双孔石拱桥，长18米，宽7.5米，高8米左右。桥身由条石状石头砌成，桥孔高大，下可过船。孔洞中心部位所嵌石刻有"皇清康熙……早登天界"等字样，因常年风吹日晒，风化严重，大部分字迹已模糊不清。桥面有青石错缝平铺，栏杆是两排宽宽的长长的青条石，两端各有18级台阶，顶端和下端都置抱鼓石。

桥头附近有几棵高大的梧桐树，开花的时候，白的紫的花瓣落满了河面，随波逐流，一荡一漾的，甚是漂亮。梧桐树下还长着几棵枇杷树和橘子树，农历五六月的时候，它们争先恐后地将黄黄的果实累累地缀到河面上去，叫人口水直流，却又可望而不可即。

每当清晨天还未亮的时候，村民们便陆续有人开始去河里挑水、洗衣服、洗菜。一条小小的青石板路从圩上一直延伸到桥头，再逐级而下几个梯子，便到了青石码头上。码头上的水清浅洁净。姑娘大婶们一天不知道要到这里来多少趟，打水喂猪，浆洗衣服，洗菜刷桶，最后还不忘站在浅浅的河水中央濯洗一下那满头的青丝。小孩子则一边在河里面欢笑着玩水，抓鱼捞虾，一边眼睁睁地抬头瞅着桥头那高高在上的枇杷和橘子，流着口水，盼望着，盼望着它们早日熟透掉下来。

夏夜，吃过晚饭，村民们便会急匆匆地来到桥上纳凉。太阳刚刚下山，便从河面上吹来一阵阵凉爽的风，吹走一身的暑气。人们悠悠地坐在那里，看晚归的农人赶着牛儿，扛着犁耙，荷锄而归。他们一边走一边喊着："哦荷！哦荷！"前面的人知道后面有牛来了，赶紧靠在石栏杆边让路。偶尔一些行人会撞到一起，便打着哈哈，相视一笑，然后又急匆匆地赶回家去。有人看累了，便往水里扔石头打鱼，惊得河里面的鱼虾一愣一愣地乱扭乱跳，搅浑一湾清水。

一弯新月从不远处的深山里慢慢地爬起，将整个河面和小桥照得犹如白昼。暑热陡降下来，夜凉如水。天上有一勾弯月，水中也有一勾弯月。小桥的石拱倒映在水面，正好和水中的影子合成了一个完整的圆。美丽凄清的夜色下，柳枝依依，树影婆娑，梧桐树的花瓣在月光下飘舞。一个数星星的孩子翘首坐在桥面上，看着远处的月儿从大山后面一点儿一点儿地攀上来。许多年以后，这个画面如同一幅美丽的山水画铭刻在人们的脑海里。

月上中梢的时候，那些吃过晚饭洗过澡的农人们都出来纳凉了，桥面开始热闹起来。人们三五成群，闲话桑麻。有的落落大方地唱着歌：大人们拉二胡，唱花鼓戏《刘海砍樵》；小孩们则唱"八月十五月儿圆，爷爷为我打月饼……"还有的聚集在一起，听村里最大的老爷爷讲故事：什么山精蛇妖，白娘子吓坏了许仙；又有那乾隆皇帝下得江南来；1928年，中国工农红军从这座石拱桥上经过，去井冈山，当时朱德骑着一匹白马……老爷爷总是有着一箩筐一箩筐的故事，讲也讲不完，大家听也听不厌。

不管日出日落，逢年过节，亦不管四季轮转，晴雨交替，桥上往来人络绎不绝，来了又走，走了又来。在桥上，讨价还价，卜问前程；在桥上，稍稍驻足，走走瞧瞧；在桥上，遇上老友，话话家常……桥上人，将生活气、烟火气带给了老桥。老桥，将岁月沧桑、人间百态带给了桥上人。人们从拱桥上走过，感到挺方便。拱桥见有人从上过，感到欣喜，且不寂寞。

为了保护古桥，方便交通，龙市镇政府于2016年请来了工程队，要在石拱桥的侧面修一座水泥桥。工人们汗流浃背、挥汗如雨，挖基脚、扎钢筋、装模板、灌混凝土，几个月工夫，一座钢筋水泥桥就修成了。

从此，行人悠闲地从水泥桥上走，牲口悠闲地从水泥桥上走，大车悠闲地从水泥桥上过，小轿车、摩托车也悠闲地从桥上开……一切都是那么从容自然，很少有人从石拱桥上面走了。

石拱桥，是上桥村土地上美丽而忧伤的留守；石拱桥，亦如这片土地上农人们那无奈而顽强的企望；石拱桥，如一壶芬芳馥郁的湖之酒，每品一口，都会留下醇厚绵长的回味，可以让人在宁静淡泊中洗涤心中的浮躁与虚华。

庄前砖瓦窑

　　随着人类文明曙光的诞生，砖瓦悄然出现。在漫长的岁月中，砖瓦和人类、自然共存共荣，走过了几千年的岁月，曾经是我国山水间一道独特的景观。烧制出的成品，成为城乡建设、农事生产以及百姓日常生活的必需品，也为我国古建筑文化的发展作出了不可磨灭的贡献。

　　在龙市庄前村，最开始做砖瓦和烧制技术的还是从外地聘请来的窑匠师傅。那时，庄前没有人会这门技术。外地窑匠师傅来后，根据地形地貌特点，一般选择地广人稀的山坡上，附近有大量的黏性黄土可取，离水坝较近的地方来新建砖瓦窑，因为砖瓦烧制成功后需要大量的水，浸润后才能变为完完全全的成品。

　　砖瓦土窑，椭圆形，内砌砖，外夯土成窑坡。传统的烧窑以柴草为燃料，烧够火候后，闭窑浸水，焖得几天，窑里的砖瓦坯变为青色，故叫"青砖""青瓦"。土窑烧出红砖瓦，或半红半青的一窑货，那是窑匠师傅手艺生硬，烧走了火（行话叫瞄青）。那只能是：我不要你的工钱，你也不要我赔偿损失。村民们会嘲笑这些红砖瓦为"花脸"，其作用只能盖厨房、猪舍、牛屋，上不了正屋。

　　打窑俗称"箍窑"。在地面挖出一坑穴，搬来青砖砌出土窑的基础，留出窑门，分出烟道；挑来砖坯砌窑体的桶子，缝隙用土陶片填实塞牢，外围包土，用木碡夯实。随着窑体不断地长高，开出腰门，以备装窑或出窑。由上往下看，土窑的外形犹如一个倒立的瓮。最后在窑体的上方留出下水的小孔和窑顶圆形的

"天井"，一座土窑就打造完工。

箍窑也是有讲究的，土窑门的开向不能朝西对着塆子，传说若是窑口开错了朝向，这个塆子就会遭到报应，如人畜瘟疫、水灾旱灾等，即不是死人、就是发生火灾，总之人丁不旺。传统的乡村里，农村人在一些事物上，是持有迷信色彩的。他们认为，只有祭祀祈祷，朝向才是向西的。一般说来，喜庆的事应该朝南或朝东，这才是土窑门开的正确方向。

在砖瓦窑厂干活非常辛苦，窑上没好活。俗话说：窑上的饭，用命换！一点儿不假！体格不好的、没多大力气的，还真吃不消。

做砖瓦的原材料是有黏性的黄泥巴，先用锄头挖下来，里面不能有任何杂质，聚到一定数量时用牛踩。一人打着赤脚，牵着牛的缰绳，在泥场里转悠。一堆泥要踩一两天，牛脚、人脚，反复践踏，黄泥越踩越细，越踩越有黏性，直到踩熟了才可以取用。

在简易的工棚里，有几个打砖做瓦的工作台，砖瓦匠在紧张忙碌地来回走动。打砖需要砖架，砖架是个用木板做成的模具，由4块木板组合而成，规格是按砖的尺寸（高宽长）来称呼的，如"一四七""二五八""三六九"。打砖师傅先用双手将踩熟了的黄泥巴高高举起，由上往下朝方框模具里砸，四角砸实后，再用钢丝弓刮平，扳在蘸有干细沙的砖盟里，然后端着砖盟走到一片平整的场地上，把制作好的砖坯子磕下来，晒上几天太阳，砖坯就变硬了。这时候，可以把砖坯子码在窑场"上摞"，下雨盖上麦草，叫"盖摞"，晴天掀开日晒夜露。

做瓦坯谓之"车瓦"，烧出的瓦又俗称"布瓦"。布瓦为弧形，一头宽一头窄，而且宽的一头略厚，窄的一头略薄。做瓦坯是把一只由活动木板拼接而成的木"瓦桶子"，放于转动的操作台上，在瓦桶子外围套上一层湿布，蘸上草木灰，瓦坯才能自然脱落。做瓦坯时，要在和好的泥堆上划出一张厚薄一致的泥片，围瓦桶外糊成瓦坯，来回地用瓦抹子在瓦坯上抹平，且不停地转动搁在圆盘上的瓦桶，故叫"车瓦"。瓦坯经晾晒干后，进窑烧制出布瓦。

要说最耗体力的就算拉坯子了，窑场工人负责把成型的砖坯拉到坯场。一板

砖坯有30多块，一块3—6斤，一车要装十几板，2000来斤，窑厂的路大多数是土路，没有大力气，根本拉不动！

砖坯子拉到坯场上，人可以喘口气了。晾砖坯子的大多是妇女，有结了婚的媳妇，也有大姑娘，她们用砖叉把砖坯子一块块摆到坯架上，摆好砖坯子后再盖上草垫子慢慢晾干。叉坯子可是个苦活，要不停地弯腰，功夫大了，累得腰都直不起来！

窑工中，装窑的、烧窑的、打砖的、做瓦的，都是一等的好劳力。

砖瓦窑厂的工人干活累了就要开一些粗俗的玩笑来寻开心，解除疲劳。最热闹的要数坯场上的那些人，他们把砖坯拉到坯场，借着别人摆坯子卸车的间隙歇一会儿。这时热闹就开始了，有个人打了个喷嚏，旁边的人就打趣地说："谁家闺女想念你了？"打喷嚏的是个单身汉子，于是又有人插嘴："想念他？他媳妇怕是还在丈母娘肚子里了吧？"众人都哈哈大笑。碰巧这时又有一个人也打了个喷嚏，还没等别人搭话，就自己解嘲地说："谁家闺女想我了？"这句话刚一出口，就惹得大家都笑了起来。

砖坯晾到八九成干，就能入窑烧制了。集窑是个技术活，集窑的人干活要利落，手头要快，砖坯运到窑室后，集窑的人要一块块按花式集放整齐，这里面有学问，集得不好容易坍塌不说，烧起来的砖受热也不均匀，容易生的生、焦的焦。

把砖坯拉进来叫入窑，把烧好的砖拉出去叫出窑，一般入窑的人也管出窑，干这活的人要特别能受累、受罪。窑室里冬天温度有40多度，在里面干活出身汗，窑外面又寒风刺骨，一出来很容易感冒。夏天窑室温度有60度，酷热难耐，烧熟的砖热得烫手，要垫一个皮垫子才能抓。窑里砖灰飞舞，一出汗，灰尘粘在身上，洗都洗不掉。

要说有技术含量的就数烧窑的窑工了，窑主对他可不敢轻易发脾气，每天好饭好菜的侍候着，还管酒管烟，恨不能对他比对亲人都好，也难怪，窑主能不能发财，全靠他了！有的烧窑的窑工和窑主还签有合同，按砖的多少分成。

窑主每年对烧窑的第一把火很在乎，什么时间点火，要找人算，需黄道吉日、良辰吉时才行。点火烧窑这一天，备上丰盛的祭品、酒菜，数不清的鞭炮，祭拜神灵。平时吝啬的窑主这时可大方了！烧砖要动土，按说该祭拜太岁，但窑主都只供奉太上老君，尊他为炉神。可能是太上老君官职比太岁大得多吧，祭拜他谅太岁也不敢怪罪。点火这天，大方一点儿的窑主，会慷慨地给所有干活的人免费吃一顿午餐，当然是馒头加大锅菜，菜汤里的油水倒是比平常多点儿，但喝酒吃肉的事除了窑主器重的几个人，一般人是傍不上边的。

在烧砖瓦窑时，窑匠师傅点火颇为讲究，有一套世代相传的习俗，称"祭窑"。祭窑实际上是祭祀火神，中国的火神是祝融，是传说中的古帝，被后人尊为火神。祭窑时，一定要宰杀雄鸡，滴血于窑门前，然后再点火烧窑。据说这样可以免除灾祸。相传古时有只九头恶鸟，被二郎神杨戬斩去一头，常年滴血不止。它到处飞鸣，其血滴在谁家院中，谁家必遭祸事。只有见到火光，它才远远地飞开躲避，杀鸡滴血表示已破了九头恶鸟的邪气。祭窑，除祭祀火神、杀鸡滴血避邪外，还要祭敬赵公元帅和李广先师，说是希望砖瓦一火烧成功，不出废品次品。所以，窑师行祭时，常常在窑门前写上"赵公元帅、李广先师神位"，然后杀雄鸡、洒鸡血、焚香鸣炮、酹酒礼拜，将鸡头插在窑门上，口中念念有词："先师坐东朝，弟子今开窑，一盅雄鸡酒，叩敬先师堂，有事弟子在，蒙师多关照。"最后点火烧窑。

烧窑首先是装窑，一排排砖瓦坯码在土窑内，土窑要预留出火道和烟道，不然火就烧不上来，烟道不通，也影响火苗的循环流通。烧窑要十分注意火候，不能太旺也不能太弱，火要柔和，这样烧出来的砖瓦就比较细腻。几天几夜的火势烧到一定程度后要闭窑，在土窑天井给烧过的砖瓦坯浸水，防止砖瓦坯凝结在一起。浸水要做到循序渐进，否则也会造成"殇水"。上水结束后，打开腰门，就是来揭开一窑砖瓦是红是黑的面纱的时候了。待土窑完全冷却后砖瓦就可以出窑了。上等的青砖瓦，体形周正，颜色一致，拿在手里能敲得"当当"响。

装完砖瓦后，用泥和砖封死窑门，确保不漏气。第一把火点着后，4个烧窑工人24小时轮流烧窑。在窑匠的亲自操作下，大火要烧6天6夜，等把砖瓦烧熟烧透，慢慢熄火，第7天全部停火。倘若把握不好，就会烧成"铁砖瓦"。之后，帮工们用扁担挑着两只木桶，从涝坝担水，倒入池子，往窑内渗水，叫"饮砖瓦"。池子里，每天必须保持水满，才能保证窑内的砖瓦不出问题。如果水渗入得过快，就会造成砖瓦断层，甚至出现砖瓦窑爆炸的危险；如果渗入得过慢，就会使砖瓦生熟不均匀，影响砖瓦的质量和后期使用。火的大小、强弱以及水渗入的快慢，由窑匠掌控。这样，渗水到第5天，用铁锨在窑口掘四五道深沟，再渗入两天，窑内的砖瓦就完成了所有工序。打开窑口、窑门，让热气散发2—3天，砖瓦就可出窑了。

第一批砖瓦出窑的时候，也是窑主和窑匠师傅最紧张的时候，打开窑门往里一看，成色好，不黄皮夹生、不开花焦污，自然是皆大欢喜，脸上都带着笑容。

一个窑厂，就是一个江湖、一个社会的缩影。有起有伏，有喜有忧，有形形色色的人，有各种各样的事，酸甜苦辣，磕磕绊绊。

砖瓦业是庄前一带传统产业，有几千年历史。新中国成立前，庄前村曾为砖瓦窑较为集中的区域之一，有十几座砖瓦窑，有的地方现在还可以看到遗址。但砖瓦窑占用农田面积大，挖泥制砖损害土壤，又浪费了耕地资源，制作一块黏土砖浪费的资源是一块水泥空心砖的三倍；肆意焚烧废旧橡胶塑料，又会污染大气环境。在倡导低碳经济的今天，由于加工工艺、设备简单落后，曾被政府重视的砖瓦产业，已不适应天蓝、地绿、水清、低碳、环保生活的需要，慢慢淡出了人们的视野。

第三章

红色龙市

HONG SE LONG SHI

会师圣地

旧居旧址

纪念设施

红色故事

······

会师圣地

朱毛会见

1928年4月中旬，毛泽东率部在资兴龙溪洞会合了宜章独立营后，旋即大踏步向东迈进。当部队到达酃县（今炎陵县）水口时，又会合了由胡少海率领的湘南农军宜章第三师。这时，毛泽东得知朱德、陈毅已率领南昌起义军余部和湘南起义农军万余人退至酃县一带，心中非常欣喜，急忙率部向宁冈进发。

然而，这时湘敌吴尚第八军程泽润师的张敬兮团和罗定率领的挨户团已向酃县追来，必须拒敌于宁冈门外，毛泽东当即下达了阻击命令。

工农革命军第一团迅即赶往酃县县城。由于一团行动快捷，当敌人到达酃县县城时，我军已依次占领了湘山寺、龙王庙、咯麻形等高地，毛泽东、张子清在接龙桥之北的山头上指挥战斗。一营担负正面阻击，三营负责迂回包抄。战斗从中午打到傍晚，红军击退了敌人十多次的进攻，重创敌军。敌军见天色已晚，只得向茶陵方向溃逃。

这次的酃县阻击战，为朱德、陈毅部队从沔渡一带安全退往宁冈赢得了时间，为朱毛两军胜利会师创造了条件。不幸的是，张子清团长在阻击战时脚部受伤，一颗子弹打进踝骨里。

在毛泽东部的掩护下，朱德、陈毅率所部万余人先后进入宁冈，受到了根据地军民的热烈欢迎。

为了迎接朱德、陈毅部队的到来，先行回到宁冈的由何长工、袁文才率领的第二团，在宁冈县委的紧密配合下，在龙市、古城一带广泛发动群众，筹集了可供两万人吃半个月的粮食。龙市附近家家腾出房子，打扫得干干净净，欢迎南昌起义和湘南起义部队的胜利到来。

随后，毛泽东率部回到了井冈山革命根据地大本营——宁冈。毛泽东回到宁冈龙市的消息，立即传遍了龙江两岸。朱德、陈毅闻知，立即和王尔琢等军中领导，走出下榻的龙江书院，来到门外等候。

毛泽东听说朱德等人住在龙江书院，也在何长工的迎接下，带领何挺颖、宛希先等人赶往龙江书院。

何长工远远看见了朱德，便对毛泽东说："站在最前面的那位，就是朱德同志，左边是陈毅同志。"[1] 毛泽东点点头，微笑地向他们招手示意。当毛泽东快走到书院门口时，朱德抢先几步，毛泽东也加快了脚步，早早地把手伸了出来。很快，两位伟人的手便紧紧地握在一起了！他们都使劲地摇晃着对方的手臂，那么热烈，那么深情！

朱毛会见了，这是一个具有重大历史意义的会见。会见的时间是1928年4月24日[2]。

走进龙江书院，毛泽东把身边的干部何挺颖、宛希先、伍中豪、袁文才以及宁冈党政负责人龙超清、刘辉霄等介绍给朱德，朱德也将身边的陈毅、王尔琢、胡少海、邓允庭等人介绍给毛泽东。

龙江书院内，顿时响起阵阵的欢笑声。毛泽东显得非常高兴，带着祝贺的口吻说："这次湘粤两省的敌人竟没有能整到你！"朱德不无激动地答道："我们转移得快，也全靠你们的掩护。"

两支部队的领导人，边走边说，穿过龙江书院前厅、中厅，一起登上了三楼的文星阁。

---

[1] 井冈山革命根据地党史资料征集编研协作小组、井冈山革命博物馆编《井冈山革命根据地》（下），中共党史资料出版社，1987，第370页。

[2] 根据《毛泽东年谱》，会见时间不确定，应在24日前后。

在文星阁中，大家依次坐下，互相交谈了转移和接应的情况，气氛十分融洽、热烈。

为了中国革命，毛泽东与朱德商定：先行成立工农革命军第四军，召开军中党的第一次代表大会，产生军委，确定干部人选。

从此，一个壮丽的花环，在朱、毛的指间织就；井冈山的战斗史和中国革命史揭开了新的一页。

风云际会龙江岸

一

1927年10月，毛泽东率领秋收起义的工农革命军，来到了地处湘赣边陲的罗霄山脉中段，会合了袁文才、王佐部队，并得到了当地党和群众的资助，开创了以宁冈为中心的井冈山革命根据地。

在建立根据地之初，毛泽东就十分关心党领导下的另一支革命武装——八一南昌起义的部队。1927年10月上旬，毛泽东就派出卫生队党代表何长工去湖南与中共湖南省委、湘南特委联络，相机打听南昌起义部队的去向。

同年8月1日，周恩来、贺龙、叶挺、朱德、刘伯承等同志领导了南昌起义。起义成功后，部队南下广东，力图争取国际援助，准备进行第二次北伐。但主力部队在广东潮汕一带遭到国民党强敌的围攻而失败了，朱德、陈毅等人带领南昌起义保留下来的部分部队，转战于湘、赣、粤等地。当部队到达江西信丰时，朱德、陈毅从赣南特委派来接头的人那里第一次得到了毛泽东率部进入罗霄山脉中段的消息。

1927年10月下旬，工农革命军在湘赣边界游击，部队在遂川大汾遭到敌人的突然袭击，部队被截成两段。与毛泽东所率领的团部特务连失去联系的第三营，由营长张子清、副营长伍中豪带领，转至上犹、桂东。11月，这支部队到达崇义的上堡、文英和上犹的鹅形一带游击。当时，朱德、陈毅率领部队正在上堡一带整训。得知这支部队到来的消息后，陈毅化装成老百姓，前往联系。通过张子清、伍中豪的介绍,陈毅知道了毛泽东率领秋收起义部队的情况。接着张子清、伍中豪带领的第三营和朱德部队会合在一起,参加整训。同时,朱德还利用与范石生的旧关系,采取了暂时性的妥协,部队改编为国民革命军第十六军第一四〇团,张子清所率第三营改编为第一四一团,并从中得到了武器弹药和其他军需物资的补充。张子清部队在1927年11月间第二次攻打茶陵时才回归工农革命军建制。

在鹅形,朱德派出了毛泽覃前往井冈山联系。毛泽覃化名为"覃泽",身穿国民党军队的衣服,佩戴国民党的徽章,以国民革命军第十六军副官的身份,由崇义、上犹一带经桂东至茶陵,在茶陵与宁冈交界的坑口碰到袁文才的部队。当袁文才和陈伯钧得知他是从朱德、陈毅那里派来的,随即派了一个班护送毛泽覃。11月下旬,在宁冈茅坪,毛泽覃找到了毛泽东,向他详细介绍了朱德部队的情况。

与此同时,何长工从�县十都出发,途经�县沔渡时被反动民团捉住,但他巧妙地躲过了敌人的盘查,取得了他们的路条,坐船顺江而上到达了长沙。他在长沙找到湖南省委,汇报了秋收起义经过和工农革命军向罗霄山脉中段转移的情况。随后,他几经周折,绕道广东韶关,在澡堂洗澡时的谈论中打听到"王楷(朱德化名)的部队到了犁铺头"。何长工意外地获得这个消息,连忙星夜兼程赶到犁铺头,在犁铺头见到了朱德、陈毅、蔡协民等同志。何长工向他们汇报了毛泽东率部上井冈山和他这次找他们的经过,朱德、陈毅等人详细打听了井冈山的情况,并高兴地表示要到井冈山去找毛泽东,然后何长工经曲江、南雄、赣州、万安,于1928年1月上旬回到遂川,在遂川县城天主堂见到毛泽东,向他汇报了与朱德部队联系的情况。朱毛两支部队通过多次的接触和派人联系,加深了彼此间的了解。

二

朱德同范石生的合作破裂后,根据党的指示,率部前去参加广州起义,至途中得知广州起义已失败。1928年1月,朱德、陈毅率南昌起义军余部开往湘南,并在湘南党组织的密切配合下,领导和发动了湘南起义,先后攻克了宜章、郴州、永兴、耒阳等5个城市，革命浪潮波及20余县，组建了工农革命军第三、第四、第七师和两个独立团。但是，3月间，由于粤、湘、桂三省军阀混战刚刚结束，敌人得以集中力量对付共产党。敌人以7个师的兵力，分南、北、西三路对起义部队进行"协剿"，加之"左"倾盲动主义错误的干扰，湘南起义遭到了严重的挫折。在这种形势下，朱德、陈毅为了保存革命力量，率领起义部队主力兵分两路，主动撤出湘南，向湘赣边界转移。

这时，毛泽东依照湘南特委的命令策应湘南暴动，正率部集结在酃县中村，同时派何长工、袁文才、王佐带领工农革命军第二团为右翼，向彭公庙、资兴方向前进。当得知湘南起义失利的消息后，毛泽东、何挺颖、张子清率第一团迅速插向桂东、汝城一带，阻击从广东方向追击起义军的敌人。

由陈毅带领的湘南起义农军第三师、第七师从郴州向资兴、桂东方向转移，在退至永兴与资兴之间的彭公庙时会合了由何长工、袁文才率领的工农革命军第二团，在这里开了一个会。湘南特委书记杨福涛提出要回衡阳去，在会上严正地说："我们是湘南特委，不是井冈山特委。"湘南团特委书记席克思更加慷慨激昂："我们湘南特委机关躲在井冈山，这是可耻的行为。"杨福涛和席克思不听从陈毅、何长工等人的劝告，带着湘南特委机关七八十人离去，在走到安仁、耒阳的边界上都被敌人杀害了。陈毅、何长工等人只好率部继续撤退，后经桂东、酃县的中村、水口，于4月21日到达酃县的沔渡。这时由朱德率领的主力部队从耒阳，经安仁、茶陵也迅速地转移到了沔渡，与陈毅所率领的部队会合了。4月底，由朱德、陈毅率领的湘南起义部队万余人，经过月余的艰苦转战，先后到达了宁冈龙市。

由毛泽东、张子清率领的部分工农革命军，在桂东去汝城的寒岭界，消灭了反动地方武装何其朗部队，随即又在汝城附近打垮了土匪胡凤璋部。4月中旬，工农革命军在资兴龙溪洞与萧克领导的宜章农军独立营会合后，退到酃县县城。在城郊接龙桥，他们打垮了敌军吴尚部前来尾追湘南起义部队的一个团，掩护了湘南起义部队安全胜利地往宁冈转移。

三

1928年4月24日，毛泽东率部回到龙市后，便和工农革命军的负责干部张子清、何挺颖、伍中豪、何长工、袁文才前往龙江书院。当毛泽东等人到来时，朱德、陈毅和湘南起义部队的负责人已到书院门口等候。至此，两支部队的负责人见面了，两支革命队伍力量汇合在一起了，这就是著名的井冈山会师。两支部队负责人在门口见面后，一同登上龙江书院文星阁，就两支部队合编成立工农革命军第四军，以及部队负责人任职和会师后的工作等问题进行了亲切的交谈。

5月4日，龙市河东沙洲上阳光灿烂，笑语飞腾，两支部队和根据地内方圆几十里的群众近两万人聚集在这里，庆祝朱毛胜利会师。

沙洲中央用禾桶搭了一座会台，铺上了门板，搭上了栅顶，主席台两旁写满了"庆祝两支革命部队胜利会师""打倒国民党反动派"等标语。

上午10时许，党政军各界组成的主席团成员登上了主席台。大会由何长工担任司仪，陈毅任大会执行主席。陈毅代表组织庄严宣布：两支部队合编为工农革命军第四军（6月4日，根据中共中央指示，改称为中国工农红军第四军），军长是朱德，党代表是毛泽东，参谋长是王尔琢，政治部主任是陈毅。

会上，毛泽东、朱德、王尔琢等人先后讲话。

毛泽东在讲话中指出了会师的意义，分析了红军部队的光明前途。他说："我们军队不光要打仗，还要做群众工作，要发动群众，组织群众。现在我们虽然在数量上和装备上不如敌人，但是我们有马列主义，有群众的支持，不怕打不败敌人……"

朱德在会上讲话说，我们党领导的两支革命武装的会合意味着中国革命的新起点，这次会师，我们的力量扩大了，又有井冈山为根据地，我们就可以不断地打击敌人，不断地发展革命。最后，他向群众保证：红军一定保卫红色根据地，保卫群众的利益。

军参谋长王尔琢也在会上做了讲话，他强调了军民关系。其他方面的代表也在会上发言，祝贺两军会师和工农革命军第四军的成立。

大会还宣布了工农革命军的建制，全军下辖第十、第十一、第十二3个师。第十师师长朱德（兼），第十一师师长张子清（因负伤，由毛泽东兼代），第十二师师长陈毅。师辖第二十八至第三十六共9个团。

大会最后，毛泽东还再次重申了"三大任务""三大纪律""六项注意"，把它们作为部队的政治工作和行动的准则。

井冈山会师后，革命力量壮大了，迅速取得了"四至七月四个月的各项军事胜利和群众割据的发展"。尤其是6月龙源口大捷后，井冈山革命根据地扩大到宁冈、永新、莲花3个全县，吉安、安福各一小部分，还有遂川北部，迎来了边界全盛时期。

井冈山会师极大地打击了国民党反动派的嚣张气焰，发展壮大了革命队伍，特别是保存了一大批坚定的红军政治干部和军事干部，聚集了湘赣边界武装力量的精华，壮大了井冈山革命根据地的武装力量，坚定了边界党和群众建立和发展罗霄山脉中段政权的信心和决心，在中国革命史上具有极其深远的伟大意义。

红四军党的代表大会

红四军自1928年4月朱毛会师，到1929年1月出击赣南，"七个多月中，共开过六次全军代表大会"。然而，由于历史的原因，如此重要的会议，除第一次代表大会在《井冈山前委给中央的报告》中有简略的记述，第六次代表大会有决议案传世外，其余各次代表大会的召开时间、地点、内容均无记载，成为井冈山斗争史研究的一项空白。为此，根据有关资料，现对这一问题进行认真考证，归纳整理。

第一次代表大会

两军会师后的第二天，即1928年4月25日，中国工农革命军第四军党的第一次代表大会在宁冈县龙江书院召开。对于这次会议，萧克回忆说："红四军成立大会以前，在一个房子里开过一个各个部队的活动分子大会，有一二百人参加，我也参加了这次会。毛泽东、朱德、王团长（王尔琢）等都讲了话……我印象深的是朱德同志在表决一个问题的时候，他在数举手的有多少。这是党内的一次会议。"①粟裕回忆说："在龙江书院，毛泽东同志和朱德同志及陈毅同志在这里进行了历史性的会见。接着，两支部队合编为中国工农红军第四军，选出了第四军军

---

① 萧克:《梭标营汇入红四军》，内部采访资料。

委，毛泽东同志任军委书记。"①朱良才回忆说："成立大会前在龙市靠河边的一栋厅堂很长的高大楼房里开了一个干部会。有一百多到二百人参加。在会上宣布成立红四军。"②陈士榘回忆说："各次全军代表会的时间地点，可能在古城、新城、龙市、茅坪都开过，第一次是在龙市开的，成立军委。"③

可见，毛泽东、朱德出席并主持了这次重要会议。会议的主要内容为：一，决定朱、毛两部合编为中国工农革命军第四军（6月根据中央指令改为中国工农红军第四军），取意源自北伐战争时期叶挺独立团所在的时有"铁军"之称的国民革命军第四军，红军沿用这一声名远播的番号，既能壮大声威，迷惑敌人，又寓意发扬光大，再立新功；二，决定红四军编为三师九团的序列及军、师、团主要领导人；三，成立军委，并选举毛泽东担任军委书记。

20世纪80年代中期，湖南省安化档案馆在清查档案时，发现了1928年7月红四军第二十八团、二十九团攻打郴州时被敌人缴去的一部分文件。其中有一份关于红四军军事委员会23人名单。据其载："八，匪军的组织（一）军事委员会委员23人：朱德、陈毅、毛泽东、宛希先、何挺颖、袁文才、王尔琢、何长工、龚楚、胡少海、张子清、刘宋、刘海云、王佐、宋乔生、蔡协民、王得胜、王英、薛涛、石金德、陈桂秋、刘仁堪、刘清泉。其军委之下，有'组织会议'、'宣传科'、'组织科'、'士兵委员会'。"从这23人的名单上看，军委成员囊括了毛泽东、朱德部和袁文才、王佐部的主要领导人，同时还有不少下级军官、士兵代表，应该说具有相当的广泛性和代表性。

第二次代表大会

朱毛会师后，引起了国民党反动政府的注意。于是，国民党军急忙调兵遣将，企图将这一弱小的武装力量扼杀于摇篮中。江西敌军杨如轩部向龙源口方向推进，

① 井冈山革命根据地党史资料征集编研协作小组、井冈山革命博物馆编《井冈山革命根据地》（下），中共党史资料出版社，1987，第323页。
② 朱良才：《井冈山斗争的片断回忆》，回忆资料。
③ 陈士榘：《谈井冈山的斗争》，访谈资料。

越过七溪岭，直犯根据地中心宁冈。面对敌人的来犯，红四军刚刚新编，"一万人的群众拖泥带水纪律太糟"[①]。因而，如何迎敌、如何整顿部队等问题，严峻地摆在毛泽东、朱德等军中领导的面前。成败得失，系于一发，至关重要。所以，召开全军党的第二次代表大会，也就显得势在必行了。于是，1928年4月下旬，在宁冈龙市举行了全军党的第二次代表大会。会议的内容为：一，讨论如何迎敌，部署迎敌方案；二，对部队进行整理，遵照湘南特委决定，将三师九团的编制，缩编为三师六团一教导大队；三，撤销政治部，完善士兵委员会。

何长工曾回忆在五斗江战斗前有过一次重要会议。他说："1928年5月份，当时敌八十一团从遂川来，师部驻扎在永新，我们红军正好在龙市一带。战前，我们在龙市召开了营以上干部会议，作了部署，决定进军五斗江，迂回拿山，打其侧翼，相机占领永新。"[②]萧克、熊寿祺等人也都有过类似的回忆。至于是"营以上干部会议"，还是全军的党的第二次代表大会呢？笔者认为是全军党的第二次代表大会的可能性大些。因为，何长工回忆道，就是在打完黄坳战斗后，"在拿山，朱德同志正式宣布我担任二十八团党代表"[③]。熊寿祺也是这时"从红三十二团，即袁王部队的第一连调到红二十八团，即王尔琢的第一营"[④]。曾志也回忆说，蔡协民是在五斗江战斗后调三十二团任党代表，她本人也调至三十二团党委办公室工作。宋任穷也有同样的回忆。干部人事的变动，显然是为整顿部队。毛泽东在5月2日于永新城写给中央的报告也说到了这次整顿。他写道："一万人的群众拖泥带水纪律太糟（一部分除外），正在大加整顿日益良善。"正好印证如此大的动作是通过了最高层会议，即全军代表大会的。

---

① 萧克：《朱毛红军侧记》，中共中央党校出版社，1993，第121页。
② 何长工：《关于井冈山斗争的片断回忆》，访谈资料。
③ 何长工：《关于井冈山斗争的片断回忆》，访谈资料。
④ 熊寿祺：《井冈山斗争的回忆》，访谈资料。

第三次代表大会

五斗江战斗胜利后，工农革命军第四军第一次占领了永新城。为了充分发动群众，工农革命军第四军在永新进行了短距离的分兵。对我军的胜利，"王均已吓得屁滚尿流，急调七师二十七团一部分及九师的二十一团，星夜开赴吉安增援，准备在吉安拼一死战"①。敌二十七师师长杨如轩见援兵到来，迅即率兵返身向我革命军打来。可是，这时的中共江西省委却乐观起来，4月25日给朱毛红军发来指示："西南已到迫近总暴动的时期，党应以最大的力量创造这一割据局面，并与湘东南粤西北汇合一片……毛部应立即向宁冈、永新以南发展，以游击战争的方式帮助赣南群众斗争，马上汇合到赣南总暴动，解决七师夺取赣州。"②

江西省委的信与5月2日毛泽东给中央的信中第十二点中的"现于吉安来信""前两日接吉安县委的信"的话联系起来，可以肯定朱毛红军是接到了这封指示信的。此时，革命军在永新虽然筹到一笔款子，但时间短暂，各项工作尚未来得及开展。加上部队同时受到湖南省委和江西省委的领导，接到江西省委的指示，不执行不好，执行起来又脱离实际。毛泽东、朱德在接到江西省委的信后，作了简单的商议，鉴于敌人来势汹汹，来不及在永新召集大会，于是由毛泽东将4月间的情况及以后的设想简要地向江西省委和中央写了一个回信，然后将部队带回了宁冈。但是，到底如何执行江西省委的指示，布置今后的工作，仍是当时的一件大事。为此，推测在5月上旬末，部队回到宁冈龙市后，即召开了工农革命军第四军党的第三次代表大会。

对于这次会议的内容，从当时的形势和要求分析，应该是：一，讨论江西省委来信，确定迎敌方案；二，根据江西省委的指示，确定工农革命军第四军的奋斗目标；三，酝酿建立边界特委。

对此，有一件敌伪资料可以佐证，那就是鲁涤平、何键在5月18日给吴尚的

---

① 《中共江西省委致中央的信》，1928年5月10日。

② 《中共江西省委致中共中央的信》，1928年4月25日。

一则电文。电文云:"永新杨师长池生、杨师长如轩,铣(16日)电节称:据探报,宁冈有少数'共匪',朱毛分驻龙市、大陇、茅坪一带,闻该匪会议决定,以一部攻酃县,以一部攻莲花、永新。"①据此,既可看出5月上旬末红军部队曾回归宁冈,也可看出上述部署正是计划高陇草市坳战斗。其中说是"会议决定",更证明红军部队在宁冈时曾开过一次高层次会议。

① 井冈山革命根据地党史资料编研协作小组、井冈山革命博物馆编《井冈山革命根据地》(上),中共党史资料出版社,1987,第431页。

第一支红军

朱毛两军胜利会师后，毛泽东、朱德、陈毅等领导人在龙江书院召开了营以上干部会议，即工农革命军第四军党的第一次代表大会。会议讨论会师后两支部队合编事宜，因大革命时，北伐军中以共产党员为主的叶挺独立团是第四军的主力团，以作战勇敢而著称，号称"铁军"，因而将会师部队取名为中国工农革命军第四军。这次党代会选举产生了第四军军委，毛泽东任书记（5月20日后，改由陈毅担任）。会议还通过了第四军成立的各项决定和人事安排。

5月2日，毛泽东以第四军军委书记的名义，写报告给江西省委和中央，介绍了边界政治军事斗争的胜利，反映了需要上级党组织帮助解决的问题。报告分12个方面，强调了"以宁冈为中心，罗霄山脉政权之建立，党之强有力，军力去造就实在湘赣两省之革命根据地之一，此理毛同志等业已累次呈明在案"。其中还提到，第四军以朱德为军长，毛泽东为党代表。5月19日，江西省委将吉安地委转来的毛泽东的信件，上报给中央。这是中央收到直接来自井冈山革命根据地的第一个重要报告。在这以前，江西省委曾于4月25日向中央报告："据吉安来人报告，毛泽东部确与朱德部汇合，现已乘虚重复占宁冈，并向永新方向发展。"

为加强对军事工作的领导，根据地内成立了军事委员会，由23人组成，其成员是：朱德、陈毅、毛泽东、宛希先、何挺颖、袁文才、王尔琢、何长工、龚楚（后叛变）、胡少海、张子清、刘宋、刘海云、王佐、宋乔生、蔡协民、王得胜、王英、薛涛、石金德、陈桂秋、刘仁堪、刘清泉。

5月4日，趁中国人民开展反帝反封建斗争的重要纪念日，庆祝两军会师暨工农革命军第四军成立大会在龙市召开。陈毅在大会上庄严宣布：中国工农革命军第四军胜利成立。接着宣布了第四军的组成及其领导人名单：

军长：朱德

党代表（军委书记）：毛泽东

参谋长：王尔琢

教导大队大队长兼士兵委员会主任：陈毅

第十师

师长：朱德（兼）

党代表：宛希先

第二十八团

团长：王尔琢

党代表：何长工

参谋长：王展程

第一营

营长：林彪

党代表：熊寿祺

第二营

营长：袁崇全（后叛变）

党代表：杜松柏（后叛变）

第三营

营长：萧劲

党代表：吴弼

第二十九团

团长：胡少海

党代表：龚楚（后叛变）

第一营

营长：朱舍我

党代表：×××

第二营

营长：李光化

党代表：胡世俭

第三营

营长：萧荣标

党代表：彭晒

第三十团

团长：刘之至

党代表：×××

第十一师

师长：张子清（因负伤由毛泽东兼代）

党代表：何挺颖

第三十一团

团长：张子清（兼）

党代表：何挺颖（兼）

第一营

营长：员一民（后陈毅安）

党代表：毛泽覃（另说匡祖泉）

第二营

营长：伍中豪

党代表：杨岳彬（后叛变）

第三十三团

团长：袁文才

副团长：王佐

党代表：陈东日

第一营

营长：袁文才（兼）

党代表：陈东日（兼）

第二营

营长：王佐（兼）

党代表：康健

第三十二团

团长：邓允庭（一说戴成本）

党代表：邝朱权（一说黄克诚）

第十二师

师长：陈毅（兼）

党代表：邓宗海

第三十四团

团长：邓宗海（兼）

党代表：刘泰

第三十五团

团长：黄克诚

党代表：李一鼎

第三十六团

团长：李奇中（后叛变）

党代表：黄义藻

军直属单位

教导大队长：陈毅

党代表：×××

特务营

营长：宋乔生

党代表：敬懋修

红军医院

院长：曹鑅

党代表：萧光球

第四军中，第二十八团由南昌起义保留下来的部队编成，第三十一团由原来秋收起义的部队编成，第三十二团由原袁文才、王佐部队编成，其余各团皆由湘南起义农军改编而成。不久，第三十四、第三十五、第三十六团奉命返回湖南。5月下旬，第三十、第三十三团也离开湘赣边界，回湘南坚持斗争。此时，师的番号取消，军直辖各团。

5月25日，中央发布《军事工作大纲》，规定"割据区所建立之军队，可正式定名为红军，取消以前工农革命军的名义"。为此，中国工农革命军第四军改称为中国工农红军第四军，简称"红四军"，这是我军正式建立的第一支红军。

第一所军校

1927年10月，工农革命军来到湘赣边界，开展工农武装割据，创造罗霄山脉中段红色政权的伟大斗争。为了实现这个目标，布置长期的斗争，工农革命军在毛泽东的指挥下，四面游击，扩大政治影响，继而攻克了茶陵县城。但是，由于"这种斗争，一天比一天激烈"，"伤、亡、病、逃，损失甚易"，补充的兵员往往得不到训练就要投入战斗，"军事技术太差，作战只靠勇敢"。因此，加紧政治训练和军事训练，对于红军队伍来说日益显得迫切。为了适应这种情况，培养和训练下级军官，造就大批的军事指挥人才，当11月中旬部队攻克茶陵归来后，毛泽东便指示在宁冈龙市开办了工农革命军军官教导队。

教导队设在龙市的龙江书院，这里原是宁冈、酃县、茶陵三县客籍人的最高学府，当时成了培养红军干部的场所。

教导队主要培养部队的下级军官和地方武装干部，学员均从部队里及地方武装中选派，对象是班长或积极分子。

第一期教导队学员共有100余人，三湾改编后，担任过军官队队长的吕赤任教导队大队长。同时设立了教官区小队长、司务长、军需、文书和传令兵。陈伯钧、陈士榘、张令彬、王良担任区小队长，袁炎飞担任教官。

由于斗争形势的发展，第一期教导队只办了两个月，在1928年2月参加新城战斗后便结业了。"八月失败"后，第二期教导队在茨坪开办。

教导队主要学习军事和政治：军事学习以军事基本要领、战术训练为主，每

天三操两讲，集中到龙江书院河对面的大草坪里训练；政治学习则以阶级斗争、土地革命、创立政权等为主。

由于经济上的困难，教导队的学习条件很差，开始连桌子都没有，学员们只好用几块砖头叠起来当作桌子使用，还用木板、竹子拼起来做凳子，加之国民党反动派对根据地实行经济封锁，笔墨纸张也成问题。为了解决这些困难，学员们自力更生，想了很多办法。如用柳枝烧成炭条，用竹片做蘸笔，用棕片、笋壳和杉树皮等当纸写字写标语。

毛泽东十分重视教导队的工作，经常到教导队驻地给学员们上课，要求学员做到"三不"（不嫖、不赌、不偷）"八能"（能写、能说、能唱、能算、能吃苦耐劳、能打仗、能生产劳动、能诚实可靠），向学员们讲解中国革命性质等重大课题，并检验他们的训练成课，鼓励他们努力学习，学好本领。

为了使学员们能学到更多的知识，教导队除在课堂上授课和集中操练外，还经常组织下乡，到古城、新城、茅坪一带进行调查。调查的内容很广，行政区划、人口、阶级、土客籍矛盾、土地占有情况、文化风俗等一概都要了解，然后填写调查表，送给毛泽东分析形势之用。

通过政治教育和军事训练，学员们进步很快，政治和军事素质都得到了很大的提高，掌握了建立政权、武装工农、指挥战斗的常识，懂得了革命的性质和意义。他们回到各地以后，都积极地投入斗争中。如宁冈的学员谢华光，回去后任区赤卫队队长；莲花县的学员刘仁堪，回去后担任县工农兵政府主席。在艰苦的斗争环境中，他们积极努力，为发展边界的工农武装割据发挥了积极作用。

红军教导队的开办，培养了大批军事指挥人才，不仅解决了当时部队里干部缺乏的问题，还能保证斗争的需要。过去，"由红军派远（外）地方人到地方去充当赤卫队长"的情况也得到调剂。开办教导队为培养一支富有斗争经验的地方武装和人民军队，为创造罗霄山脉中段红色政权，都具有一定的积极作用。龙市创办的军官教导队是我军第一所军校，为我军在后来创办的各种训练班及军事院校提供了宝贵的经验。

第一次提出三大任务

1927年12月下旬，敌第八军吴尚部的一个加强团，加上湖南方面几个县的挨户团，大举进攻茶陵县城。工农革命军第一营和从桂东赶回来的第三营与敌激战，终因敌众我寡，主动撤离县城。这时，团长陈浩伙同副团长徐庶、参谋长韩昌剑、第一营营长黄子吉企图叛变，将部队拉到湘南去投靠国民党军方鼎英部。毛泽东得悉后及时赶至茶陵，在湖口识破了陈浩一伙的叛变阴谋，把部队带回了龙市，并将陈浩、徐庶、韩昌剑、黄子吉逮捕。

毛泽东在龙市召开了前敌委员会会议。会议调整了前委，增补袁文才为前委委员，任命张子清为工农革命军第一团团长，总结了打茶陵的经验教训，决定处决企图叛变投敌的陈浩、徐庶、韩昌剑、黄子吉等人。接着，毛泽东又召开了工农革命军大会。他首先表扬了大家："茶陵这一仗，打得很勇敢，打得很好。"但是他又说："你们在茶陵没有做群众工作，没有筹款子，这个不好。"他还详细讲解了工农革命军的性质和任务。大概意思是，中国有史以来，官兵都是骑在老百姓头上的。我们是工农革命军，仅仅是对群众态度好还不够，要把群众发动起来，一道闹革命；我们每个人都是战士，也是宣传员，不仅要打仗，还要向群众宣传我们的主张，组织群众，武装群众；只要我们和群众团结在一起，革命胜利就有把握了。讲到这里，他伸出双手，用右手一个一个按着左手指，逐条宣布了工农革命军的三大任务：第一，打仗消灭敌人；第二，打土豪筹款子；第三，宣传群

众，组织群众，武装群众，帮助群众建立革命政权。

三大任务的提出，集中地反映了人民军队的性质和建军宗旨，它使我军成为执行革命政治任务的武装集团。人民军队既是战斗队，又是工作队，还是生产队，从而具有与任何旧式军队不同的根本性质的军队。毛泽东首次提出了三大任务，这是继三湾改编确立党对军队的绝对领导之后，建军原则的重大发展。

第一所列宁小学

龙市地处湘赣边界，经济、文化相对落后，长期以来受封建势力剥削和压迫，贫苦农民的子弟能上学的寥寥无几。为在苏区建立巩固的革命阵地，提高群众思想觉悟，组织群众参加革命，扩大巩固根据地，1928年5月底，湘赣边界工农兵代表大会作出了"各县的区、乡均要开办列宁小学"的决定，并以湘赣边界工农兵政府名义颁布告示。为此，宁冈县工农兵政府成立了"工农兵苏维埃教育委员会"，任命共青团宁冈县委宣传部部长赵锦元担任主任委员。县工农兵政府经过研究，决定在龙市开办第一所"列宁小学"，并将办学任务交给龙市育本小学国文教师萧作贤。

1928年6月初，由萧作贤担任校长的"龙市列宁小学"正式挂牌开学。这是在育本小学基础上最早打出共产党旗号的、井冈山革命根据地的第一所学校，是一所全日制红色小学。全校有10余名教师，他们的经济待遇由所在的乡工农兵政府负担。学校规定："七岁以上儿童均可入学，不予交纳学费。"据老同志回忆，自从龙市列宁小学挂牌之后，在不到一个月内，宁冈县办起了13所列宁小学。

小学课程是统一规定的，初小有国语、算术、游艺，其中国语包含政治及自然，高小增加地理、历史、卫生、政治等课程。井冈山红色区域的列宁小学，在普及革命化教育，符合劳动人民利益的文化教育方面有所创新。学生的课程增加了"劳动实习""社会活动""手工画图""唱歌游戏"4个科目，在国文和历史科目中还增加了革命内容。为此，龙市列宁小学编写了几篇内容全新的具有较强的政治思想性的课文，把文化知识教育与革命斗争紧密结合起来，达到既学习文化知识，又宣传革命道理的目的。根据刘克猷、苏兰春、许茂福等老同志在20世纪70年代初的回忆，有几篇课文给他们留下了深刻的印象。一篇取名为《新三字经》的文章，开头的几句是："天地间，人最灵，创造者，工农兵，男和女，都是人。劳动者，受剥削，得工钱，数百文，最可恨，是豪绅……"

有一篇以识字扫盲为内容的文章写道："我家有只大肥猪，吃饱三餐打呼噜；下屋有个大土豪，不作田来光收租……"

还有一篇文章以歌谣的形式广泛传唱："双手举起红灯笼，人人称我小英雄。灯笼上有六个字，当红军最光荣。当兵就要当红军，处处工农来欢迎。当兵就要当红军，帮助工农打敌人。革命红旗鲜鲜红，镰刀斧头在其中。你爱它，我爱它，大家对它三鞠躬。"

根据刘克猷的回忆，龙市列宁小学在国文课程中加入了土地革命的内容，其中的"土地回老家，合理又合法"两句，就是萧作贤和赵锦元共同编写的。后来，这篇课文由赵锦元带到毛泽东那里，请这位特委书记审阅。毛泽东读了课文后，高兴地称赞说："编得好啊！"

龙市列宁小学自编的新教材以识字扫盲为主，并揭穿豪绅地主剥削压迫的面目，诉说工农的痛苦，号召工农起来闹革命，翻身求解放。这些教材以浅显易懂的语言，向学生灌输革命思想，成为红色区域文化教育的一大特色，在社会上产生很大的影响。这些教材受到毛泽东、朱德、袁文才等人的高度评价，也得到县工农兵苏维埃政府教育委员会的肯定，并将其翻印发到各地的列宁学校。

旧居旧址

星火燎原的起点
——毛泽东和袁文才会见旧址

　　毛泽东和袁文才会见旧址位于龙市镇（原荷花乡）大仓村，原为当地大户林凤和家的旁屋，共有两层。这两层楼面用吊柱悬挑楼廊，当地人称为"吊柱楼"。2005年7月19日，井冈山市人民政府将其公布为市级文物保护单位。

　　大仓，地处井冈山市龙市镇北部，四面环山，森林茂密，全村40余户人家散落在一条狭长的山谷地带，进口小里面大，状如葫芦形。1927年10月3日，毛泽东率领湘赣边界秋收起义的工农革命军，经过三湾改编后到达古城。前委在此召开扩大会议，确定了在罗霄山脉中段建立井冈山革命根据地的计划。古城会议后，毛泽东与袁文才在大仓村林凤和家举行了一次不寻常的会面，这次会面开始改变中国历史的命运，史称"大仓会面"。会谈的地点选择在林凤和家，这是袁文才经过深思熟虑、精心安排的，其中有三个鲜为人知的原因。一是林凤和家位置显要。林家住房前面有一排吊柱楼，砖木结构，两层6间，视线良好，站在吊柱楼上可以眼观八方。而且吊柱楼位于大仓村中点，依山傍路，只有一条上接茅坪、下通古城的小道，两地与大仓各相距15千米，只要派兵把守上下两个路口，便进退自如，万无一失。二是林凤和与袁文才关系密切。林凤和原先家境贫寒，其父后来学做篾匠，由于手艺精巧，生意兴隆，财源广进，到了晚年购置了35亩农田和12亩油茶山，全部出租，几年过后，林家成为富甲一方的地主。林凤和因害怕袁文

| 毛泽东和袁文才会见旧址

才"吊羊"（绑票），托人疏通关系，经常与袁文才来往，称兄道弟，并资助军费和物资。三是林凤和和袁文才沾亲带故。林凤和家三代单传，仅有一个儿子，娶的老婆是茅坪乡马源坑人，与袁文才是同村，两人有亲戚关系。所以，安排在林凤和家见面，安全可靠，便于隐藏。

1927年10月6日上午，毛泽东率领营党代表宛希先等几个人骑马绕道经龙市，由茶梓冲前往大仓。此时，袁文才带领十几名亲信荷枪实弹在村头石桥上等候，暗中早就派兵埋伏在道路两旁和会谈地点的周围。袁文才见毛泽东一行人数少，又没带武器，戒备的心理消除了一半。袁文才与毛泽东握手问好后，双方一同前往当地富绅林凤和家前院吊柱楼。走到门口，袁文才举起了表示欢迎的双手，村民吴石开拿起屠刀向猪脖子用力捅去，肥猪发出"嚎嚎"的叫声。袁文才用这种特殊的仪式，欢迎毛泽东的到来，这是当地最高的礼节。埋伏在远处的哨兵听到猪叫声的暗号，也悄悄地撤去。

林家大院内，栽有两棵桂花树，正是桂花飘香之际。毛泽东来到后，对这两株香气扑鼻的桂花树赞不绝口。林凤和高兴地对毛泽东说："这是我结婚后不久栽上的，俗称'贵人树'，今天真的贵人临门了！"毛泽东与袁文才坐在吊柱楼的厅堂，桌上摆放着瓜子、花生、炒黄豆、红薯片等土特产，大碗里泡着粗茶。双方寒暄一番后，两人谈得很投机，从上午10点一直谈到下午太阳落山，共同商讨了工农革命军在茅坪安家并建立后勤机构等有关问题。毛泽东离开时，赠送100支枪给袁文才部发展武装力量，袁文才也当场回赠1000块银元（其中700块是林凤和垫上的）帮助工农革命军渡过难关。

大仓会面后，毛泽东带领工农革命军在茅坪安家，创建了中国第一块农村革命根据地，其中既有袁文才的机智勇敢，又有毛泽东的厚重信任，也有林凤和的功劳。日月轮回，春秋交替，历经百年岁月的林家老宅依旧，庭院中的两棵老桂树，枝繁叶茂，硕大的树冠伸展开去，荫蔽了整个院落。岁月的风吹雨打、雪压霜欺，这两棵老桂树都挺过来了，并愈发显得生机蓬勃，好像在对世人述说当年毛泽东与袁文才在这里会面的传奇故事。

伟大的握手
——朱德、毛泽东会见旧址

朱德、毛泽东会见旧址坐落在龙市五虎岭南麓、龙江河西岸，原为龙江书院，建于清道光二十年（1840年），是由原宁冈、酃县、茶陵三县的客籍绅民捐款集资修建的客家人最高学府。书院分中、前、后三进，面积2000余平方米，大小房间100多间，现存42间，砖木结构，歇山房顶。1961年，国务院将其列为全国重点文物保护单位。

1928年1月上旬，朱德和陈毅在湘南发动年关暴动。湘粤两省之敌立刻出动，南北夹击，致使湘南起义失败。3月上旬，应中共湘南特委的要求，毛泽东率部向湘南行动，支援朱德等人。毛泽东兵分两路，亲率第一团为左翼，楔入桂东、汝城之间，令王佐、何长工等人率第二团向彭公庙、资兴方向前进。

起义军在同桂军的一场战斗中，虽然有朱德的老朋友范石生的支援，伤亡仍然惨重。范石生也被迫退到了广东。朱德和毛泽东两支队伍内的共产党军事部的代表为此举行会议，他们决定，朱德的主力部队应该向湘赣边境集中，然后撤到井冈山。于是，朱德的队伍且战且退，向东撤去。

何长工等人率领第二团与湘南起义组建的农军第七师会合后，在资兴附近又与由郴州退过来、带着部分起义农军和地方党的机关的陈毅汇合。毛泽东指示第二团撤回井冈山，由第一团在后掩护。第二团到达井冈山下的酃县沔渡时，便衣侦察员报告说："朱德同志带领的队伍已经到了沔渡了！"

何长工、陈毅等人飞速赶去，来到朱德的屋里。见面后，他们决定两支队伍先后撤向井冈山。

4月21日（也有说4月24日），第二团回到龙市。两天后，朱德和陈毅带着部分直属部队也进了山，住在龙市附近的几个小村庄里。

4月24日（也有说4月28日），毛泽东率第一团回到龙市，宁静的山中顿时热闹起来：

一九二八年四月二十八日，这天天气十分晴朗，巍峨的井冈山像被水洗过一样，显得特别清新；满野葱绿的稻田，散发着清香；太阳喜洋洋地挂在高空，照得溪水盈盈闪光。这是一个多么美好的日子！我们跟在毛泽东同志的身后，注视着他那高大稳健的身影。大家心潮澎湃。是他在大革命失败以后，在井冈山建立了第一个农村革命根据地，树立起了第一面鲜艳的红旗，照亮了中国革命的航程。今天，两支革命武装胜利会师了！革命的力量将要在这个坚实的基础上更加壮大，革命根据地将进一步巩固发展，革命的浪潮，将要从这里更有力地推向全国……①

朱毛是如何见面的，具体经过如何？何长工的记录如下：

毛泽东同志和朱德同志会见地点是在宁冈龙市的龙江书院。朱德、陈毅同志先到了龙江书院。毛泽东同志到来时，朱德同志赶忙偕同陈毅等同志到门外来迎接。我远远看见他，就报告毛泽东同志说："站在最前面的那位，就是朱德同志，左边是陈毅同志。"毛泽东同志点点头，微笑着向他们招手。

快走近龙江书院时，朱德同志抢前几步，毛泽东同志也加快了脚步，早早把手伸出来。不一会，他们的两只有力的手掌，就紧紧地握在一起了，使劲地摇着对方的手臂，是那么热烈，那么深情。

进了龙江书院屋里，毛泽东同志把我们介绍给朱德同志；朱德同志也将他周围的干部，给毛泽东同志作了介绍。

毛泽东同志带着祝贺的口吻说："这次湘粤两省的敌人竟没有能整到你！"

朱德同志说："我们转移得快，也全靠你们的掩护。"

谈了一阵军情以后，毛泽东同志热情地说："趁'五四'纪念日，兄弟部队和附近群众开个热闹的联欢大会，两方面的负责同志和大家见见面。"说着，转过身叫我负责准备一下大会，详细地指示了该准备些什么，最后特别强调说："要多发动些群众来参加！"

等他指示完毕，我们几个跟他来的同志就告辞出来，让毛泽东同志和朱德同志可以安静地商谈更重要的事情。②

---

① 谭政等:《星火燎原》第二集，解放军出版社，1997，第42页。
② 谭政等:《星火燎原》第二集，解放军出版社，1997，第42—43页。

就这样，中国土地革命的两大主流汇合了。

朱毛这次会见是中国历史上最重要的事件之一。对于这次会见，朱德的感受如何？朱德对女儿朱敏等人讲过。朱敏后来说："他（朱德）和毛主席在龙市一见面，就深深感到毛主席精神的崇高和思想的伟大。"朱敏说："父亲谈到这段历史，总是满怀深情地说：'南昌起义虽然向国民党打响了第一枪，但是南下广东是错误的，险些全军覆没。如果三万多人的起义队伍，像毛主席领导的秋收起义那样去发动农民，在农村站住脚，建立根据地，中国革命的局面会好得多。毛主席才是人民军队的伟大缔造者。'"①

朱德对"毛主席精神的崇高和思想的伟大"的认识是出自肺腑的，也正是这样的思想奠定了他与毛泽东的合作，并且这种合作是齐心协力而不是离心离德的、是长久的而不是短暂的。两支部队会师后，"朱德和毛泽东两个人的生活互相交织在一起，以致多年之中，一般人都把他们当做一个人看待，而称之为'朱毛'"②。

---

① 朱敏：《回忆我的父亲朱德委员长》，中国少年儿童出版社，1978，第2—3页。
② 艾格妮丝·史沫特莱：《伟大的道路——朱德的生平和时代》，生活·读书·新知三联书店，1979，第47页。

中国军政院校的摇篮
——军官教导队旧址

1927年9月，毛泽东作为中共中央特派员被派往湖南，与湖南省委一起领导湘赣边界秋收起义。在此期间，毛泽东敏锐觉察到官兵普遍存在文化程度低、军事技术差等问题。10月，起义部队转移至井冈山后，敌我力量对比悬殊加剧，加之战事频繁，无论干部还是士兵都亟待加强军事训练，以提高军事素质和作战能力。当年11月底，毛泽东在宁冈龙市的龙江书院，创办了工农革命军第一军第一师第一团军官教导队。

军官教导队是我党独立领导武装斗争后开办的第一所军事教育机构。根据毛泽东的提议，吕赤担任军官教导队大队长，蔡钟任党代表兼党支部书记。教导队下设四个区小队，分别由陈伯钧、陈士榘、张令彬、王良任区小队长。

当时军官教导队的办学条件十分艰苦和简陋。他们没有固定的教室，没有桌椅，没有纸、笔和黑板，更没有集体宿舍。他们在露天上课，以垒砖为桌、石块为凳，用树枝、炭条在地上、石板上或沙盘上练习写字，并分散在群众家里或在祠堂、庙宇中睡地铺。

在教导队开学典礼上，毛泽东对学员严格要求，要求学员做到"三不""八能"。"三不"即不嫖、不赌、不偷；"八能"即能写、能说、能唱、能算、能吃苦耐劳、能打仗、能生产劳动、能诚实可靠。

毛泽东为教导队规定了三项任务：一是为部队和地方培训输送干部；二是改

造俘虏；三是调查研究敌军情况。每个学员都有一个共同的目标，那就是学军事、学政治、学文化，为实现推翻军阀政府、消灭封建剥削、完成土地革命的目标而奋斗。

教导队的教学内容主要是军事课和政治课：军事课有队列、射击、刺杀、投弹、游击战术、夜间战斗、敌情侦探等课目；政治课有无产阶级革命、形势、任务、部队建设、群众工作、政策纪律等内容。除学习军事和政治外，还设有识字课。

授课深入浅出，鼓舞官兵斗志。军官教导队开办后，毛泽东经常为学员讲授政治课。毛泽东的讲课深入浅出，循循善诱，从大家最熟悉的事物讲起，谈笑风生、拨人心弦，给人以启发和鼓舞。一次课堂上，毛泽东以舂米为例，生动形象

| 工农革命军军官教导队旧址

历史选择了龙市 ——龙市记忆
LISHI XUANZE LE LONGSHI

| 工农革命军军官教导队旧址内景

地讲解什么叫作"革命"。他说，从一个人拿棍子春米，到用水车春米，再到用机器碾米，这就是进步，这就是革命。他说："我们革命的目的是什么？革命的目的之一，就是要把所有用人力的生产，变成用机器生产。要达到这个目的靠谁呢？要靠群众自己。那么，群众怎么知道革命的道理呢？那就要靠我们共产党员去讲，所以，你们要到哪个地方，都要注意学习这个问题，红军就是个大学校。"

还有一次，毛泽东发现学员谢华光因练习刺杀不得要领，而被教官训斥。问清缘由后，毛泽东突然指着前方对谢华光大声喝道："你看，恶霸带着乡丁到你家捉拿你母亲来了，还不快刺他！"谢华光听后，昔日家中悲惨的画面浮现眼前，顿时怒上心头，端起枪向前猛刺，又狠又稳又准。一旁观看的教官和学员，无不连声喝彩。毛泽东说："练刺杀，要把阶级仇恨带进去，这就叫'有的放矢'！"这件事迅速传遍井冈山各部队，极大鼓舞了官兵的革命斗志。谢华光毕业后回到家乡古城担任赤卫队队长，带领赤卫队打土豪、分田地，并在新城、澧田战斗中有力配合主力部队作战，成功掩护大部队安全转移。

三项训练内容，紧密结合实战。教导队的军事训练，也在毛泽东的直接指导下改进完善。1927年12月，毛泽东发现教导队军事训练只有队列、射击和投弹等单兵课目，且与实战结合不够紧密。于是，他帮助教导队总结经验，要求教导队加强战术训练和夜间训练，具体规定了三项训练内容。

第一项："十八字战术"，即"利用地形地物，发扬火力，消灭敌人，保存自己"。具体就是利用有利的地理条件隐藏自己，紧盯敌人行动，瞄准敌人开枪，增加敌人伤亡、减少我方无谓牺牲。第二项："十二字游击战术"，即"敌来我去，敌驻我扰，敌退我追"。敌来我去，不是消极逃跑，而是有计划地撤退，在撤退中找准有利时机杀伤敌人，打乱和迟滞敌行动，削弱敌优势；敌驻我扰，就是扰乱驻守之敌，军民联合采取多种方法手段，潜入敌营地，探察敌情，破坏敌军事设施，搅得他们昼夜不安、疲劳不堪，并伺机消灭；敌退我追，就是要乘势追击退却之敌，重点打击对手的伙夫担子，俘虏敌伤员，缴获敌枪支弹药，让敌军撤得不痛快不利索。第三项：加强夜间训练。学会走夜路，特别是夜间走山路。尖兵班和排长要注意掌握各条道路各个方向的敌情，前进中发现敌情要立即查明情况，及时上报连长处理。同时，要学会夜间摸敌哨，夜间观察目标、传达口令和命令。在充实游击战术、夜间训练课目基础上，教导队还增加了野外实地演练的课时。

分兵发动群众，集中英勇杀敌。军官教导队既是训练队，也是工作队和战斗队。在毛泽东的带领下，学员们分头深入古城、茅坪、新城等地做群众工作，调查农村阶级和土地占有情况，了解贫苦农民的状况和心声，在实践中掌握宣传、发动和组织群众的工作方法。军官教导队经常跟随部队实施战斗行动。1928年2月，军官教导队跟随部队参加新城战斗。新城，西连龙市，南通茅坪，北扼宁冈至永新的通道。毛泽东决定集中优势兵力，围攻新城守敌。教导队负责攻打北门。战斗打响后，教导队学员奋力阻击，打退企图从北门逃跑之敌，随后攻破北门杀入城内，配合第一团主力将守敌逼退至西门外第二团伏击圈，为新城战斗胜利作出突出贡献。

由于斗争形势紧张，军官教导队仅开办了一期。经过半年多的培养，150余名学员茁壮成长，为井冈山红色政权的创建输送了一支富有斗争本领的干部队伍。他们中有的学员后来成长为优秀的军政指挥员，如谭震林、贺敏学、谭甫仁等人；有的学员毕业后回到地方工作，深受当地群众敬重，起到了工农武装革命"种子"作用，如谢华光、刘仁堪、蔡德华等人；还有不少学员为革命英勇捐躯，如吕赤、王良等人。

1928年4月，朱德、毛泽东两部在龙市会师，组建中国工农革命军第四军。不久，原军官教导队改名为"中国工农红军第四军军官教导队"，并从宁冈龙江书院迁至井冈山茨坪的店上村。

同年冬，彭德怀率红五军主力上井冈山后，中共红四军前委决定在红四军军官教导队的基础上，创办红军第一所正式学校——井冈山红军学校，彭德怀任校长。

1931年11月，中央革命军事委员会将红一、红三军团的随营学校、闽西红军学校和闽粤赣红军学校等合并，组建成中央军事政治学校。办第三期时，校名改为中国工农红军学校。

1936年2月，中国工农红军学校扩建为西北抗日红军大学；6月，中国工农红军大学正式成立；次年1月，改称中国人民抗日军事政治大学。

新中国成立后，高等军事学院、军政大学等军校相继成立。1985年12月，在军事学院、政治学院、后勤学院的基础上，中国人民解放军国防大学成立。

红四军诞生地
——红四军建军广场旧址

红四军建军广场旧址坐落在龙市镇城区中心位置的龙江河东岸的沙洲上。其东侧是原宁冈县工会和图书馆等建筑物，南边是会师桥头公路，西边是沿江公路和龙江河，北边是市民体育场。红四军建军广场旧址所在地原为龙江河冲积而成的沙洲。1961年，国务院将其列为全国重点文物保护单位。1962年政府对沙洲进行整理，修复会台，加强日常管理，同时对外开放。

1928年5月4日，井冈山革命根据地军民两万多人，在这里召开庆祝两军会师和工农革命军第四军成立大会。大会执行主席陈毅宣布中国工农革命军第四军（同年6月改称中国工农红军第四军）成立。大会任命朱德为军长，毛泽东任党代表，王尔琢为参谋长，陈毅任士兵委员会主任。工农革命军第四军下辖三个师九个团。会上，毛泽东、朱德及地方党、政机关和民众代表先后登台讲话。毛泽东在讲话中重申了红军的"三大纪律、六项注意"和部队的"三大任务"。红四军的建立，对于发展湘赣边界的工农武装割据斗争，扩大和建立农村革命根据地，推动全国的革命运动高潮，产生了深远的影响。

江西省人民政府公布了其保护范围，广场主席台前85米、后9米、左34米、右67米。其建设控制地带为自会师桥至县体育场及沿河河滩。旧址平面依南北中轴线对称布局，南入口宽60米，北端会台后边宽106米，由南至北长201.6米，依次为铜像平台区、旗杆平台区、会场区。铜像平台南北长50米，东西宽40米，寓

红四军建军广场旧址

意5月4日，正中为铜像基座，上立朱德、毛泽东铜铸像，基座外围置涌泉池。旗杆平台面积2232平方米，前部正中竖旗杆高19.28米，寓意1928年，其上悬挂中国工农革命军第四军军旗。会场呈正方形，长宽均为80米。其北端仿建的会台坐北朝南，面阔17.16米，进深10.72米，檐高6.9米。在会场的中轴线上，置有旱喷水景，地下储水池直径25米，各类喷水孔、造型灯358个，中心水柱喷水高19.28米。平台和会场的两侧，分别设有停车场、人行道、绿化带和花岗岩坐凳，整个广场安装各类灯具771盏，占地面积16732.80平方米。2008年，红四军诞生80周年之际，由市政府批复，井冈山革命博物馆组织实施，对广场进行了全面整修。

第一面军旗升起的地方
——红四军军部旧址

红四军军部旧址位于龙市镇河西巷58号,原为刘德盛药店,坐西北朝东南,砖木结构。前栋店铺因公路扩建而被拆除,现存中栋和后栋。1990年,宁冈县人民政府公布该旧址为县级文物保护单位。2005年,该旧址被列为井冈山第一批市级文物保护单位。

| 红四军军部旧址

1928年5月4日，红四军成立后，军部设于此。毛泽东、朱德曾在这里居住和办公。当年，军部在后栋的厅堂办公，毛泽东、朱德等人住在后栋二楼。这一时期，军部的主要工作是部队建设，在各连队建立党的支部和士兵委员会。

据当年药店里的学徒王学道回忆，1928年1月26日，新城战斗中捉住敌县长张开阳，在龙市召开公审大会，这一期间，毛泽东住在药店后面的楼上。随后成立的中共宁冈县委和团县委机关也在药店的楼上办公，至今在大门两边墙上还保存着"中国共产党宁冈县委员会"和"中国共产主义青年团宁冈县委员会"的墨写文字。1928年3月，湘南特委军事委员周鲁来到井冈山革命根据地，指责边界行动不利，强令队伍开往湘南支援湘南起义。在这里，毛泽东和前委委员们同"左"倾盲动路线进行抗争，并陪同周鲁察看根据地的建设情况。然而，周鲁不顾井冈山斗争的实际，反而撤销前敌委员会和毛泽东的前委书记职务，以组织名义任命毛泽东为师长，带领队伍开往湘南。1928年4月底，朱毛两军在龙市胜利会师。5月4日，中国工农革命军第四军（后称中国工农红军第四军）成立，军部设立于此，毛泽东、朱德、王尔琢等人在这里居住和办公，为红四军的建设做了大量工作。1955年，宁冈县人民政府以房屋六间，宅基地一分九厘与房东交换产权。20世纪50年代至60年代中期，当地政府先后在此设立公安机关和医院，直至"文化大革命"前夕才迁出。1976年、1988年该栋房屋两次发生基脚下沉、墙面开裂的危情，1994年由井冈山会师纪念馆加以维修和部分重建，并随之布展、对外开放。

张家祠
——工农革命军第一师第一团团部旧址

工农革命军第一师第一团团部旧址原为张氏祠堂，位于龙市镇龙江河畔河西，与井冈山会师纪念碑广场毗连，始建于清光绪二十五年至三十年间（1899—1904年），由朝廷二品武官、诰封中宪大夫振武将军的张锡三（字祖恩，宁冈张氏柱国堂三十二世孙，龙市镇豆冲人）在家养伤期间发起，召集江西宁冈、永新、莲花，及湖南酃县、茶陵5县张氏族众所建造，既是为纪念留侯张良辅汉的功绩而建，也是湘赣边界张氏之总祠。

张氏宗祠是典型的江南民居风格，由青砖和木架构成，雕梁画栋，典雅古朴，气势恢宏，坐西南朝东北，背依连绵起伏的青山，面对川流不息的龙江，占地面积2000多平方米，建筑面积500余平方米。整栋祠堂为重檐歇山、前后两进院落式祠庙建筑，由前栋、天井、厢房、后栋及两侧偏房组成。两侧厢房对称布局，后栋三间，中为堂。正面有3扇大门，正中为正门，两边为侧门。正门有高大雄伟的门楼，门楼的正中上方的墙上，嵌有精致的双龙戏珠图案的圣旨牌。正门上方悬挂一块巨大的匾额，书有"留侯第"三个遒劲有力的镀金大字。大门两边贴有一副对联："奕叶千秋五虎山，风云万顷龙江河。"

宗祠的侧门，比正门稍为矮小。进门为前厅，约占正厅面积的三分之一。厅楼，则是戏楼，以前面中间4根圆柱支撑而成。演戏时搭成戏楼，平时拆掉，戏台极为宽敞。前厅进去，中间是别致的天井，两侧是走廊，直通正厅。正厅中有

红二十八团团部旧
址——留侯第宗祠

12根独立杉木圆柱，花岗岩石柱墩上则有精雕细刻的圆形花鼓图案。每根柱子上均悬挂有名人书法楹联，其中有一副醒目的对联："敬祖宗仁义礼智信，佑儿孙文武忠孝廉。"它既警示后人传承老祖宗的忠厚美德，也彰显出当地文化底蕴的厚重。

两边墙上，留有工农革命军进驻后所写的十几条内容丰富的标语及宣传画。正厅两侧与天井两侧走廊的拱楼，与前厅的戏楼相连通，以供观众看戏用。祠堂内木雕作品有100多件，且分布在额坊、梁、柱、隔扇、雀替、斜掌、驼峰、斗拱、轩顶等10多个类型的大小部件上。雕刻内容有人物、飞禽、走兽、花卉、博古和标志物6个类型。祠堂内的月梁、雀替全部采用浮雕、镂空雕刻和线刻相结合的手法，图案活灵活现，栩栩如生。

这座百年古祠，不仅是张氏宗祠的实物遗存，更见证了当年革命先辈的历史足迹。大革命时期，宁冈县农民协会设于祠内，先后在此举办了两期农民运动训练班。谢汉昌、陈慕平在张氏宗祠内举办了第一期农民运动训练班，授课内容主要是毛泽东的《中国社会各阶级分析》《湖南农民运动考察报告》等，参加人数60余人。龙超清、袁文才、刘辉霄等人曾在训练班授课。现保存的"1927年宁冈县农民运动训练班第一次毕业纪念章"，经国家文物局全国馆藏一级近现代文物鉴定确认专家组认定，这枚纪念章是大革命时期湘赣边界农民运动的代表文物，鉴定为国家一级文物。1927年10月6日，工农革命军由古城进驻龙市，一团团部驻扎于此。随即按前委书记毛泽东的指示，团部与袁文才所派代表，在祠堂内举行了赠送袁文才部队100支枪的交接仪式。1928年2月18日，宁冈县工农兵代表大会在祠内召开，会上宣布成立宁冈县工农兵政府，推选了文根宗担任县工农兵政府主席。1928年5月4日，朱德率领南昌起义军余部和湘南农军与毛泽东领导的秋收起义部队在宁冈龙市会师，成立工农革命军第四军，第二十八团团部驻守张氏宗祠。红四军离开龙市进驻茅坪安家后，张氏宗祠成为革命时期的重要活动场所。1930年，宁冈县苏维埃政府第五次代表大会在这里召开。

新中国成立后，宁冈县第一、第二、第三届人民代表大会，宁冈县第一次劳模大会，中共宁冈县第一次代表大会，相继在张氏宗祠召开。后来，张氏宗祠还当过县法院的审判庭。

纪念设施

永远的铭记
——井冈山会师纪念馆

井冈山会师纪念馆位于龙市镇龙江路北段53号，矗立于龙江之滨。1976年由江西省展览组批建，1978年动工兴建，1980年5月建成，同年5月4日正式开馆。

纪念馆坐西朝东，砖木砼混合结构，正面门廊顶为钢筋砼平屋顶。内院回廊为钢筋砼柱，平顶。其余展厅皆为红砖墙，人字木屋架，硬山顶砌封火墙，盖小青瓦屋面。该馆占地面积6789平方米，建筑面积3827平方米，主体建筑面积1827平方米。"井冈山会师纪念馆"8个镏金大字，为当年中共湘赣边界特委书记、全国人大常委会原副委员长谭震林亲笔题写。1994年，江西省委、省人民政府将其列为江西省爱国主义教育基地。

纪念馆与龙江书院联合为一整体，含新旧建筑2幢，内设有6个陈列室，主要反映土地革命战争时期井冈山区域党组织的建设和工农运动、边界武装斗争的情况，以及湘赣边界的地理特征和物产状况。第一展室为序室，主要介绍大革命失败前井冈山地区工农运动的状况。第二展室，主要反映毛泽东在秋收起义失利的情况下，审时度势，勇于开拓，引兵井冈山，开创湘赣边界工农武装割据的局面。第三展室，主要反映朱德、陈毅等人率南昌起义军余部，经赣南三整，至湖南发动湘南起义，然后向井冈山转移的主要经历。第四展室，展出了朱毛两军在龙市胜利会师和红四军成立的盛况，以及红四军、红五军在新城会师的经过。第五展室，展现会师后井冈山革命根据地军事斗争的胜利，工农政权的建设，土地革命的深入发展，割据区域的扩大等发展情况。展出版面333块，版面面积412平方米，展线206米。展出革命文物132件，其中属于国家一级文物藏品6件、二级文物藏品11件、三级文物藏品20件；遗址及纪念地照片99幅，人物照片147幅，文字照片35幅，油画、国画16幅，雕塑6座。第六展室为书画长廊，展出在全国范围内征集的著名书画作品52件。该馆藏品总数363件，其中金属类210件，纸质类50件，石质类21件，竹木漆器类34件，陶、瓷、玻璃器类30件，纺织类16件，标语2条。

2016年8月28日，井冈山会师纪念馆陈展提升项目工程开工，工程历时9个月。2017年5月26日，它以全新的面目呈现在世人面前，迎接来自四面八方的各级领导、学员和游客的参观，并得到大家的赞赏。井冈山会师纪念馆的陈展和馆舍，旧貌换新颜，由一个陈旧、落伍于时代发展的展馆，提升至全省县级展馆前

| 井冈山会师纪念馆

列。这次陈展提升在内容和形式上,一是充实了边界各县大革命时期工农运动的史料,用以引证湘赣边界的井冈山区域具有建立根据地的基础和条件;二是紧紧围绕红军在根据地内的主要活动,凸显了朱毛会师井冈山的主题;三是在节点部位采用了触摸屏、电视、投影等多媒体先进陈展手段,让观众获得更多的史料信息;四是利用馆舍原闲置的廊道,增加了"攻打永新城"和"红四军成立大会"两处场景,在相关的区位设置了"新城战斗"微缩景观和井冈山革命根据地地形沙盘,以多种表现手段活跃陈展内容。在馆舍维修中,首先,注重外部环境和建筑风格的统一性,将馆舍的建筑风貌和外墙装饰与紧邻的龙江书院融为一体,形成统一协调的外观环境;其次,将原来的序厅面积扩大了54平方米,以增加序厅的容量,适应现场团体教学的需求;再次,将原来阻隔的展室以通道连接,使参观线路更为流畅;最后,对馆舍的表露木件全部采取防虫防火措施,以确保展厅建筑的安全,延长其使用寿命。新的陈展展线长度近320米,展板近560平方米,共展出照片344张,文字(含照片)、图表、图画等资料175幅(组),实物(含原物、陈列代用品)127件(组),多媒体视频4组,雕塑(含场景)3组,沙盘模型1组。总之,这次陈展提升项目让展馆的展览主题更加突出,展出内容更加紧凑,展板形式更加多样,展线通道更加流畅,达到了预期效果。

2023年,"江西博物馆十大镇馆之宝"评选推介活动由省文物局和省博物馆学会联合举办。通过各级文物部门推荐、公众参与、专家评选等环节,井冈山会师纪念馆馆藏文物之一的毛泽东在井冈山茅坪八角楼使用的油灯入选"江西博物馆十大镇馆之宝"。

井冈山会师纪念馆成立至今,主要担负了原宁冈县境内的井冈山革命遗址中的40多处(其中国家级9处,省级4处,县市级25处)革命旧址的保护、维修、陈列展览、宣传接待和文物征集研究工作。自开放以来,该馆被公布为江西省首批爱国主义教育基地,现有3处革命旧址被列为全国爱国主义教育示范基地,4处旧址被列入中国井冈山干部学院现场教学点。同时,有30余家军政院校和企事业单位先后在该馆挂牌设立了革命传统和爱国主义教育基地。

红军发展的里程碑
——井冈山会师纪念碑

井冈山会师纪念碑位于龙市龙江路中段，会师桥西端，碑身坐西朝东，于1977年10月动工兴建，1980年5月4日建成开放。广场占地面积3500平方米。纪念碑碑基为正方形，四周有花岗岩青石、大理石铺成的13级两层台阶。碑高19.28米，碑座长5米、宽4米，寓意1928年5月4日朱毛红军会师。碑身左右是由红色大理石镶嵌而成的两面巨大的军旗，碑顶正面镶嵌着镰刀斧头，象征两支部队在党的领导下胜利会师，建成一支更加坚强的人民军队。碑座后面刻有毛泽东手书"星星之火，可以燎原"，碑座两侧刻有朱德题写的两首诗："红军荟萃井冈山，主力形成在此间。领导有方经百炼，人民专政靠兵权。""革命雄师会井冈，集中力量更坚强。红军领导提高后，五破围攻固战场。"正面"井冈山会师纪念碑"8个镏金大字的碑名由中共中央原副主席、全国人大常委会原委员长叶剑英题写。碑座正面镌有碑文，由原中共宁冈县委撰稿，报请中共江西省委常委审改同

井冈山会师纪念碑

意，转呈中共中央，经时任中共中央政治局委员、书记处书记的胡乔木亲自审定，并由中国人民解放军原总后勤部副部长、书法家唐天际书写。碑文全文如下：

在第一次国内革命战争遭到失败，中国革命处于十分危急的关头，以毛泽东同志为代表的中国共产党人，高举马列主义旗帜，继续坚持革命斗争。一九二七年八月一日，周恩来、朱德、贺龙、叶挺、刘伯承等同志领导了八一南昌起义，打响了反对国民党反动派的第一枪。

同年九月九日，毛泽东同志在湖南领导了秋收起义，创立了第一支工农红军，随即进军井冈山，在以宁冈为中心的罗霄山脉中段进行武装割据，创建了第一个农村革命根据地。

一九二八年四月，朱德、陈毅等同志率领南昌起义的部分部队和湖南农军，艰苦转战，到达宁冈，与毛泽东同志领导的秋收起义的部队胜利会师。五月四日，井冈山军民在龙市举行庆祝大会，宣告中国工农红军第四军成立。毛泽东同志任党代表，朱德同志任军长，陈毅同志任政治部主任，王尔琢同志任参谋长。

南昌起义、秋收起义和这两支部队在井冈山胜利会师，是中国革命发展史上具有重大历史意义的事件。从此，中国革命的中心由城市转到农村。井冈山革命根据地的建立，开创了以农村包围城市、依靠农村积聚发展革命力量，最后夺取全国政权的正确道路。

立碑承志井冈山会师的伟大历史功绩。

公元一九八〇年五月四日立

短短不到500字的碑文，高度概述了井冈山会师的历史背景、艰难历程和伟大意义。

千流归大海，奔腾涌巨澜。朱毛会师是中国革命和中国人民军队建军史上具有重大历史意义的事件，是中国革命和红军发展的重要里程碑。经历了大革命失败后的中国共产党人，重新从血泊中爬起，揩干净身上的血迹，掩埋好同伴尸首，又继续战斗。从南昌城头一声枪响，到秋收起义霹雳暴动，从引兵井冈艰难探索，到湘南起义炮火洗礼，毛泽东、朱德率领两支起义部队终于会师井冈山，随后合编成中国工农革命军第四军（后改称中国工农红军第四军）。朱德领导的南昌起义军余部，这支主要脱胎于北伐战争叶挺独立团的正规军，开始与农民土地革命运动实践相结合，让井冈山革命根据地实力大大增加，逐渐步入全盛时期。从此，毛泽东、朱德的名字紧紧地连在了一起，他们领导的红军被称为"朱毛红军"，是令国民党军队闻之胆寒的部队。这支英雄部队后来发展成中国工农红军的主力，先后创建了井冈山及中央革命根据地，历经伟大长征、抗日战争和解放战争，最终解放了全中国。因为有井冈山会师，人民革命武装才得以汇聚、融合和壮大，并使中国革命形成了星火燎原之势。

斗转星移，硝烟远去，镌刻在历史丰碑上的纪念碑文，依然在传颂着革命先辈的初心使命，激荡着人们的心灵，给后人以启迪和传承。

一桥飞架起苍黄
——会师桥

　　会师桥位于龙市龙江路中段，横跨龙江。新中国成立前仅为一座普通木板桥，1964年，人民政府拨款31.6万元，在此修建梁式结构钢筋混凝土大桥，成为通往湖南酃县（今炎陵县）、茶陵的一座重要交通桥。为纪念毛泽东、朱德率领的两支部队在此会师，取名"会师桥"。2009年9月8日，井冈山市人民政府将其列为井冈山市文物保护单位。

| 会师桥

1965年7月3日，郭沫若来到会师桥，亲笔题写桥名并赋诗一首《红军会师桥》："革命风云怒，会师有大桥。龙江流碧血，鹅石卷惊涛。五井金銮殿，万山卿士寮。工农须作主，携手入罗霄。"

2009年，市政府又将会师桥扩宽改建，以一种坚硬的风骨，蕴一腔热血，蓄万种风情的姿态，成为会师山城的独特风景：大桥6墩7孔，长81.4米，净宽7米，桥面两侧有人行道，桥旁建栏杆38格，内镶嵌有几何图案的水泥花板，旁列荧光柱灯4对。大桥直对井冈山会师纪念碑，二者互相映衬，益增其美观雄伟。

光耀千秋

——朱毛会师铜像

朱毛会师铜像于2009年9月8日矗立龙市井冈山会师广场中央，井冈山市人民政府将会师铜像列为井冈山市文物保护单位。

铜像平台面积2000平方米，中间为铜像基座，基座周边设有液泉池，基座上立有毛泽东、朱德两位伟人的握手铜像。铜像由鲁迅美术学院洪涛教授设计，辽宁大连金和青铜艺术有限公司铸造。铜像材质为锡青铜。朱毛铜像由底座、基座、铜像三部分组成。底座高2.8米，寓意朱毛会师是1928年；基座高为49厘米，寓意中华人民共和国于1949年成立；铜像高5.9米，寓意新中国成立后59年铸造；铜像重5.4吨，寓意朱毛会师是在1928年的5月4日。

| 朱毛会师铜像

浩气长存
——井冈山根据地烈士陵园

井冈山根据地烈士陵园修建于 1986年。它地处风景优美的五虎岭中，与全国重点文物保护单位毛泽东、朱德第一次会见旧址龙江书院相毗邻。陵园总占地面积300亩，其中主体建筑和参观区占地面积30亩，山林面积270亩。萧克题写了园名，宋任穷题写了"怀念堂"堂名，张震为吊唁堂题写了"井冈雄魂"四个大字。建园以来，先后安

井冈山根据地烈士陵园

放了陈毅、谭震林、滕代远、何长工、杨得志、陈正人、朱良才、陈士榘等41位革命先辈的部分骨灰，迁葬了井冈山斗争时期的著名英烈宛希先、陈毅安、王展程和井冈山籍革命先烈共109位，"怀念堂"二楼辟有革命先辈先烈的生平展，加上园内的各式亭、碑、墓，道路环通，曲径通幽。井冈山根据地烈士陵园是融瞻仰、凭吊、传统教育为一体，集古建、民居风情于其中的旅游胜地。它已是国防大学、长沙国防科技大学、南昌陆军学院等国内十余所大中院校的教育教学基地。1998年7月，陵园被列为全省革命烈士纪念建筑物重点保护单位。

城市标志
——《胜利之火》雕塑

《胜利之火》雕塑位于龙市南入口，由上海市长宁区投资，上海大学雕塑专家设计，2014年年初兴建，2015年年底落成。

雕塑基座高、长和宽均为10.54米，寓意1928年5月4日毛泽东、朱德在龙市胜利会师，开启了农村包围城市、武装夺取政权的革命道路。雕塑塑造了一个巨大的火炬，底部融入八角楼油灯的元素，上部设计了熊熊燃烧的火焰，寓意当年红四军的星星之火最终形成燎原之势。这座雕塑与《胜利的起点》《胜利的号角》形成一组意义深远的景观雕塑，成为龙市镇标志性的城市雕塑，也象征着上海长宁区和吉安龙市两地的情谊，永立在井冈山大地。

上刻碑文：

驼岭苍苍，龙江泱泱；

南宋开基，百业兴旺。

山清水秀，峰峦叠嶂；

物产富饶，油米之乡。

茫茫黑夜，霹雳雷响；

大街小巷，旌旗飘扬。

朱毛会师，力量坚强；

四军成立，威震八方。

星火燎原，燃遍赣湘；

武装割据，功绩传扬。

革命圣地，千秋瞻仰；

红色歌谣，世代传唱。

上海长宁，慷慨解囊；

"三联活动"，造福一方。

百姓受益，没齿难忘；

深情厚意，永矗井冈。

边陲重镇，续写华章；

建成小康，再铸辉煌。

中共井冈山市龙市镇委员会

井冈山市龙市镇人民政府

2015 年 12 月立

红军驿站
——柴冲亭遗址

柴冲亭遗址位于龙市镇的柴冲山顶的广场，2013年11月初动工，12月底落成。广场由主体册页、工农革命军行军群雕和柴冲亭组合而成，占地面积1200平方米。

| 柴冲亭遗址

1927年10月3日，前委书记毛泽东率领改编后的工农革命军，从三湾向宁冈进发。部队进入井冈山的第一站就是坳里。毛泽东在渡陂粟山庵召开干部会议，决定部队的分兵路线。部队在渡陂、桥头洲吃中午饭并休息。

坳里又是九陇山革命根据地的重要驿道中转地，当年红军的物资和人员大部分从坳里进出。红军经常在坳里与龙市分界的柴冲亭歇脚。

坳里

红色故事

农训纪念章

　　井冈山会师纪念馆里珍藏着一枚小小的农民运动训练班（简称农训班）纪念章，那是1975年8月，原宁冈县电影院职工陈世阳家拆除老屋，他在他爷爷住过的房间墙缝中发现后捐献出来的。据陈世阳讲述，他的爷爷叫陈达生，是一个铁匠，大革命时曾参加过农运工作。经调查核实，陈达生是由当时的中共秘密党员萧子南、萧慈恩介绍，参加了这期农训班，后成为龙市一区农民协会的负责人。

　　这枚纪念章为铜质、圆形，直径3.5厘米，重5克，正面弧形排列"宁冈县农民运动训练班第一次毕业纪念章，★1927.5.9★"，中间是一个直径2.2厘米的内圈，圈内有国民党青天白日党徽和一张犁以及花饰。背部别针已脱落，整体保持较好，铸字、图案清晰。经江西省文物局和国家文物局组织专家认定，这枚纪念章为一级文物，认为"这枚纪念章是大革命时期农民运动蓬勃发展的实物见证"。这枚不同寻常的纪念章，蕴藏着井冈山斗争风云。

　　1926年10月，在国共两党合作领导的北伐战争节节胜利的形势影响下，宁冈以龙超清、刘辉霄为代表的土籍革命派和客籍袁文才带领的保安团相结合，发动全县起义，农民运动风起云涌，势如破竹，一举攻克了宁冈县城新城，驱逐了反动县知事沈清源，先后成立了宁冈县人民委员会、宁冈县农民自卫军、宁冈县党支部。茅坪石佛里村的陈慕平，积极投身大革命运动，不久加入中国共产党。为

| 农民运动训练班纪念章

了更好深入开展农民运动，1927年春，他受宁冈县党支部委派赴武昌中央农民运动讲习所（简称农讲所）学习，成为毛泽东的学生。他每次都认真聆听毛泽东的讲课，详细记录讲课内容，反复领会其中含义。其间，他还和其他江西籍学员一起，为"赣州惨案"到国民党中央党部和国民党政府请愿，要求严惩凶手，为死难者报仇。

同年5月，因宁冈农民运动的需要，陈慕平提前离开了农讲所，回到家乡，分别在龙市和新城开办了两期农训班，每期都有60多人。第一期在龙市张家祠开办，陈慕平讲课的内容都是从武昌中央农民运动讲习所学习的内容，给学员讲授毛泽东的《中国社会各阶级的分析》和《湖南农民运动考察报告》。他说：我们农民起来闹革命，首先要搞清敌友，毛委员告诉我们"谁是我们的敌人？谁是我们的朋友？这个问题是革命的首要问题"。"一切勾结帝国主义的军阀、官僚买办阶级、大地主阶级及附属于他们的一部分反动知识界，是我们的敌人。"他举例说县清乡局局长谢述庭、大土豪唐震峰、龙清标等人就是我们的敌人。比如龙清标，他逃到南昌公开与全县人民为敌，大动刀笔，写文章登报大肆咒骂宁冈农民运动："井冈山之宁冈，匪情甚重，袁文才等首当其冲，十二月间省委县长林笑佛视县事，龙匪超清抗不交印，与袁匪磋商杀林之事，是夜袁至县长处，用手枪怔栋戕林毙命，因之野心复起，外与永新团队谋联防，内与邻近诸寇通声息……匪端突实源于宁冈，匪巢亦长踞于宁冈，是则，靖湘赣必先靖宁冈，若不平定，唯恐后患。"龙清标真是十分恶毒，县里派人捉拿他，回县后被愤怒的群众严厉惩办，当场砸死，这是罪有应得。接着，陈慕平还在黑板上画了一个小圈和一个大圈。苏区老干部苏兰春回忆，当时我们都不知道什么意思，陈慕平随即解释说，小圈圈代表小团结，大圈圈代表大团结，我们的农民、农民自卫军都要和全国的农民及自卫军联合起来。我们大家只有团结在中国共产党周围，才能打倒这些吃人的大坏蛋。只有"注意团结我们真正的朋友，以攻击我们的真正敌人"，最后才能取得胜利。

这次农训班的开办，大大地提高了农民的觉悟，推动了全县农民运动蓬勃发展。为纪念这次农训班，农民协会特别制作了一枚"宁冈县农民运动训练班第一期纪念章"。在结业典礼上，龙超清、刘辉霄、袁文才等负责人到场祝贺，并给每位学员颁发了纪念章。

"鸿门宴"成"同心宴"

1927年10月初，龙超清、陈慕平在三湾见到了毛泽东。

三人说了很久，谈得很投机。毛泽东向龙超清、陈慕平介绍了秋收起义和工农革命军的情况，龙超清、陈慕平向他介绍了宁冈县的党组织和农民自卫军的情况。当龙超清、陈慕平两人离开三湾时，毛泽东给他们每人送了一条枪。龙超清、陈慕平返回茅坪后，立即将会见情况告知袁文才。袁文才见毛泽东送了枪，知道他是有诚意相交，也十分高兴，说道："既然老毛诚心相交，那下一步我就得和他在井冈山合作啰！"

可是，袁文才的妻叔谢角铭一听，却不同意这样做。他劝袁文才说："人家有上千条枪，你才几十条枪，和他们搞在一起，有什么好处？"

这时，他手下另一个亲戚朱述庵也劝说道："你晓得人家打的什么主意？说不定早晚要把你吞掉！"听到这些劝阻，袁文才一想，有些道理，于是又犹豫了。但是，当他征求龙超清、王怀、刘真、贺子珍等人的意见时，他们一致的态度是："毛润之是党中央委员，和我们是一路的，那还怕什么呢？"或赞成，或反对，此时的形势逼着袁文才非迅速作出决定不可。

这天晚上，袁文才又把陈慕平叫到自己家里，详详细细地问他有关毛泽东的情况，然后又和贺敏学等几个亲信商量了一夜。大家剥了两斤多瓜子，从当前的利益谈到将来的出路和最后的归宿，都觉得除了跟毛泽东走以外，没有别的出路。

但是，袁文才没有见过毛泽东，心里还是有些不踏实。最后，贺敏学大腿一拍，说："那就请毛泽东来与你会会面，一切问题当面商定。"

于是，第二天龙超清与陈慕平又前往毛泽东处。此时，毛泽东已移师向井冈山奔来，到了宁冈古城。在古城，毛泽东与龙超清参加会议，具体研究工农革命军同袁文才会合的事。

10月5日黄昏，龙超清和陈慕平急匆匆从古城赶回茅坪，将毛泽东亲自来会见他们的事告诉了袁文才。

袁文才听后，既高兴又忧心：喜的是他的代表陈慕平也参加了毛泽东的军事会议，并且，毛泽东这么一个中央委员、工农革命军的前委书记，竟然同意前来茅坪会见自己；忧的是人心隔肚皮，弱肉强食，自古有之，他又担心自己的队伍会被毛泽东兼并。

但是，袁文才也是一条好汉，他寻思半晌，终于说道："明日与毛泽东在茅坪与古城之间的大苍村相见。"

龙超清连夜赶回古城，把袁文才的消息告诉毛泽东。袁文才也马上把贺敏学、李筱甫、周桂春、谢角铭、陈慕平、朱述庵等几位心腹唤来商议此事。

贺敏学听了袁文才之言，说："毛泽东同意亲自来见你，宽宏大度，有诚意。"

陈慕平更是竭力主张见面，摆酒接风。

唯独谢角铭还是力持异议，说："世事重重迭迭，人心曲曲弯弯。毛泽东初来乍到，咱们谁也不了解，岂可一味听信？"

朱述庵接上话说："防人一着不为愚。依我之见，明日由桂春带一排人埋伏左右，以防不测。"

"那样不太友好吧，被人发现了不好……"陈慕平说道。

"唔，还是防着点儿好！"周桂春觉得谢角铭的话有理。

袁文才听罢众人之语，略思了一下，说道："大舅和桂春也是一片耿耿之心，尚有可取之处。为稳妥起见，依了你们！"

于是，袁文才等人决定在大苍摆下"鸿门宴"，见机行事，以防万一。

大苍，是龙市镇（原荷花乡）一个山清水秀的小山村，居住着明末清初从福建迁徙而来的10多户客籍山民。会见地安排在大苍村的林凤和家里。

林凤和家处在村右侧的中央，是栋土木楼房。10月6日清晨，袁文才手下一个排埋伏在林家屋后，约定听周桂春放炮为号，否则，不能轻举妄动。林凤和已按照袁文才的吩咐，把东源大苍一带在龙江书院读书的青年学生张祖钦、张汉翘、林鹤庭、苏兰春、萧斐、林芳华等召集在一起，三人一组各守一扇门，不准任何人进屋。农军队员吴石生在林家门口杀猪剖肚……

袁文才先到林家，他穿着长衫，外套黑缎马褂，俨然一副绅士模样。龙超清、贺敏学、贺子珍、李筱甫、周桂春、陈慕平、谢角铭等众头领也换了干净衣衫，显得精神抖擞，齐集在林家祠门口石桥上迎候毛泽东。

一会儿，毛泽东来了，就几个人。一个是一团团长陈浩（后叛变），一个是一营党代表宛希先，以及已"下岗"的前师长余洒度，还有一个是勤务兵龙开富。

毛泽东一行在林家路口下了马，把马交给了勤务兵龙开富看管。随即，由龙超清领头，朝林家走来，袁文才等人急忙上前迎接。陈慕平向袁文才介绍了毛泽东，龙超清向毛泽东介绍了袁文才。

"久仰啊，文才同志！"毛泽东立即同袁文才热情握手。

"欢迎啊，毛委员！您的大名如雷贯耳！"袁文才一边答道，一边暗惊：毛泽东一行未佩武器，赤手空拳！他立即向周桂春示意：撤去埋伏。

周桂春会意，一阵风似的离开了，随即撤除了埋伏的人枪。接着，毛泽东把跟随而来的人员一一向袁文才作了介绍，袁文才也把自己这一边的贺敏学、周桂春等人介绍给毛泽东。袁文才介绍贺子珍时，毛泽东有些惊讶。他没有料到，在井冈山的"头面人物"中，竟然有这样一个年轻貌美的姑娘。袁文才说："她是永新的干部，叫贺子珍。"

毛泽东的疑团顿释，爽朗地笑起来，说："我还以为她是哪位同志的家属呢！"他握住贺子珍的手说："很好，很好，今后我们共同战斗吧！"

众人进屋坐定，上茶后，边喝茶边吃花生、瓜子。袁文才道："毛委员一路辛

苦。袁某是山村野人，孤陋寡闻，今日有缘相会，实乃三生有幸，望毛委员不吝赐教！"

"哪里，哪里！我奉中央指示，发动秋收暴动，意在大革命失败后在蒋介石之流的血腥屠杀下为革命闯出一条路，然而出师不利，转战到这里……"

两人很快切入正题，开始交谈彼此的情况。

毛泽东给袁文才分析了大革命失败后的国内形势，介绍了工农革命军的基本情况，肯定了袁文才带领农民自卫军敢于反抗地主豪绅的斗争精神。然后，毛泽东停顿一下又说："广大农村像海洋，我们像鱼，农村是我们休养生息的好地方，我们一起在罗霄山脉干吧！我、你袁文才，还有其他同志，一起携起手来一道干！"

接着，毛泽东又说："我们只要团结一心，以罗霄山脉中段为依托，建立根据地，敌人就拿我们没办法。"

听了这些话，袁文才的担心顿时烟消云散。原来，人家不是来吃掉他的队伍的，而是来跟他一同打土豪劣绅的。袁文才紧紧握住毛泽东的手说："毛委员，我们听你的。"

"好！"毛泽东拍了一下袁文才的肩膀，高兴地问："你们现在有多少条枪？"

"60多条！"

一听到袁文才还保存有60支枪的家底时，毛泽东立即接过话头，说："难得，难得！大革命失败后，你们还保存了60支枪，这是革命的本钱呀！以往的失败就在于我们没有抓枪杆子。但是还要发展！这样吧，我们和衷共济，同创大业，部队送给你们100条枪，明天派人到龙市来担吧！"

说罢，他让同来会见的一团团长陈浩写了张取枪的条子。

自古有枪便是草头王。袁文才玩命似的惨淡经营，视枪如命，才发展到60条枪的"家底"，毛泽东初次见面就赠枪100条，更显慷慨大义！袁文才被深深感动了，顿觉心坚胆壮。毛泽东慷慨赠枪，乃是真诚之举。惊喜之余，袁文才连忙说："多谢毛委员一片诚心！我袁文才一定竭尽全力，跟着毛委员干革命，虽肝脑涂地，在所不惜。今后凡是用得着我袁文才的地方，我们一定效劳。"

说罢，他转头对贺敏学和李筱甫说道："我们准备1000块大洋，送给革命军，略表心意。还有毛委员部队的粮草和在茅坪建立后方的事，我们都包下来！"

最后，袁文才诚恳地说道："毛委员，请明早率部进驻茅坪！"

"好哇，一言为定！"毛泽东兴高采烈地紧紧握住袁文才的双手。顿时，两人都开怀大笑，在场的双方人士都乐呵呵的，相互热烈地交谈起来，先前那种凝重、紧张、猜疑甚至恐惧的气氛一扫而光。

时近中午，袁文才设宴款待毛泽东一行。吃完饭后，双方就部队进驻茅坪的一些细节问题进行了亲切的交谈，一直到太阳快挨山边时，毛泽东一行才沿山路经木鸡陇返回古城。

毛泽东一走，贺子珍对袁文才笑道："袁大哥布设的'鸿门宴'变成了'同心宴'。"

"毛泽东是个英雄，难道你袁大哥就是狗熊一个？"袁文才打着呵呵，大声回道。

贺敏学忙接上话说："这叫英雄惜英雄！"

夜走犁头铺

　　湘赣边界秋收起义时，毛泽东得知周恩来、朱德领导的南昌起义部队在潮汕失利后，非常关心这支部队的安危。这支部队保存下来没有？还有多少人？现在又在哪里？如果能将南昌起义军余部与秋收起义部队会合在一起，那该多好啊！会给革命增添多大的力量啊！可是他们在哪里呢？这一直是萦绕在毛泽东脑海中的一个问题。当时秋收起义部队还处于转战状态，没有固定的落脚点，所以无法和南昌起义部队取得联系。1927年10月初，工农革命军在宁冈安顿下来后，毛泽东"要找到周恩来、朱德的部队"的念头又萌发了。他把寻找南昌起义部队的任务交给了工农革命军卫生队党代表何长工。

　　何长工这时虽然只有27岁，可早在1922年，他在法国勤工俭学时就加入了中国共产党，参加过我党在海外建立的最早的中国共产党旅欧支部的活动。回国后，即投身大革命的洪流，担任过中共湖南华（容）南（县）地委常委兼军事部部长。大革命失败后，他从血腥风雨中冲杀出来，坚定地跟随毛泽东参加秋收起义。说起来，他的名字还是毛泽东为他起的哩！他原名叫何垕，后来为躲避国民党反动派的屠杀，毛泽东为他改名何长工，表示立志永远当人民的"长工"。这时，当他接受毛泽东要他去联络南昌起义部队任务时，深感任务光荣，责任重大。他说："毛委员，你放心好了！我一定想方设法完成任务。"

　　10月上旬，何长工不顾多日行军、打仗的劳累，又急匆匆地从宁冈龙市出发了。他先到长沙，向中共湖南省委汇报了湘赣边界秋收起义的经过，然后绕道粤北，于12月中旬辗转来到广州，没料到敌人正在疯狂镇压广州起义，到处是白色恐怖，从广州到韶关的火车也不通，想走也走不了。何长工只得花钱买通旅店老板，熬过了十天，才搭火车到韶关。

这时已是12月下旬了，在北方，12月正是滴水成冰、天寒地冻的时节，可广东的气温还很高。何长工在火车上，又挤又热，浑身脏得要命。到韶关一住下，就先去澡堂洗澡。澡堂里水蒸气雾蒙蒙的，人声嘈杂，他耳边只听得有人在议论："王楷的部队到了犁铺头，听说他原来叫朱德，是范军长的老同学。"另一个人说："同学是同学，可那是一支暴徒集中的队伍，我们对他们有严密的戒备。"这无意中听到的消息，使何长工兴奋极了。真是踏破铁鞋无觅处，得来全不费工夫，南昌起义保留下来的部队原来在这里！他心急如火，急于要见到朱德。他兴冲冲地洗完澡，到旅馆结完账，也顾不得天黑路远，急急忙忙向犁铺头走去。

原来南昌起义部队在潮汕失利后，朱德率余部1000多人辗转在湘粤赣边。后来为保存这支革命力量，朱德利用他和国民党第十六军军长范石生的关系，隐蔽在范石生部，一则可以得到范部的物资补给；二则可以积蓄力量，等待时机。

犁铺头在韶关与乐昌之间，离韶关20千米，何长工装扮成一个富豪人家子弟，身着西装，脚穿黄皮靴，手拎一个包，看起来挺神气的。好在深夜，一路上没碰到意外。天蒙蒙亮时何长工就到了犁铺头，顺利地找到朱德部队司令部。是啊，这里有那么多熟悉的老战友，有在湖南一起搞过农运的蔡协民，有在巴黎就熟悉的陈毅。老朋友异地相逢，分外亲热。经他们介绍，何长工见到了久仰大名的朱德。一见面，何长工几乎不敢相信自己的眼睛，眼前这个剪着平头、身着一身灰布军装、面目慈善的人就是赫赫有名的朱德？朱德热情地说："何长工同志，你辛苦了！"何长工把毛泽东领导湘赣边界秋收起义始末，直到此次夜走犁铺头的经过作了详细汇报。朱德握着何长工的双手高兴地说："毛泽东同志挂念我们，我们也很想念他。前几天已派毛泽覃同志去井冈山联系。我们跑来跑去没有个落脚的地方。这下好了，可以向井冈山靠拢了！"谈话过程中，来来往往的人很多，一会儿是县委书记，一会儿又是赤卫队队长，上上下下显得十分繁忙。朱德说："我们正在策划湘南暴动，希望你赶快回井冈山，向毛泽东同志汇报，以便互相配合。"他嘱咐何长工转告毛泽东，他们一定会尽早到井冈山去。第二天，何长工带着朱德的嘱托又匆匆踏上了归程。

1928年春节前后，朱德、陈毅领导和发动了湘南起义，并率部队与湘南农军冲破国民党军队的多次围追堵截，于4月下旬到达井冈山革命根据地。4月24日（也有一种说法为28日），这个永远值得纪念的日子，中国革命史上两位伟人在宁冈龙江书院会见了！两双强有力的、能够扭转乾坤的大手紧紧地握在了一起，两支革命武装胜利会师了，这就是彪炳千秋的"井冈山会师"。

红军井

红军井位于龙市镇渡陂村，原是民国初期古城乡公所副所长袁建发开凿的。

渡陂村位于高岭山脚下，雨季时，经常发山洪。洪水汹涌时，村民很多时候都喝不上清洁水。山里的雨季过后就是旱季，山涧水说干就干，村民们经常缺水，严重影响了生产生活。"渡陂村，黄泥粘脚跟，田地无水浇，十男半单身。"一首歌谣唱出了渡陂村昔日的干旱和贫穷。于是，开明绅士袁建发出资开凿此水井。水井的开凿与当时用水量相匹配，水井开挖较浅，但井水清澈、甘甜，基本上能满足村民需求。随着时间的推移，泥沙堆积，水井出水量逐年减少，一到干旱季节，还是不能完全满足所需，村民们从水井里打上的常是泥浆水，需要经过沉淀才能饮用。

1927年10月3日，工农革命军600余人，从三湾进入渡陂、下水湾一带休整，并在粟山庵召开连级干部以上军事会议。几百名工农革命军在渡陂村宿营，渡陂村的祠堂里，居民的屋檐下，废弃的旧屋中都住满了红军。指挥部设在水井附近，炊事班也设在水井旁边。老乡告诉红军战士用挂钩钩住木桶放下去，木桶一个翻身就可以打满水，还作了示范。红军战士感到新颖，个个跃跃欲试，试了几次就学会了，打上清甜可口的井水咕隆咕隆豪饮起来，想起一个多月来行军打仗、日夜奔波，难得喝到这种水，战士们都喝得美滋滋的。

红军战士们轮番打水,可是,才打了几桶水就打到底了,没有水了,还打起了淤泥,便犯了愁:自己暂时不用水还不要紧,因为行军打仗早已习以为常了,可是老百姓需要呀!他们打听到水井一旦干涸,老百姓就会到村前较远的小河中挑河水吃。

正当战士们犯愁之时,部队中一位干部走了过来,了解情况后,笑着对战士们说,你们从警卫班借锹来,我们下去挖深一些,清除井底的淤泥,水井的出水量就会大增,到时乡亲们用水就再也不会犯愁了。

一个战士飞快借来锹,老百姓也拿来锄头、竹篓。战士们用绳索将一名战友放下井底清淤泥、深挖井、装泥巴,上面的战士把竹篓吊上来,将淤泥倒入附近的地里。大约一个小时,井水汩汩而出,战士们赶紧把井下的战友和工具拉上来。又过去大约一个小时,井水竟然满到差不多到井圈,战士们和老百姓喜出望外。

1928年1月下旬,一团政治部主任兼一营党代表宛希先带领部队前往九陇山开辟革命根据地,部队进入九陇山时经过渡陂村下水湾一带。战士们利用短暂的休整时间,又将这口古井进行了挖掘清理。红军过后,井水成了村民生命之源、希望之源、幸福之源。

队伍离开了渡陂村,红军对村民们友好,为老百姓做好事的事迹却永远留在了当地。90多年过去了,井水一直旺盛清澈。现在村民都用上了从山上引下来的纯天然自来水,但从来没有忘记红军战士带着日夜兼程行军打仗的疲劳深挖水井的情形。"吃水不忘挖井人",饮水思源,为感谢红军,村民称该井为"红军井",并立碑纪念。如今,这块纪念碑年代久远,但"红军井"三字仍然清晰可辨。碑依偎井旁,靠着砂石井圈,井圈与纪念碑似一对相濡以沫的情侣,在岁月的更替中站成了永恒。

"山脚一口红军井,岸石古朴壁苔青。严冬蓄暖如温醴,酷夏积凉若冷冰。润胃驱寒喝两碗,爽身消暑饮一瓶。地心深处炎凉意,翻转人间世故情。"这是一首流传在渡陂村一带的歌谣,朴实的字眼里,满是军民鱼水情。渡陂村民更是口口相传着"红军井"的故事，感念红军恩情，弘扬井冈山精神，续写幸福生活新篇章。2019年4月，龙市镇渡陂村红军井被井冈山市人民政府公布为市级文物保护单位，并立下"红军井"碑。

红军八角帽

　　八角帽又称"红军帽"，是红军的象征，也是中国工农红军军服佩饰最显眼的部分之一。其帽顶外口呈八角形，下端接有一段落帽边，前面中间有半月形的帽舌。美国记者埃德加·斯诺在1936年为毛泽东拍摄的那张著名军装照，将八角帽和中国工农红军的威名传播到了全世界！那么，中央红军的八角帽是怎样诞生的呢？其中还有着一段故事。

　　1927年10月，工农革命军在井冈山茅坪安家后，由于战争条件十分艰苦，红军没有条件穿着统一的军装，部队里穿什么衣服的都有。部分官兵穿的是摘掉领章帽徽的国民党军服，也有一些战士在缴获了一批布匹后，制作了自己的服装，帽子采用了列宁帽，就是《列宁在十月》电影中的那种大八角帽。

　　在茅坪步云山练兵时，毛泽东看到出操或集合的新兵，着装乱七八糟，列队很不整齐，就把副师长余贲民找来说："新兵的着装太乱了，现在已经有条件制作统一服装了，你去办个被服厂，找几个好裁缝，负责给战士们设计一套军服吧！"

　　余贲民领命后，于11月下旬在桃寮开办了被服厂，从民间招聘裁缝。萧云开由萧子南引荐，来到桃寮被服厂为红军做衣服。萧云开生于1895年，井冈山龙市镇上江边村人，少年时读过3年私塾，15岁跟裁缝师傅学徒，出师后在四乡行艺。萧云开与几个工人经过多次实验，用茶籽壳灰、赤楠树根和其他材料，制成染料，将白布染成灰蓝色的"红军布"，用于缝军衣。萧云开的裁缝手艺甚为精湛，一天能缝两套军衣，而且质量上乘。他参照苏联红军的军装，衣服采用套头紧口，开始找战士试穿，穿后觉得紧口套头不方便，也不适合我国南方气候，于是就改成开襟式样。毛泽东看后非常满意，决定照此样子给全体战士做一套。

同年12月中旬的一天，余贲民把一项任务交给萧云开：为红军设计、缝制军帽，但这种军帽一定要与国民党军的帽子不相同，具有红军特色。萧云开用了几天时间，反复设计军帽的式样。开始他用六片缝制，帽顶为圆式，为的是与国民党士兵的帽子有所区别，但做出来的帽角太大，不合适中国人的脸型。萧云开苦苦思索，受到祠堂藻井都是八角形状的启发，用八片布缝出褶缝，帽顶为半圆半方、角与角之间凹下去，缝成一顶式样新颖的军帽。余贲民看后非常满意，并送给毛泽东看，毛泽东看后也感到满意，立即指示照这种式样投入生产，指定萧云开为裁剪师。

从此，井冈山的红军有了自己的帽子。官兵们戴上这种八角帽，衬托出一种威武而庄重的英姿。

由于敌人封锁、关山阻隔以及条件所限，各地红军帽子的八角大小差别较大，所以懋功会师后，红一方面军将士称呼红四方面军将士为"大脑袋"，红四方面军战士则称呼红一方面军将士为"小脑袋"。

毛泽东一生留下的肖像中，由美国著名记者斯诺于1936为他拍的头戴红星八角帽的照片是最为光彩照人的一张。然而照片中的那顶红星八角帽却不是毛泽东本人的。1936年6月，斯诺为了向世界人民报道中国共产党和中国工农红军的真情，他不避艰险，克服重重困难，终于来到了被国民党军队层层封锁的陕北。这第一位到陕北来的外国记者，受到了中国共产党和中国工农红军的热烈欢迎。为了表达情谊，党和红军就送给斯诺一套红军制服和一顶缀有红五角星的八角帽。中国共产党中央委员会主席和中华苏维埃政府主席毛泽东还在当时党中央的所在地保安接见了他。斯诺与毛泽东的长谈，使他了解了这位有传奇色彩的共产党领袖的半生。出于对毛泽东的敬佩和新闻记者的职业本能，他想给毛泽东拍一张"很神气的""官方的"照片。但毛泽东那随便的穿着和长得过长而且有点蓬乱的头发，使他感到拍出来"太不正式"。于是，他请求毛泽东带上自己的那顶红星八角帽拍。毛泽东一向不喜欢戴帽子，但这次他却欣然同意了斯诺的请求，戴上八角帽拍了照。就这样，这幅神采奕奕的历史性照片诞生了。斯诺认为，这是他在陕北为中共领导人拍的照片中最好的一张。由于这顶帽子来之不易，又是毛泽东戴过的，斯诺对它十分珍惜。1941年回美国后，一直把它珍藏在家里。他的两个儿子都曾戴过这顶帽子照过相。后来，斯诺夫人应邀访问中国，代表全家把这件珍贵文物送到中国。

毛泽东"发饷"

　　井冈山革命根据地初创时期，为了培养工农革命军和地方武装的指挥员，1927年11月中旬，中国共产党在宁冈创办了第一期军官教导队。

　　毛泽东十分重视教导队的工作，经常给学员们讲课，使学员受益匪浅，大家亲切地称之为"毛委员'发饷'"。

　　有一次毛泽东讲得正起劲，"报告……"一个嘶哑的声音突然闯了进来——原来是毛泽东的警卫员，他身子佝偻着，两只手哆哆嗦嗦的，头发还湿漉漉地往下直滴水。

　　毛泽东厉声问道："怎么这么没有组织纪律，上哪儿溜达去了？"

　　"缸里水见底了，没水煮饭了，我……我到龙江边挑水，天气太冷，水都结冰了，脚下太滑，一不小心……一不小心就掉进江里去了。"警卫员战战兢兢的，不敢正视毛泽东的眼睛。

　　"这样啊……"毛泽东轻轻地放下粉笔，认真地拍了拍手上的粉笔灰，径直走到警卫员身边，拍了拍他的肩膀，"对不起，我错怪你了。"

　　警卫员看着毛泽东，眼里噙满了泪花："不，不，毛委员，是我不对，是我自己不小心……"

　　"不要讲了嘛！是我的错就是我的错！你赶紧去把头发擦干，等会儿着凉就不好了嘛！"

"毛委员，我……"警卫员还想说什么。

"叫你去你就去嘛！服从组织安排！"

警卫员走后，毛泽东出神地看着外面，久久地，一言不发。大家你看着我，我看着你，不知道接下来该怎么办。

过了好一会儿，毛泽东终于回过身，他脸上笑眯眯的，大家知道，毛委员一定又想到什么好东西了。

"你们知道我刚才在想什么吗？"

战士们摇了摇头。

毛泽东一下子变得十分严肃："那你们知道他刚才为什么会落水吗？"

大家面面相觑，对毛委员问的问题感到奇怪。

"为什么会落水呢？因为我们目前的革命力量十分弱小嘛！"

大家的表情更疑惑了。

"冰冷刺骨的江水就像国民党，河水把咱们战士拉下水，就像国民党对咱们红军的残忍打杀。同志们！白军要灭掉咱们，咱们该怎么办呢？"

"狗日的白军，灭掉咱们！哼哼！休想！"

"对！"毛泽东循循善诱，"如果咱们力量足够强大的话，就不会这么轻易被国民党打倒了。同志们！现在我们对严寒好像没什么免疫力呢，咱们怎么做才好呢？"

"毛委员……"有人想说又停住了。

"讲，咱们红军就是提倡自由发言嘛！"毛泽东鼓励道。

"毛委员，现在要紧的就是提高自己的素质，提高自己的战斗力。"

"对！讲得好！我们红军要进一步提高自己的战斗力啊！"毛泽东进一步总结道，"国民党背信弃义，发动四一二、七一五反革命政变，残忍地杀害了我党大量同志，使我军革命力量受到重创。前不久，在大家的努力下，成功地建立井冈山革命根据地，走农村包围城市、武装夺取政权的革命道路，迈出了中国革命的第一步。但是，同志们千万记住！"毛泽东顿了顿，提高了自己的嗓音："我们的革命道路还很长，我们要吃的苦还很多，革命形势不容乐观！我们现在要做的，就是提高我们战斗力！同志们！你们说，我说的对不对啊？"

"对！"战士们响亮的回答久久地回荡在明道堂。

从此，战士们学习更加带劲了，每天天没亮，教室里就传出了琅琅的读书声。学员们也更加注重操练了，路过的村民经常看到院子里同志们不畏艰苦训练的身影。长期下来，到教导队结束的时候，学员素质大大提高，教导队为我们的革命事业输送了大量的人才。

"泥腿子"当县长

文根宗，是龙市镇大江边村人。他膀粗腰圆，一身虎劲。虽然一年到头给地主打长工，起早摸黑，天天两头不见光，却仍然糊不住一家人的口。全家人吃不饱，穿不暖，度日如年。毛泽东来到宁冈后，领导人民闹革命，使人民群众生活得到提高。所以，村里成立农会时，他第一个报名参加；组织暴动队，他担任队长；村里开办扫盲班，他带头报名……

那天，文根宗听人说毛泽东要带人去攻打新城，立刻对父亲说："这一回，我要一刀宰了张开阳。"母亲听了，急忙递给他一根棕绳，恨恨地说道："不，可别便宜了他。要活捉来，千刀万剐！"

2月18日，新城战斗一打响，文根宗就同工农革命军指战员一起，挥舞马刀，从东门杀进城，一路上刀到血溅，所向无敌。

战斗结束后，到处也找不到张开阳的尸首。文根宗心里一盘算，估计张开阳很可能是从西门那条小河沟里逃走的。于是，他便顺着小河沟向前面搜索。

走不多远，他就看见一个人正跌跌撞撞往前窜。"站住！"文根宗大喝一声，犹如晴天的炸雷，吓得那个家伙瘫在地上，随即又滚进茅草棚里。文根宗猛扑过去，一把将他抓住，提起来，又掼在地上，喝问：

"你是谁？"

"小……小老百……百姓……"

"站起来！举起手！"

那人抖动着双腿，举起哆嗦的两手。

文根宗一手提着马刀，一手搜身，三两下就从他腋窝处扯落一个硬东西。刚认识几个字的文根宗细细察看，是个方寸铜印，上刻"宁冈县正堂印"几个字。

"哈哈，狗县官，你也有今天！"

"高抬……抬贵……手……"张开阳跪在地上，磕头如捣蒜，连连求饶。

文根宗把马刀一横："休想！"

"放了我，要钱给钱，要地给地，保你富贵一生……"

文根宗掏出棕绳，把张开阳的手脚捆在一起，拖着就走。

押送张开阳到茅坪后的第二天，毛泽东派人请文根宗到八角楼去一趟。

文根宗走进毛泽东的住房时，毛泽东正在批阅文件。一听到脚步声，毛泽东立刻站起来，同文根宗握手，请他坐下。随后，毛泽东便问了他的家世和活捉张开阳的经过，赞扬他为人民立了功，教育他不要骄傲，永远不要脱离群众。最后，毛泽东用商量事情的口吻告诉文根宗，说准备让他当县工农兵政府主席，问他有什么意见。

"我？我一个打长工的泥腿子能当县长？"文根宗像是问毛泽东，又像是自言自语。

"能！"毛泽东肯定地说，接着就告诉他工农能够推翻整个旧世界，也一定能当好县长。我们打倒了地主豪绅的县长张开阳，还要有自己的县长。我们穷人自己的家，就要我们自己当。

2月21日那天，在龙市沙洲上，宁冈县工农兵政府成立大会召开。

这天中午，一轮红日当头照。毛泽东身穿灰色线布服装，神采奕奕地登上主席台。霎时间，台下军民欢呼雀跃，沙洲上掌声雷动。毛泽东立在台上，微笑着向大家频频招手。

大会首先宣布了伪县长张开阳残害百姓、勾结军阀破坏革命根据地等十大罪状，然后就地处决了这个死有余辜的反动家伙。

接着，大会宣布成立宁冈县工农兵政府。经毛泽东提议，群众一致通过，选举文根宗为宁冈县工农兵政府主席。顿时，鞭炮齐鸣，锣鼓震天，会场上一片欢腾……

就在这一派热烈气氛中，毛泽东站在主席台上慷慨激昂地说："今天这个大会，是个胜利的大会。人民群众用枪杆子推翻了旧政府，建立起工农兵自己的政府，这是中国历史上了不起的大事。宁冈的人民群众，现在是真正站起来了。"说到此，毛泽东停下话头，把穿草鞋、背大刀、一身虎劲的文根宗请上台，向军民们介绍说："这就是文根宗同志，是打长工出身的。他在这次新城战斗中表现得很出色，活捉了张开阳，立了头一功。现在大家选他当了工农兵政府的主席，成为我们百姓的县长……"

台下又是掌声如雷，人们情不自禁地齐声欢呼"中国共产党万岁！""工农革命万岁"……

从此，宁冈人民就经常看到一个脚穿草鞋，身带干粮，热心为穷人办事、为革命操劳的"泥腿子"县长。他每到一地，男女老少都会欢呼起来："毛委员推举的县长来了。"有的小孩还会拍着小手，边跑边唱道："太阳出山红艳艳，宁冈来了毛委员。领导穷人闹革命，武装割据湘赣边。太阳出山红艳艳，宁冈从此亮了天。奴隶翻身作主人，工农当家掌政权。"

蔡德华的笔记本

1928年2月，工农革命军攻下宁冈新城。在这次战斗中，工农革命军击毙了敌营长王国桢，活捉了敌县长张开阳。这是工农革命军上井冈山以后取得的第一个大胜仗。

新城战斗胜利后，有打扫战场的，有冲进县衙进行搜索的。县赤卫队队长蔡德华在张开阳的办公室翻抽屉时，突然掉下来一样东西，他捡起来一看，原来是一本土黄色的硬壳笔记本，他翻了翻，发现里面只有几页写了字。当时为了培养

蔡德华笔记本

工农革命军和地方武装的指挥员，1927年12月，工农革命军就在龙江书院创办了第一期军官教导队。学员们由边界各县选派工农分子和部队中的干部参加，学习时间为三个月，毕业后就回到部队或是地方上担任红军的下级军官或赤卫队的指挥官。受宁冈县党组织的派遣，蔡德华参加了第一期军官教导队的培训。平常在教导队学习，学员们想要有一张纸、一支笔，那可真是难上加难啊。所以，蔡德华向上级汇报并经过请求同意后，就把它留作自己做记录的本子了。

在往后的学习中，蔡德华更加专心听讲，认真记录。从这本笔记本中，我们就可以看到蔡德华学习的内容。1929年年初，红四军主力离开井冈山，根据地的斗争形势日益严峻，蔡德华把自己保存的文件和资料装在竹筒里，藏在屋檐下。在坚持井冈山斗争的岁月里，蔡德华英勇牺牲了。1979年10月，他的儿子蔡官妹拆除老屋翻盖新房时，工匠们见屋檐跌落一节用油纸封口的竹筒，以为里面装有值钱的东西，打开一看，全是些写了字的纸张，由于当时群众并不知其重要性，所以毫不在意，有的还用这些纸卷生烟。当文物工作人员发现时，赶紧把剩下的这些散装的纸张收集到一起，整理之后加以收藏。

这本笔记本今尚存26页，底页盖有蔡德华等人的印章共17枚。其第1页至第12页为敌县长张开阳前往宁冈县赴任时的记事等，其余的就是蔡德华的笔记了。蔡德华是将笔记本反过来从后往前使用的，记录有用钢笔写的，也有用铅笔写的。里面不仅记有蔡德华参加扩大会议、听取政纲报告和宣传分田分房屋的内容，以及抄写的国际歌、工农兵歌等内容，同时还记有毛泽东1928年2月24日为学员们讲政治课的十条内容。

毛泽东非常重视从思想上建党的问题，为了加强党的思想教育，举办了党团训练班，培训党的工作干部。在大革命失败、白色恐怖弥漫的血雨腥风环境下，共产党进行了艰苦卓绝的斗争，取得了伟大成就。在这期间，富有成效的干部教育工作起到了相当重要的作用。

最后的忏悔

"毛委员，不好了，不好了，大事不妙……"

一个红军战士慌慌张张地跑到毛泽东面前，凑到他耳边嘀嘀咕咕地说了几句。毛泽东听后面色凝重，顾不得脚伤，立即决定赶往茶陵。是什么事让毛泽东双眉紧蹙呢？原来是毛泽东得到了陈浩准备叛变革命的情报。

经过70余里颠簸的山路，毛泽东一行来到了与茶陵一水之隔的中瑶村。当晚，毛泽东派人查探情况，得知陈浩已经把可以退回井冈山的东门浮桥拆了，加之在离茶陵二十几里时听到的枪战声，毛泽东深信情报的真实性，急欲阻止他们叛变投敌。毛泽东告诫大家要提高警惕，加强巡逻，并以身作则亲自站了最后一班岗。

部队终于在湖口捉住了陈浩及其同僚徐庶、黄子吉等人。毛泽东下令将他们逮捕，随部队押回龙市。回到龙市，毛泽东立即召开大会审判陈浩一伙。大家都对陈浩等人的所作所为表示痛恨，个个义愤填膺，纷纷指责他们多次违反军纪，贪污受贿，作风不正。陈浩听了冷冷一笑，壮着胆子狡辩道："我们不是叛变投敌，拆掉浮桥正显示了我们要与敌人背水一战的决心。"徐庶也附和道："这都是为了革命的需要啊。"他还装出一副无辜的样子。

其实，毛泽东早就多次批评过陈浩以权谋私、独断专行、骄奢淫逸的事，现在看到他们死猪不怕开水烫的架势，一下子就火了："陈浩，你自己看！这是不是你让韩昌剑送给方鼎英的信！"说完便把一封密函丢到桌上。陈浩顿时傻了眼，毛泽东厉声又问:"陈浩,你还想抵赖吗?"陈浩吓得脸色苍白,一屁股坐到了凳子上。现在所有人都目光炯炯地盯着他,齐声说道:"严惩陈浩,严惩叛徒!"

时值冬季,寒风刺骨,万物萧瑟,几只乌鸦在空中盘旋。陈浩、徐庶、黄子吉、韩昌剑4个叛徒被绑着跪在龙市的广场中央,周围站满了革命军战士和围观的群众,广场里人声鼎沸,大家都对叛徒的做法嗤之以鼻。毛泽东走到中间,双手示意大家安静,他先总结了部队在茶陵的工作,又宣布了工农革命军的三大任务。接着,毛泽东指着陈浩等人说道:"同志们,你们看!这4个人是我们革命军的叛徒,他们出卖革命,偷偷给国民党送信,欲借国民党之手消灭我们。要不是我们及时截获了他们的密信,逮捕了他们,不知有多少战士的生命要白白葬送!大家说,这样的叛徒该不该杀?""该!该!"应声如雷。4个叛徒被吓得战战兢兢,徐庶吓得尿了一地,黄子吉则昏了过去。

毛泽东走到陈浩面前,失望又严肃地说:"陈浩啊陈浩,当初你向我保证永远坚持革命,坚信英特纳雄耐尔,你是唱着国际歌走向成熟的战士;而如今,你却做出这种出卖党出卖革命的事来!"陈浩羞愧地低下头,回想起当年芦溪之战后,是毛委员一手将他培养起来,那时他是一个多么忠诚的战士啊,而现在他竟做了这种事……想到这里,陈浩后悔万千,不禁痛哭起来。突然,他跪在毛泽东面前哀求道:"毛委员,过去我做了很多错事,败坏党纪,今天我又认贼作父,我实在不该啊!我对不起党,对不起战士们!毛委员,请再给我一次机会,让我弥补过错。我一定会洗心革面,重新做人。看在我以前对革命有功的份上,请放过我,给我一条生路,饶我一命吧!"毛泽东的心被揪了一下,他凝视着远方灰蒙蒙的天空,叹了口气,无奈地摇摇头说:"陈浩,为什么你不早点悔悟呢?如今你犯的错误实在是太大了,放过你,群众和战士们会答应吗?"

陈浩缓缓地低下头,目光黯然,喃喃道:"我作孽太多了,太多了……"曾经意气风发的他,而今却成了革命队伍里的败类。

砰!砰!砰!砰!一阵枪响,4个叛徒带着他们最后的忏悔,走到了生命的尽头。

交粮

1928年春，在打土豪、分田地斗争中，龙市镇麻上村的贫苦农民邱祖德分到了10多亩山田，他乐得合不拢嘴，每天都要绕着田塍转几圈。

老邱家从祖父起，便一直租种大地主黄昌三的田。到他这一代，更是田瘦租重，日子越来越没法过。有一年，黄昌三的爪牙来收租，老邱正将谷子往外挑，5岁的毛仔却一把拖住箩绳不松手，喊着："阿爸，我饿——我要吃饭——"老邱心里真像被刀乱绞一样痛。他忍住心酸的泪，吞下满腔的恨，放下箩筐，哄着毛仔："好仔，快，快放手，等阿爸送租归来，给你煮糯米饭吃。"

说完，老邱挑起稻谷就走。谁知毛仔不依，哭着追上去，结果跌在石墩上，顿时碰得头破血流。老邱一手抱着毛仔，一手捶着自己的脑袋，仰面大呼："杀千刀的租谷呀，你害得我好苦哟！"

现在可好了，土地还了家，老邱怎能不高兴呢！

这些日子，乡苏维埃政府主席老尹正忙着组织大家搞春耕。由于敌人3月间乘虚而入占领了边界，在这里杀人放火、抓伕抢粮、劫夺耕牛、毁坏农具，使全乡原有的七八十头耕牛，如今只剩下了4头。现在，老尹正在为缺牛耕田的事儿发愁，老邱却主动找来了。他说："我们一定要响应毛委员储备充足的粮食的号召，顶住困难，搞好这翻身后的第一个春耕，以实际行动支援革命。我们能不能组建一个耕田队？"

老尹听了，连连点头赞同。

经过几天的筹备，耕田队组织起来了，牛不够就用人拉犁。老邱夫妻俩起早贪黑、精耕细作，果然，禾苗长得从未有过的苗壮。秋收时，收获3500多斤稻谷。

丰收后，老邱要做的第一件事便是交公粮。他把稻谷晒得干干的，拣了又拣，车了又车，选出最壮实、最饱满的稻谷，准备送往乡工农兵政府。老邱嫂特地找来一杆大秤，问道："主席讲每百斤交20斤公粮，我们交多少？"

"毛委员号召储备充足的粮食，我们不能翻身忘了恩人的话。我看交1000斤。"老邱脱口而出。

"对哩！"她笑着点点头，"春上，我们村民断了粮，毛委员让红军同志从嘴里省给我们吃，现在丰收了，就要多交才是。"

夫妻两人笑眯眯、乐呵呵地称出冒头的1000斤好谷，第二天一早就要开始送。

临行前，老邱抱着毛仔说："好仔，阿爸送公粮给红军，让叔叔们吃饱了多杀白狗子。"他又把毛仔抱进屋，指着缸里、桶里、箩里的谷讲道："等阿爸归来，给你做一餐米果吃，好啵？"

毛仔高兴地搂着老邱的脖子说："阿爸，你对毛委员讲，我长大了，也要当红军。"

第二天天刚亮，老邱又挑起一担稻谷上了虎岭。昨天他挑了120斤，今天挑了足足150斤。他站在岭界上一望，嘿——那送粮的乡亲们呀，像一条龙似的正从他背后赶上来……

"毛师长"

1927年10月，毛泽东在秋收起义失利后，毅然引兵井冈山，创立中国第一个农村革命根据地。

同年11月，中共中央临时政治局在上海召开扩大会议，却作出了一个政治纪律决议案，错误地给先后组织领导南昌起义、黄麻起义、湘赣边界秋收起义而未能取得胜利的主要领导人分别给予了党内纪律处分，给毛泽东的处分是开除其中央临时政治局候补委员、撤销其湖南省委委员的职务。因当时全国处在白色恐怖之中，党内的通信联络十分艰难，这一错误的处分决定几经周折，最后才通过湖南省委于1928年3月上旬派出的湘南特委军事部部长周鲁传到井冈山。周鲁在龙市刘德盛药店见到了毛泽东。由于只凭着记忆口头传达，周鲁误传处分决定，宣布说毛泽东已被"开除了党籍"，由他担任书记的前委取消，改组为师委，任命何挺颖为师委书记，并决定把部队调往湘南去参加年关暴动。因为说毛泽东不是党员了，只好要他当师长。这时，毛泽东以共产党人高度的组织纪律性服从了这一决定，带领部队去湘南。当部队从龙市集合出发时，毛泽东第一次在肩上挎起了一支盒子枪，以师长的身份集合部队讲话。他说："军旅之师，本人未之学也，文只能运笔墨，武不会动刀枪，叫我当师长有点玄乎，不过一个篱笆三个桩，一个好汉三个帮，三个臭皮匠凑成一个诸葛亮，你们都是我的好参谋长，有你们做参谋，我相信自己这个师长一定会当好的。"会后，他命令部队兵分三路向湘南

进发。

部队到达湘南后才得知，关于开除毛泽东党籍一事纯属误传。1928年4月，朱德、陈毅等同志率领南昌起义和湘南起义部队上井冈山，在龙市与毛泽东的部队胜利会师，成立中国工农革命军第四军，毛泽东担任军党代表兼代师长。此后，他当选为军委书记、特委书记、前委书记等职务，成功地领导并指挥了井冈山的斗争，使根据地日益巩固发展。

新中国成立后，毛泽东回忆起井冈山这段艰难曲折的战斗历程，教导党政军的领导同志要顾全大局，要严格遵守党的纪律，与党中央保持一致。他多次提及：那时，在井冈山我还当过民主人士呢！指的就是当时误传他被开除党籍而当师长的这件事。

欢迎朱军长

他来了，朱军长来了！

他们来了，朱德和陈毅率领南昌起义部分部队和湘南起义农军就要来了！

朱军长和毛委员两支部队就要在龙市会师了！

这两支部队的会师，空前地激活了这片古老神奇而默默无闻的深沉土地。

人们奔走相告，消息一传十、十传百，像长了翅膀一样迅速传遍整个根据地，群山沸腾了，整个井冈山区沸腾了！

"欢迎朱军长！""庆祝两军胜利会师！"

小小的龙市山城大街小巷张灯结彩，书写着醒目的欢迎标语。人们从四面八方蜂拥而来，深情地迎接朱毛两军的会师……

"朱军长的队伍来啦！"文根宗（宁冈县工农兵政府主席）赶忙放下饭碗走到街上，只见街上涌来了好些群众。他挤过人群，走到街口等候着，心里既兴奋又紧张，生发着各种各样的猜想：高大剽悍的栗色马上，坐着一个威风凛凛的将军……

队伍开过来了。走在前面的，是南昌起义部队，他们一色的灰军装，平面军帽，腰扎皮带，打着裹腿，有的肩扛长枪，有的腰插短枪，威武雄壮。后面是湘南起义农军，穿着不一，肩上都扛着梭镖，背后插着大刀，也挺精神。再后面是马队，马背上驮着武器、弹药及其他军用物资。

"欢迎朱军长"标语

文根宗看着一队队人马走过，却没有看到一个穿着特别，像长官模样的人，心里有些着急。朱军长到哪里去了？得赶快找到他，让他好好休息。文根宗赶紧到处去找。

他走到小街上，看见秘书老袁提着石灰水桶，正在墙上写一条"欢迎朱军长"的标语，便问老袁："看见朱军长来了吗？"老袁回过头来问："你看见了没有？"

这时，从一家小店里走出几个人来，前面一个，身材魁梧，穿一身新洗过的灰军装，裹脚打得严严实实，头发胡子都是新修的，给人以坚实、刚毅、爽朗的印象。一个老婆婆从店里跑出来，拉着那个人的手说："唉，同志，千里迢迢来到我们这里，连茶也不喝一口，怎么行呀！"那人亲切地说："老人家，都是自家人，别客气。以后有空再来！"说着，走到老袁跟前，弯腰拿起桶里的大笔，看了看笑着说："杉树皮做的，蛮顶用嘛！"稍停了一下，又看看墙上的标语，对老袁说："真是秀才，写得一手好字呀！""哪里，哪里！"老袁客气地说。"看来，这条标语不怎么好！"那人指着墙上那条"欢迎朱军长"的标语说。

"什么？这标语不好？"文根宗和老袁摸不着头脑，惊奇地望着那人。

那人又笑着问："你们这里是什么地方？"

"是龙市！"那人补充说，"这里是毛委员建立的革命根据地，是革命同志的家。那么，朱德来到这里，就是回到自己的家，你们这么一'欢迎'，那不是一家人说两家话吗？"

文根宗和老袁听着都笑了，觉得说得有理，但又说："朱军长来到井冈山，可不容易呀，我们也得表示点意思才行啊！"

"是呀，的确不容易！"那人双手背着，望着远处起伏的山峦，感慨地说："能够到井冈山来，同毛泽东同志一起合作，实在是值得庆幸的事！"他停了一下，又说："我看，你们应该写'庆祝两军会师'，这是我们共同的愿望，要多写，要大写特写。"老袁听到，立即提起桶子，就到对面墙上写起来。那人看着，满意地笑了，向文根宗、老袁招了招手说了声再见，就跟着后面的几个人走了。

文根宗看着远去的高大身影，心想，这个人这么和蔼可亲，听口音像四川人，莫非他就是朱军长？他真感到后悔，一时粗心，竟忘了打听人家的名字。

文根宗转身往回走，正好碰到袁文才团长。袁文才团长说："朱军长找你呢！"文根宗忙问："朱军长在哪里？"袁文才团长笑着说："刚到县工农兵政府，还指名道姓要见见你这位毛委员亲自推举的县长呢！"接着，他又故意压低嗓门说："他还说，要问问我们这些宁冈老表，为什么来到了家里，还把他当客人？"

文根宗听了又惊又喜，他原以为这位早年毕业于云南讲武堂、赫赫有名的"讨袁护法"的少将旅长，后为追求真理，抛弃个人荣禄，远渡重洋，去寻找马克思主义真理，为革命身经百战的朱军长，定是八面威风的，然而，他却和一般官兵没有什么区别，是那么的平易近人、质朴憨厚……

随即，文根宗拉着袁文才团长，高高兴兴往工农兵政府办事处走去……

回师大本营

　　1928年7月中旬,"左"倾盲动主义路线的湖南省委代表杜修经,不顾当时敌强我弱的形势,不顾湘赣边界特委、红四军军委及永新联席会议反对,强令红四军主力离开宁冈龙市红军大本营,去攻打郴州。7月24日,红军大队以凌厉的攻势,一举攻下了郴州城。可是,红军还来不及分享胜利的果实,黄昏时刻,敌人组织反攻,从四面八方向郴州城包围过来。由于敌众我寡,红军抵挡不住,且战且退了下来。

　　在离郴州30里远的一个偏僻的乡村小道上,有一支二三十人的队伍在艰难地行走着,猛烈的炮火撕碎了他们的军装,擦破了他们的皮肉,有的战士已经中弹,身上淌着血,一脚一个血印,一步一身剧痛。这是从郴州城退下来的红军部队。

　　这支队伍有一个姓李的战士恳求:"何连长,我实在走不动了,到前面村子找点东西吃吧?"何连长是个急性子,回答说:"不行,后面有追兵,不快走就是等死。"

　　话音刚落,忽然马蹄声由远而近传来,两匹高大的战马飞奔而至,打头的那位身材魁梧的人艰难地从马背上下来,问道:"老何,哪里去?"

　　何连长一看惊住了:"陈主任——"

　　大家一看是红四军政治部主任陈毅,都纷纷围拢过来,相见之下,悲喜交集,不知说什么好。战士小彭含着悲伤的泪水,哇的一声扑到陈毅怀里,号啕大哭,众人一看也纷纷泪下。

陈毅是在这次征途中身染重病而最后撤出的,他望着战士们那些挨过敌人枪弹的伤口,接着又打听他们连和整个二十九团的伤亡情况。当他了解二十九团除萧克带的一个连外,几乎全部被冲散,有的壮烈牺牲在敌人的弹雨里,有的倒在敌人的屠刀下,陈毅的心像钻子刺了一下,难过极了,顿时一串泪水夺眶而出。他说:"这次盛暑远征,我们军委劝阻不力也有责任。"

红军泪眼相看,心里更是难过,几个女战士竟然失声痛哭。

陈毅擦干泪水,强压悲痛,抱着病体,迈着沉重的脚步对大家说:"同志们,别难过,只要我们还有人在就要继续战斗!"

"对!我们一定要为死难的战友报仇!"

"走!这里不是久留之地。"

"往哪里去?"陈毅急问。

"回宜章,到笆篱铺去!"

陈毅又问:"那里能去吗?"

何连长反问说:"怎么不能去?"何连长认为笆篱铺那里有大山,可以在那里打土豪、分田地,建立根据地,扩大武装,等到时机成熟,再打到郴州去和范石生算总账。

陈毅指出,这是"横着竹竿进巷子——此路不通"。他分析说,一则宜章虽然也有大山,但离郴州很近,只要有风吹草动,范石生即日可达;二则郴州一带交通方便,有铁路直通广州、长沙,是在交通要道上,敌人有重兵把守,同时北有长沙鲁涤平、吴尚的敌军,中有衡阳许克祥的反动部队,他们可以随时调兵遣将,围歼根据地;三则笆篱铺紧邻广东边界,南有乐昌、韶关,一山之隔,公路交通极为方便,我们在那里建立根据地会随时处于强敌威胁之下,敌强我弱,等于拿鸡蛋碰石头。

经陈毅这么一分析,有的战士说:"我们听陈主任的。"也有个别人说:"哼!怕什么?怕这怕那还能革命?"

这时，忽然有个战士跑来报告，说胡凤璋正带着一帮匪徒往这边追过来，几个逃往乐昌的战士在半路上被敌人杀害了。

这意外的消息使大家十分震惊，大家都望着陈毅等他拿主意。陈毅十分镇定地说："往东，去东江集合，朱军长叫我们回师宁冈大本营，他在东江等我们。"

红军从四面八方归来，集聚在东江，二十九团仅剩下上百人，红军大队损失了一半。经过一番整顿，红军刚刚抹干脸上的泪水，正准备重返大本营，又传来更不幸的消息："湘赣两省敌人'会剿'井冈山，白色恐怖布满城乡，边界被杀之人、被焚之屋不可胜数。"大家一听悲恸欲裂，心里更添一片愁云。朱德、陈毅的心情亦十分沉重，他们集合队伍安定大家情绪。待朱德讲完话后，带着病半躺在睡椅上的陈毅霍地站了起来，指出，胜败是兵家常事，去年从三河坝失败后到了湘南，局面展开了，今天在这里集合的人，比去年人还多了一点儿，当时是1200人，现在还有2000多人，革命不要怕挫折，要干到底。最后，他斩钉截铁地说："现在我们还有这么多人，还可以继续干，万一留下一个营，朱德当营长，我当党代表；如果留下一个连，朱德当连长，我当党代表；如果留下一个排，朱德当排长，我当党代表，人多要干，人少也要干！"

大家听了陈毅的话又振奋起来，有的说："陈主任说得好，只要我还有一口气，我就跟你们干到底。"还有的说："朱军长，陈主任，你们指到哪里，我们打向哪里。"这时也有人怀着忧郁不安的心情说："郴州没有打下来，井冈山又被敌人侵占了，部队往哪里走？红旗往哪里打？"

陈毅十分坚定地说："我们的方向还是井冈山，重返宁冈大本营。"他接着分析，以宁冈为中心的罗霄山脉中段最有利于我们的军事割据，它远离敌人长期占领的中心城市，敌人鞭长莫及；同时那里有很好的群众，很好的党组织；有自给自足的经济能力，盛产稻谷、茶油，敌人封锁不住，困不死我们；那里山大且险，进可攻，退可守。现在虽然敌众我寡，但是我们能够以一当十、以十当百。郴州、长沙现在还不是我们待的地方，所以，我们这次盛暑远征失败了。说到这里，陈毅打比喻说："若轻易离开宁冈就好比虎落平阳被犬欺，（四军）非常危险。"

大家一听都说陈毅主任说得好。陈毅接着说，这是毛泽东同志的话，也是永新联席会议的决议。井冈山还有三十一团和三十二团，毛委员还在，回去和他们一起干，坚持下来就有希望。

此时，有的说："重返宁冈大本营才有我们的用武之地。"有的说："我一根梭镖就能一夫当关万夫莫开。"还有的说："七溪岭、五斗江、草市坳战斗打得多漂亮！"

事很凑巧，天外飞来佳音，毛泽东率领红军从桂东方向来迎接他们了。

"走！出发！"

红军大队在朱德、陈毅的率领下，重返井冈山，回师宁冈大本营。

一副对联

1928年秋，朱德在龙江书院召开的一次红军干部大会上说，我们红军之所以能够克服困难，一是党的领导作用，二是军队内实行了民主制度。军委十分重视对党员的思想教育，"经过政治教育，红军士兵都有了分配土地、建立政权和武装工农等常识，都知道为自己阶级而作战"；在军队内实行民主制度，"红军的物质生活如此菲薄，仍能维持不敝，除党的作用外，就是靠实行军队内的民主主义"，"官长不打士兵，官兵平等，士兵有开会说话的自由，废除繁琐礼节，经济公开"。全军上下，官兵一致，认识到战胜困难是自己的事，自己是当家作主的主人，这是红军区别白军的重要标准之一。许多白军士兵从红军战士身上看到了革命的前途，纷纷掉转枪头，弃暗投明，投奔红军。

有一个叫曹福海的白军士兵，曾三次被红军俘虏，前两次都被红军放了，但第三次又被国民党抓去当壮丁。第三次与红军交战时，他带了一个排的白军来投诚。随后，他谈了自己的感想，谈了白军与红军的不同。他感到红军和白军是两个世界，红军像一个火炉，到了红军里马上就被熔化了。

朱德听后很有感想，便在龙江书院的一个石门两边写下了一副对联："红军中官兵伕薪饷一样，白军里将校尉饮食不同。"

寥寥20个字，两个天地，两种制度，两样生活。整副对联高度凝练，既通俗又含蓄，形象地歌颂了我党我军的治军方针，以及官兵一致、同甘共苦的优良作

龙江书院中朱德撰写的对联

风，同时又有力鞭挞了敌军的腐败没落，不失为教育红军官兵团结一致、共同对敌的佳作。

朱德常常以身作则，与官兵同甘共苦，为全军作出了榜样。这副对联在根据地里流传甚广，红军官兵都以艰苦奋斗为荣，同时这副对联也是瓦解白军的重要思想武器。

宁死不屈

邓海波，外号"张果老"，1905年出生于苍冲村邓亚组一个富裕家庭，16岁时考入南昌二中。在校期间，经龙超清介绍，邓海波在南昌参加中国社会主义青年团。1924年回到宁冈后，他在新城街开了一家洋货店，从南昌购进洋布、洋伞、洋袜、洋油、力士鞋、西洋镜及化妆品等洋货，招揽顾客。当时，物资紧缺，洋货凤毛麟角。"山大王"袁文才经常来店内购买东西，两人认识不久便结为知心朋友。从此，邓海波表面帮助袁文才队伍采购军需物资，暗中打探敌人消息，邓海波的店也成为袁部的秘密联络点。

1925年，邓海波与龙超清、刘辉霄等人劝说袁文才"马刀队"下山，并以自己为人质，促成了县政府和绿林头目胡亚春、袁文才等人的谈判，坚定了袁文才率部下山的决心。1926年10月，袁文才率保卫团在新城举行武装起义，推翻了北洋军阀的县政权，成立国共合作的宁冈县人民委员会，袁部改编为宁冈农民自卫军，邓海波担任县人民委员会宣传科科长。

1927年大革命失败后，袁部农民自卫军退守茅坪。面对白色恐怖，邓海波转让店铺，毅然加入袁文才部。加入袁部后，邓海波颇得器重，舞文弄墨、料理内勤的事务，袁文才全权交给他办理。有一次，邓海波带几个人去睦村乡河桥村"吊羊"，路上听人说鄘县来了一个带领20多人的北洋军营长。邓海波探听虚实后，抓到一个哨兵审问，得知营长住宿地点，分三路将其住房包围。一阵枪响，营长从窗户跳出逃跑了，敌兵见群龙无首，弃枪而逃。清点战场时，营长住房内有一支驳壳枪，一件军衣内还有子弹，外面还有一匹大黄马，士兵的房间内丢下10余条枪。邓海波凯旋回到营地后，袁文才对他赞不绝口，每个队员奖励了5块银元。

1927年10月6日，毛泽东与袁文才在大仓林家祠堂见面，商谈工农革命军安家茅坪有关事项，邓海波担任会谈记录。会谈后，毛泽东答应送给袁文才100支枪，袁文才回赠工农革命军1000块银元。毛部得到袁部的倾力相助，方得休养生息，渡过难关。

1928年2月，邓海波担任宁冈县第四区工农兵政府秘书，帮助红军写标语、搞宣传，组织赤卫队打土豪、分田地，组织妇女队做军鞋、洗军被，慰问红军伤病员。邓海波还带领暴动队100余人到自家闹革命，他拿出稻谷100余担、茶籽80担、生猪一头、衣服棉被等分给农民。在邓海波的影响下，仓冲村的张南发、邓亚村的邹四妹、鹅井村的邓七妹、龙陂头村金兰伯母的丈夫等人先后参加赤卫队和红军。据邓亚村老人回忆，从大仓亭子到洋源范围内的适龄青年都报名参加了暴动队。邓海波的父亲邓祥开也自告奋勇参加担架队、运输队，并担任队长，先后在茶陵、酃县、拿山、大井等地送军粮、抬伤员；母亲张春兰也参加了妇女队，积极为红军做军鞋、洗军衣、贴标语。因邓海波一家人投身革命，靖卫团对他恨之入骨，并伺机报复。时隔不久，邓海波的父亲邓祥开不幸被逮住，敌人便采用割筋、剥皮、火烧等刑法，将邓祥开折磨了4天，直到不能开口说话才将其杀害。

1928年5月，邓海波担任红三十二团一营排长。9月30日，敌人企图进攻湘赣边界党政军领导机关重地茅坪。红四军军部决定诱敌深入，在坳头陇集中优势兵力一举歼灭敌军。邓海波带领全排战士奉命绕道坝上，走雪竹坑截断敌人从高车坳、赤坑的退路，把敌人全部装入"口袋"中，为战斗胜利立下了汗马功劳。10月下旬，国民党湘军吴尚第八军第十五师第八十五团团长张敬分带领其部及酃县挨户团共1000余人，从酃县向宁冈进犯，到达睦村观上村一带时，大肆进行烧杀。朱德率领部队分三路开往睦村。邓海波奉命带领全排战士埋伏在江西、湖南交界线上的黄烟铺两侧山头上，堵住湘军的后路。战斗打响后，张敬兮指挥一挺机枪开路，往湖南方向撤退，刚好走进邓海波设的埋伏圈。这股敌人被打得死伤惨重，张敬兮见势不妙，换上士兵的服装化装逃跑了。邓海波排乘胜追击，一直追出五六里路，歼灭敌人30多人，取得了睦村战斗的胜利。

1929年8月下旬，袁文才派邓海波、谢冲波前往龙市、古城一带侦察靖卫团的活动，不料被敌人发现，两人边打边退到东源串风坳的秘密联络点。敌人紧追不放，将他们团团包围，邓和谢两人被迫退入一幢民房，与敌抗击。邓海波打开侧门想冲出去，碰见两个靖卫团队员，就一枪打死一个，把门关上。敌人不敢贸然闯进，放火烧房，谢冲波从屋顶跳下摔伤，邓海波从二楼窗户跳下被靖卫团当场捉住。敌人用刺刀刺进邓海波的肚腔，用绑脚带捆住他的手脚，接着用铁丝穿过他的肩骨，然而将其押至古城长溪，吊在树上。靖卫团对他严刑拷打，要他供出党组织和袁部的活动去向。邓海波怒目而视，拒绝回答。邓海波被敌人打得死去活来，他不吃东西绝食，敌人就撬开他的嘴巴用斜口竹筒灌米汤。经过多日的严刑拷打，敌人将他折磨得奄奄一息后才拖出去枪杀，牺牲时年仅24岁。新中国成立后，邓海波被追认为革命烈士。

八兄弟盟誓当红军

1928年10月上旬，宁冈县苏维埃政府发出开展征兵动员的布告，扩充红军3000人，号召适龄青年踊跃报名，支援前线。

坳里下水湾粟山村青年兰文卿，出生在乡绅家庭，家境殷实，天资聪慧，上过几年私塾，思想进步，向往革命队伍。在表兄谢兆瑞的影响下，他萌生起参加红军的念头。他隐瞒父母双亲，与同村兰鉴锡、兰天生、兰炜苁、兰鑫甫、谢炳山、罗香炳等8名青年，在村后高山的石屋下焚香昭告天地，杀鸡歃血结为异姓兄弟，盟誓要去当红军。

兰文卿八兄弟报名参军被当地政府审核批准后，被编在红二十八团、二十九团。他们在部队积极上进，学习军事文化，不断提高思想觉悟，懂得了很多革命道理。1929年1月14日，他们跟随红四军主力3600人下井冈山，转战赣南。兰文卿八兄弟所在部队最初的经历是很艰难的：由于脱离了原有的根据地，又受着敌军重兵的尾追和袭击，他们屡次陷入险境。2月11日，他们在赣南瑞金的大柏地伏击，一举歼灭紧紧追来的敌军刘士毅旅大部。这次大捷，扭转了红四军的被动局面。随后，他们挥师北上，到达东固，同李文林等人领导的江西工农红军独立第二团、第四团会师，开始在赣南站住脚跟。

红四军分析周围的实际情况，灵活地使用兵力。他们先利用闽西敌军兵力空虚的机会，向闽西急进。3月14日，在长岭寨全歼国民党福建省防军郭凤鸣旅，

乘胜占领闽西重镇长汀城,缴获了一批武器和大量给养。接着,又回师赣南,4月1日在瑞金同从井冈山突围的红五军主力会合。5月至10月间,红四军乘福建军阀部队主力去广东参加粤桂战争的机会,先后两次进入闽西,在闽西工农武装的配合下,歼灭地方军阀陈国辉旅和卢新铭旅。赣西南和闽西的苏维埃政府相继成立,两处地方武装也有很大发展,为后来的中央革命根据地的创建奠定了基础。在转战赣南闽西的数次战斗中,兰文卿八兄弟作战勇敢,表现突出,进步很快,先后担任了正副班长。

长征途中,一路战斗,伤亡惨重,八兄弟仅剩5名同乡结拜兄弟。他们后又被编入红三军第十八团第三营。在广西台州兴安镇参加湘江战役中,兰文卿5位同乡所在营同国民党军队展开了殊死的决战。1934年11月27日,红军先头部队渡过湘江,控制了渡河点。大部队因携带辎重过多,行动迟缓,尚未过江即遭到优势敌军的夹击。湘江两岸担任掩护任务的红三军第十八团,为确保中央领导机关和其他部队顺利过江,与敌展开激战,付出极大牺牲。12月1日,国民党军队发动全线进攻,企图夺回渡口,围歼红军于湘江两岸。红军经整日血战,阻止住敌军的进攻。到当日17时,中央领导机关和红军大部渡过湘江。担任掩护任务的兰文卿五兄弟所在第三营被阻在湘江东岸,最后弹尽粮绝,全部壮烈牺牲。湘江战役是中央红军长征以来最壮烈的一战。红军以饥饿疲惫之师,苦战五昼夜,终于突破敌军重兵设防的第四道防线,粉碎了蒋介石围歼中央红军于湘江以东的企图。新中国成立后,兰文卿结拜八兄弟被追认为革命烈士。

人物龙市

REN WU LONG SHI

古代进士

历朝仕宦

......

古代进士

萧文，生卒年月失考，龙市镇龙市村新屋下组人，元至正年间进士，官至侍御史，赠安成伯。

萧彦，生卒年月失考，龙市镇龙市村上江边组人，元至正年间进士，官至大理寺丞。

萧翼，字体全，生于明永乐元年（1403年），龙市镇龙市村庙前组人，明宣德七年（1432年）中进士，先后任潜山知县、长垣知县、顺德知府。

陈镐，字子周，生卒年月失考，大约生活在宋元祐至淳熙年间，永新州胜业乡石陂村（今龙市镇石陂村）人，宋政和二年（1112年）赐同进士出身，官至宣议大夫。

陈德一，字幺辅，号粥臣，出生于北宋元祐五年（1090年）七月，永新州胜业乡石陂村（今龙市镇石陂村）人，宋绍兴三年（1133年）中进士，官至候补县令，著有《双溪诗集》《太极图考》《世道观》等作品。陈德一卒于宋淳熙十三年（1186年）闰七月，享年96岁。

尹说，生卒年月不详，龙头乡三保（今龙市镇龙市村尹亚组）人，宋天圣二年（1024年）进士，先后任平江府通判、朝散大夫、知平江军府。

江志昂，字梅溪，生卒年月不详，永宁五保（今龙市镇）人，明永乐十九年（1421年）进士，官至刑部主事。

陈兴，字子振，号西麓，生卒年月失考，大约生活在明洪武末至明正统年间，永宁四保石陂村（今龙市镇石陂村）人，明永乐二年（1404年）中甲申科曾肇榜，授翰林院编修、文渊阁修撰，著有《石陂八景》《咏石人岭松》《游紫云岩》等诗作。

陈锡周，字维孙，号岐峰，生卒年月失考，大约生活在清康熙五十年（1711年）至乾隆四十年（1775年），永宁四保上桥村（今龙市镇石陂村上桥组）人，清乾隆十三年（1748年）戊辰科会试中进士。陈锡周在喜赴乾隆皇帝的琼林宴之际，因壁虎叮咬，中毒而亡。

历朝仕宦

　　张朝宗，字汝霖，号愚斋，永新州胜业乡新沃村东楼房（今龙市镇庄前村新沃组）人，宋淳熙乙未科进士，后授国子监博士。

　　萧人瑞，字冠榜，号五云，龙市镇龙市村码头组人，清咸丰戊午科恩贡，奖加六品衔，议叙巡政厅、登仕郎。授笋峰书院首事，永宁巽峰书院二、三、四届山长。

　　尹相，龙市镇龙市村尹亚组人，明隆庆三年（1569年）岁贡生，任袁州府教授。

　　尹可聘，龙市镇龙市村尹亚组人，明万历八年（1580年）岁贡生，授广东河平知县。

　　游艺，龙市镇龙市村人，明宣德五年（1430年）岁贡生，授建宁知县。

　　萧必中，龙市镇龙市村人，明正统年间岁贡生，任湖广布政司检校。

　　萧日学，龙市镇龙市村人，明嘉靖年间拔贡生，任兰山知县。

　　萧迥，龙市镇龙市村龙亚组人，明万历间获军功，任石城知县。

　　尹善平，龙市镇龙市村人，明嘉靖年间拔贡生，任华县知县。

　　尹鸿，龙市镇龙市村人，明弘治年间岁贡生，任王府长史。

　　孟浩，龙市镇龙市村人，明永乐三年（1405年）举人，任安丘知县。

　　陈寿昌，龙市镇石陂村人，明洪武年间因荐辟，任句荣知县。

　　陈风岐，龙市镇石陂村人，明成化年间岁贡生，任开化知县。

陈邦宾，龙市镇石陂村人，明嘉靖年间岁贡生，任永丰王府教授。

尹乐佐，龙市镇龙市村人，明万历年间增贡生，任光禄寺署丞。

陈登甲，龙市镇石陂村人，清乾隆年间附贡生，曾任职池州府。

张祖恩，龙市镇相公庙村豆冲组人，咸丰初以军功保举，历任江西抚标中军参将，著加提督衔，兼管左营。

张其惠，龙市镇陇背村人，清光绪年间例职，授州同。

张谟，龙市镇相公庙村豆冲组人，清光绪二十年（1894年）以军功擢，历任溆浦、石门、沅江、桑植、安化知县。

第五章

崛起龙市

发展是硬道理

民有所呼，我有所应

把广场改造建设好

······

发展是硬道理

2002年12月，我担任龙市镇党委书记后，面对错综复杂的社会局面，坚持以"发展是硬道理"为原则，抓班子、带队伍，明思路、谋发展，疏堵点、办实事，担当实干、团结拼搏、贡献为民。龙市镇的发展呈现稳中有进、稳中提质的良好态势，先后荣获全省老干部工作优秀单位、关心下一代工作先进单位以及吉安市"三民好班子"、五好乡镇、经济发展20强镇等荣誉，2003—2005年龙市镇连续三年位列井冈山市年度考核第一名。

抓班子、带队伍，打造强劲有力的火车头

领导班子在乡镇工作中起到重要作用，而党委书记又是领导班子的关键所在。我充分调动班子成员和党员干部的工作积极性，将有限的个人力量变为无穷的集体力量，为龙市经济社会发展提供坚实的组织保障。

团结出凝聚力，团结出战斗力。我始终秉承团结协作、携手共进的理念，努力提升班子集体的凝聚力、干部队伍的战斗力。不唱"独角戏"。坚持党的民主集中制原则，实行集体领导和个人分工相结合的原则，凡是涉及全镇的重大事项和重大问题都提交党委会共同讨论，力争每项决策凝聚集体智慧、体现科学民主。奏好"大合唱"。大力支持和保障班子成员发挥聪明才智、履行工作职责，积极引导和鼓励党员干部同心协力干工作、脚踏实地抓落实、步调一致向前进。

2003年春节刚过不久，一场突如其来的"非典"疫情席卷全国。龙市镇党委政府第一时间成立"非典"防治工作指挥部，各工作组在班子成员的率先垂范下，全力做好交通卡口的值班值守、日用物资的保障供应、回乡人员的健康监测、重点人群的思想稳控、防治知识的宣传宣讲等工作。我亲自兼任指挥部办公室主任，不分昼夜地深入社区、村组、市场、学校、酒店等场所协调和督导抗击"非典"工作。在这场没有硝烟的战役中，龙市镇统一组织、分工明确、协调一致、指挥有力的工作机制发挥了极其重要的作用。截止"双解除"，全镇没有一起非典型肺炎病例发生。精诚团结、协作紧密、克难奋进的龙市镇党政班子和干部队伍战胜了疫情，彰显了作为，经住了考验。

明思路、谋发展，制定科学实用的施工图

总体工作思路对一个地方的发展至关重要。经过长时间的调查研究、集思广益，我提出了龙市镇"1234"（"1"是强化发展意识，"2"是提升物质和精神两个文明建设水平，"3"是实现陶瓷、农业、旅游三大产业新突破，"4"是巩固就业创业、群众收入、社会稳定、队伍建设四项成果）工作总体思路，经镇党委集体研究通过并组织实施。在明晰的发展思路和党员干部的团结拼搏下，龙市镇经济社会发展迅速、社会繁荣稳定，广大群众对党委政府的评价明显提升。

扩大陶瓷产业增长就业率。我高度重视陶瓷产业在稳就业、保民生方面的重要作用，通过走访、座谈、现场办公等形式，协调解决恒华、映山红等陶瓷企业技艺改造、产品销售、品牌打造及用工用地、用水用电等现实问题40余个，促进各家陶瓷企业开足马力加速跑、生产销售季季红。为加快瓷城工业园的建设步伐，我带领工作专班跑断腿、磨破嘴，仅用4天时间就顺利完成600亩土地的征迁任务，没有发生一起群体性信访事件。筑好招商巢，引来金凤凰。龙市镇在2004年4月至5月期间成功招引4家先进生产工艺的陶瓷企业，与原有企业形成优势互补、集群发展的共赢局面，井冈山成为全国日用陶瓷的重要生产基地。截至2005年年底，龙市片区共有陶瓷企业18家，从业人员2万余人，带动龙市镇40%的常住人

口稳定就业。

做强农业产业拓宽增收点。在传统农业的基础上实现新的突破，是龙市镇党委政府制定的既定目标。班子会、集思会、招商会、外出考察，收集汲取专家建议、群众意见……最终拍板，走产业化发展路子：因地制宜搞产业，挖掘资源铸品牌。雷竹因早春打雷出笋成竹而得名，是井冈山的主要竹种。通过多次调研协商、争资立项，雷竹种植项目于2003年9月在相公庙、庄前等多个村组落地。我积极发挥人脉优势，与广东、浙江、江苏等地的商超企业就雷竹鲜笋、笋干和竹材、竹器签订订单合同、长期合作，雷竹产业成为龙市的特色农业产业，并辐射其他生产竹制品、工艺品等小微企业，小小的雷竹成为群众增收的富贵竹。龙市群众自古就有零散种养花卉的传统，随着经济效益的凸显，苗木花卉产业悄然兴起。我深知产业集群发展的重要优势，给干部讲思路、让亲友带头干、为群众解疑虑，先后有10多家农民专业合作社、100多个家庭通过以地入股、租山租田、利用闲地等方式种植苗木、养育花卉。龙市的苗木花卉品种多、规模大、质量好，龙市成为湘赣边界的花卉名镇。龙市镇苗木花卉协会统筹调度每年销售20多万株苗木花卉，成为经济增长、群众增收的重要渠道。

做优旅游产业释放新动能。龙市是朱毛会师之地，井冈山斗争时期的中心区域，蕴含着丰富的红色资源。每年有数以百万的游客来井冈山参观学习，如何破解"山上热、山下冷，茨坪火、龙市淡"的困局？龙市从旅游基础设施入手，统筹资金100余万元对龙江书院、红四军军部旧址、井冈山会师纪念馆等重要景点进行改造提升，增设指示牌，建设旅游公厕、停车场等服务点，规范摊贩销售行为，督促餐饮酒店明码标价，龙市的景区景点及周边环境以独特、崭新的面貌呈现在游客面前。同时，我以拼抢的精神积极与培训机构、旅行社对接，协调旅游研学培训路线从茨坪延伸至龙市，自2004年起，每年到"会师之地"参观培训、休闲旅游的人次都突破100万人次，并带动餐饮住宿、特色农产品、竹制工艺品的持续火爆，井喷式增长的旅游行业成为龙市经济社会发展的红色引擎。

疏堵点、办实事，保持火热鲜红的为民心

保障和改善民生是党委政府的工作出发点和落脚点。不管是党委会、党政联席会，还是干部大会、干群座谈会，我每次都强调，面对龙市人民关心关注的热点堵点问题，党员干部要保持为民心、锤炼实干的作风，想尽千方百计，吃透千辛万苦，服务千家万户，换得千欢万喜。几年来，我走遍龙市的每个村组、城区的每条街巷，掌握了解关乎群众切身利益的第一手资料，一系列热点难点堵点问题得到妥善解决。

"建军路断了头、会师路颠破头、站前路头挤头、解放路扁担头"，是当时龙市城区4条主干道的真实写照。为尽快解决交通拥堵、出行困难现状，龙市镇将城区道路改造提升工程提上日程。我和班子成员在立项、规划、拆迁、安置、施工等环节上下足了功夫，花费了大量精力，4条"操心路"全部改良为畅通路。与此同时，龙市镇跟进开展环卫设施设备、水电管网、园林绿化、店面招牌等领域的全新规划和整治改造，龙市城区的美丽容颜从"面子"延伸到了"里子"。

"宁冈中学撤销高中部、新城区调走龙市医院好医生"，这样的谣言不知什么时候传遍整个龙市片区。我深知教育医疗涉及千家万户，必须万分重视，决不能掉以轻心。在采取召开4次群众座谈会辟谣言，与50多位教师医生谈话稳人心，对接部门20余次争取优惠政策，筹措资金100多万元提高教师医生待遇等一系列的得力手段和立体化的有效措施后，各种谣言不攻自破。龙市镇的教师医生队伍力量持续强化，基础设施日益完善，家门口的教育更加高质量，医疗服务更加便利。

村民的荷包鼓起来了，他们的精神如何富起来？这是萦绕在我脑中的一道论述题。2005年4月，我们决定借鉴浙江"千万工程"经验，在石陂村建设"农村精神文明活动中心"，以点带面提升龙市镇各村组的村容村貌、乡风文明。经过半年多的建设，"村容脏乱差、村道泥破窄、村民多纷争"的石陂村蜕变成"村貌美丽、生活富裕、邻里和谐"的明星村。2006年1月开始，龙市镇以学习贯彻党的

十六届五中全会精神为契机，深入总结石陂村建设经验，全面拉开社会主义新农村建设活动序幕，全镇的村容村貌焕然一新、村民思想积极向上，邻里和睦相处、社会互助蔚然成风。

（作者张伟，现任井冈山市人大常委会党组书记、主任，

2002年12月至2006年1月曾任龙市镇党委书记）

民有所呼，我有所应

群众利益无小事，切切实实把群众急难愁盼的事情放在心头，用心用情用力服务好群众，把小事办好、把好事办实，让光亮定格，努力让人民群众的获得感成色更足、幸福感更可持续、安全感更有保障。2007年，组织安排我从大陇镇调到龙市镇担任党委书记。任职几年中，我通过解决群众集中反映的痛点难点问题，重点办了三件事，推动"我为群众办实事"实践活动不断走向深入。

覆盖自来水

龙市镇城区水管线是20世纪70年代末建造的，从未进行过更换。20多年的岁月过去了，旧的自来水管线内水流的长期腐蚀，不仅让水管壁越来越薄，自我疏通的能力也越来越差，管道经常出现"跑冒滴漏"情况，也就导致了水压小、高层居民用水难等情况屡屡出现，群众反映强烈。我带着这个问题，深入现场查看，征求居民对改造提升自来水供应意见，并多次到有关部门筹措资金，还与自来水公司负责人研究确定老旧水管线改造项目方案。

资金到位后，施工人员抢抓进度，破槽开挖、铺设管道、连接管道。我和自来水公司负责人到现场检查施工情况，并对施工时间、工程质量、安全管理等提出要求，确保水压低、用水难等问题得以妥善解决。

经过几个月的紧张施工，改造工程全部完成，水流恢复正常，居民用水问题得到彻底解决，居民对处理结果非常满意。居民代表们激动地说："太感谢镇政府了，你们接诉即办，解决问题迅速，给我们的干部点赞。"

滴水之力，倾注民生。与此同时，我将农村饮水安全作为民生实事来抓，加快推进村村通自来水工程、全域自然村集中供水全覆盖，改变了农村群众饮用山溪水、井泉水不卫生、无保障的局面。

古里组位于龙市镇城郊，以往村民的饮用水主要是井泉水，正常年景供水相对稳定。后来，龙市遭遇干旱天气，井水枯竭，村里出现"饮水难"问题，村民只能到两三千米外的彭家村挑井水喝。了解到这一情况后，我立即派出工作组在全镇农村展开全面核查摸底，将实现全镇自然村集中供水全覆盖的工作任务，作为一项普惠性、兜底性、基础性的重要民生项目任务写入政府工作报告，列入龙市镇"办实事开新局惠行动"重点民生项目。

为确保龙市镇重点民生项目任务按期按量保质完成，我对有任务的村分别"把脉开方"，督促各村采取平行、交叉作业等方法，科学高效地完成前期工作，有效压缩审批工作时间，为项目建设赢得更多有效工期。同时，指导各村积极筹措落实所需建设资金30多万元，建立项目清单，实行台账化管理，采取"时间倒排、任务倒逼"的模式，及时协调解决建设用地、社会稳定和组织实施等方面遇到的问题，确保项目无障碍施工。仅用半年时间，全镇累计完成新增保障农村集中供水覆盖2万余人、1600户，全覆盖攻坚行动任务完成率100%；全镇行政村、自然村自来水覆盖率均达到100%，农村饮水水质合格率达95%以上；龙市镇在井冈山市有攻坚任务的乡镇中第一个完成任务，比市里要求的完成时间提前3个月。

"以前枯水期时，很多村民靠压水井取水，费时费力，而且水质没保障。现在全新的自来水管网到户，村民们用上了干净卫生的自来水。"龙市村党支部书记萧龙庭说，村民彻底告别了"饮水难"问题，喝上"安全水""放心水"，幸福感大大提升。

水流潺潺，幸福不断。从"有水喝"到"喝好水"，龙市镇将农村饮水安全作为民生实事来抓，破解了长期以来村民的饮水安全问题，滋润了村民的心田，也为乡村振兴注入源源不断的动力。

安装新路灯

节能降碳，绿色发展。让路灯更节能，让夜晚更明亮，让出行更安全，一直是城市照明的不懈追求。龙市主干街沿街路灯因架设时间长、线路老化等，时不时就亮不了，而且灯泡亮度也不够。下雨时，因线路老化，还出现过漏电的情况，所以下雨时经常只能视情况通电，存在很大的安全隐患。针对这个情况，我看在眼里、急在心里，多次向上级有关部门协调反映并积极筹措资金，快速落实对路灯的改造升级。

我在龙市工作期间做的第二件事是，对会师大道、319国道、沿江路三条道路路灯升级改造。为了保质保量，按时完成改造工作，安装人员白天进行灯头更换，晚上巡查道路照明情况，克服多雨高温天气，按原计划推进市政道路照明升级改造工作。经过前期初步摸排，有关部门了解到道路两侧的亮灯率约为80%，灯具大部分为250W—400W的钠灯和金卤灯，属于高功率灯具。升级改造后，路灯全部采用低碳绿色的LED照明灯具。该批灯具有环保节能、光效高、寿命长的特点，不仅可以提升市民的安全度，还可以为财政"减减负"。

家住附近的黄阿姨吃完晚饭，慢悠悠地在附近散步消食。"这附近老旧居民多，人流量大，以前那个灯有点暗，走在路上都觉得黑黢黢的，不安全，现在舒坦了，变亮堂了，出门散步更方便安全了。"黄阿姨高兴地说。

沿江路的路灯原为单臂灯，此次改造除了更换LED灯具，还对靠近居民楼一侧的行道树进行修剪，提高路灯透光度。采用LED路灯照明改造后路面平均照亮度提升了143%，均匀度提高了37%，切实有效地解决了"有灯不亮、有路无灯"的实际问题，为广大市民群众营造了安全、明亮、舒适的出行环境。

改造之前，全镇路灯绿色照明率不足70%，高压钠灯普遍存在能耗高、显色指数低、光衰严重、维护成本高、智能化水平低等问题，部分道路不能达到国家规范的照亮度及均匀度要求，而LED路灯凭着高光效、高显指、光衰小、寿命长等特点逐渐取代以高压钠灯为主的传统照明，路灯不仅亮度有所提升，还更加节能环保。

据测算，改造后可实现每年节约用电量46%，节约电费约20万元。此外，高温天气下，龙市也进入夏季用电高峰期，道路照明绿色节能改造的完成也将极大缓解用电压力，保障市民群众的生活用电。

这次路面照明升级改造进一步提升了龙市形象，增加了小城吸引力，提升了居民宜居幸福感，促进了美丽家园升级。

街道"白改黑"

走进龙市镇会师大道，两侧商铺经营规范有序，一条新铺设的沥青马路平坦宽阔，车辆通行有序，交通标线清晰显眼，让人心旷神怡。

"以前街道虽然是水泥路面，但还是有些坑坑洼洼，路两旁存在脏乱差。现在不仅'白改黑'了，还整治了环境，真的是一件大好事、大实事。"看着崭新的沥青路面，沿街的居民纷纷竖起了大拇指。

会师大道是通往湘赣两省的主要道路，是龙市镇最繁华的路段。但经过多年使用，道路设施已经老化，路面存在不同程度的破损，雨天时常有积水。此外，原有道路规划不完善，来往车辆乱停放、流动摊档占道经营等情况时有发生。

我在龙市工作期间做的第三件事是，对龙市城区主干线会师路、沿江路街道实施"白改黑"改造提升。道路"白改黑"，就是将道路从原来的水泥路改成沥青路。水泥路面存在一些缺陷，如行车产生较大震动与噪声，路表易产生裂缝、平整度差，出现裂缝、坑洞难以维修。而沥青路面平整性好又有柔性，车辆行驶噪声小、平稳舒适，且产生的灰尘相比水泥路面减少了很多。而且沥青路面维修方便，养护成本低。

经过近9个月的奋战，修复水泥路约6.5千米，完成沥青路铺设、道路绿化两侧和人行道铺装。道路"白改黑"后，镇区面貌焕然一新，发生了翻天覆地的变化。全面修复原道路破损病害路面，调整各道路纵面使道路更为平顺，路更好了；

重新规划人行道，统一铺设人行道面砖，规划好机动车位和非机动车位，出行更安全了；对路面排水系统进行升级改造，重新铺设排水管道，解决下雨天积水问题，隐患没了；拆除道路两旁违法搭建的建筑物，拓宽道路的同时提升镇区颜值，环境美了。道路是一个城镇最重要的公共空间，也是城镇的"脸面"。一条规范、安全、美观的道路提升的不只是一个乡镇的颜值，更是一个乡镇内在的品质。

（作者刘宇祥，现任井冈山革命博物馆馆长，2006年2月至2007年1月

曾任龙市镇党委书记）

把广场改造建设好

　　井冈山会师广场暨红四军建军广场，坐落在井冈山市龙市镇龙江河畔。1961年，国务院将其列为全国第一批重点文物保护单位。随之，井冈山市政府高度重视和保护，先后在广场上修复了当年大会的会台，公布了广场的保护范围和建设控制地带，在广场的南端竖立了朱毛会师铜像。红四军建军广场成为人们参观、娱乐的重要场所。

　　21世纪初，井冈山市和宁冈县合并，红色资源的整合，给井冈山旅游事业的发展提供了深厚的内涵和广阔的空间。而红四军建军广场因城镇建设的发展，其地势低于外围将近1米，场地雨天积水，天晴则布满尘土，形成一个环境内的极大反差，不能适应人民日益增长的精神文明、文化生活所需。

　　2007年，井冈山市委、市人民政府、井冈山管理局决定，对广场进行改造建设，并要求在井冈山会师八十周年（2008年）全面竣工。那时，我刚从睦村乡调到龙市镇担任党委书记，有幸参加了这个项目的工程实施。在参与之前，该工程的整体设计、出图和招投标工作已在相关部门的领导下完成。紧接着，井冈山市政府、井冈山管理局联合组建了工程指挥部，下设项目办公室，由中山建设监理有限公司、龙市镇政府、井冈山市建设工程质检站、井冈山革命博物馆派员组成，设有质量检查监督组、协调服务工作组、工程计量签证组。我被指定为项目办公室副主任。为了慎重起见，工程指挥部邀请龙市镇的老干部、民众代表、镇村领

186

导会同设计方代表，多次进行座谈，审议设计图纸，提出修改意见，其关键是力求文物保护和广场建设的双重效益，达到历史和现实的完美结合。经过多次讨论，共识达成，即原则上同意设计的整体布局，细节上进行局部调整，取消了高杆空中射灯、路灯和会师桥头的圆形花坛；增设旗杆、旱喷池、浮雕墙；新建朱毛握手铜像，更换原有的广场铜像；等等。

设计公司根据上述意见，对广场工程的整体设计进行了修改。2007年11月29日，井冈山会师广场改造建设工程开工仪式在工地隆重举行。井冈山管理局负责人强调，这项工程是对全国重点文物保护单位的保护工程，又是井冈山市民尤其是龙市这一片市民所特别关注的一项民生工程。他要求，必须绝对保证质量、保证安全、保证工期圆满完成，给全市人民一份满意的答卷。施工承建单位负责人也在会上作了表态性发言。

工程进入实施阶段，方方面面的工作都在紧张又有序地进行中，项目办公室的同志按照领导要让工程能承受50年以上一遇自然灾害考验的指示，一方面认真抓好质量管理、施工进度，一方面联系铜像、旱喷池的设计、施工、安装工作。时令进入冬季，雨雪日益增加，项目办公室的同志日夜进入工地，与施工队伍一道融入实施工作当中，发现问题，及时商议、及时处理，先后调整和更改了铜像平台、旗杆平台、会台挡土墙的厚度，确保上述部位能够承受大量填土碾压所产生的挤压力；解决了红缨枪造型灯的基础结构和会台地面、铜像平台区域填土后自然下沉将造成花岗岩面层折裂等关键问题；削减了广场前部南端伸出的弧形圆头，增加该地段车流人流的缓冲功能；拉直了广场东侧后部的斜形地段，以确保广场的完整性；处理了广场入口与会师桥头原公路的自然吻合，达到顺直完美的效果。与此同时，外出人员不辞辛苦，日夜奔波，多方比较，选送样图报送领导审定，最后选中上海一家公司承做广场旱喷项目；朱毛会师铜像的形体设计，选中沈阳鲁迅美术学院洪涛教授的样图，并由辽宁大连一家金属艺术品公司铸造。在井冈山革命博物馆续任馆长的带领下，旱喷池、铜像的制作质量、安装、吊装等项工作顺利进行，于2008年7月23日完成安装。

工程指挥部的领导在施工期间经常到工地检查、把关,从众多的生产厂家中挑选和确定了广场地面铺设的花岗岩板材、红缨枪特色造型灯具以及解决施工中所遇到的难题。更为值得叙述的是,当地群众和老干部们对广场建设工程给予极大的关注,几乎每天都有不少人对工程给予询问、提示,无形中给我们的工作注入了极大的热情,让我们增添了更大的责任感。同样,施工队伍的人员,他们怀着对革命领袖的崇敬心情,认真做好工程的分部分项工作,达到监理和质监提出的具体要求。

广场改造工程自2007年11月29日破土动工至2008年7月23日基本完成。其平面布局依南北中轴线呈东西对称布局,由南往北183.05米,依次为铜像平台区、旗杆平台区、主广场区。铜像平台南北长50米、东西宽40米,寓意5月4日,中间为铜像基座,座上立朱毛握手青铜铸像,基座四周设涌泉池;旗杆平台面积2232平方米,前部正中竖旗杆19.28米高,寓意1928年,上面悬挂中国工农革命军第四军军旗;主广场南北长、东西宽均为80米,寓意红四军诞生80周年,其北端修复了当年搭设的会台,会台面阔17.16米、进深10.72米、高6.9米。主广场中轴线上设旱喷特色水景,地下储水池直径25米,面板上各类喷水孔、造型灯358个,中心水柱喷水高为19.28米。广场由东至西总宽101米,平台和主广场两侧分别布设停车场、草坪绿化地、人行道。整个广场用地面积约18488平方米。广场布设各种灯具共771盏,在广场入口的东侧设有一个面积24平方米的花岗岩卧碑,上刻红四军建军广场和记载朱毛两军会师以及成立红四军的文字,向人们叙述当年的这段历史。井冈山会师纪念广场暨红四军建军广场工程的竣工,不仅标志着龙市红色旅游景点的进一步完善,是龙市城区一条亮丽的风景线,而且每当夜幕来临,广场上云集着2000多名市民在进行着各式有益身心的文化娱乐活动,成为龙市市民的主要休闲活动区域,广场的建设改造工作得到各级领导和市民的认可。

(作者肖宁社,曾任井冈山市环保局局长,2007年2月至2010年7月曾任龙市镇党委书记)

打造繁华的边贸重镇

我于2010年7月至2012年5月在龙市镇任党委书记，到任伊始恰逢"井宁合并"十周年，龙市镇作为原宁冈县的县城所在地，十年对于龙市镇群众来说具有极其特殊的意义，群众对龙市镇的发展有了新的期盼；两年的任期中也恰逢"十一五"收官、"十二五"开局。面对新征程、新挑战，时任吉安市委常委，井冈山管理局党工委书记、局长，井冈山市委书记、市长的梅黎明同志指出：龙市镇相较茨坪景区、红星城区而言投入还不足，建设发展还不够快，要围绕将龙市镇打造成繁华的边贸重镇这一定位，加大城乡基础设施建设力度，激发商贸旅游活力。根据市委、市政府的要求，我与龙市镇党政班子成员、镇村干部一道，以打造繁华的边贸重镇为目标，确立了"工业强镇、农业稳镇、旅游活镇、和谐兴镇"的发展思路，并强化举措、扎实推进，全镇基础设施日臻完善，经济协调发展，人民安居乐业，社会和谐稳定。

围绕打造繁华的边贸重镇，我们大力完善基础设施，城乡面貌日新月异。紧扣井冈山市委、市政府"一市三城"的发展战略，多方争取资金和项目，特别是市委、市政府为破解龙市镇基础设施建设资金不足的难题，给予龙市镇土地出让金地方留存部分全额返还的政策，以加快补齐城乡基础设施短板，提升城市功能品质、建好新农村。

一是强化规划"龙头"作用。积极与上海市委组织部对接，联系同济大学建筑设计研究院为龙市镇编制拓展性规划，设计专家近50余人次先后到龙市镇进行实地走访调研，充分依托专业人士的专业性、前瞻性谋划好发展蓝图，明确了围绕"改造旧城区、打造新城区"的思路，突出边贸经济和红色文化，以"一江两岸"的改造为突破口，把旧城区建设成集休闲、美食、体验红色文化为一体的旅游度假区，为今后一段时间的发展奠定了基调、筑牢了基础。

二是大力推进城市基础建设。先后投入资金2000余万元，推进了站前路及龙东路改造、龙江河堤改造、城区主干道"白改黑"及亮化改造、会师桥改造、城区自来水管网二期改造、龙市尹亚垃圾处理厂一期建设、槽水陇区域地质灾害整治、井冈山革命老区环境综合整治、点亮百姓门前灯等重点项目，城区居民的生活品质得到较快提升，得到了群众的普遍夸赞，称"这两年，龙市的变化十分大，龙江河堤改造让我们有了休闲娱乐的好去处，点亮百姓门前灯工程让龙市的夜晚更加'靓'了"。

三是同步改善农村整体面貌。按照"三清六改四普及"的标准，坚持把农村基础设施建设作为做好农业、农村、农民工作的重点，加强各村组的道路建设和农田水利设施基本建设，争取扶贫资金建设村道1500米。为改善农田水利设施，在石陂村修了3000米的引水渠，较好改善了群众的生产生活环境。2011年，龙市镇被省环保厅评为省级生态乡镇，石陂自然村荣获江西省人居环境范例奖。

围绕打造繁华的边贸重镇，我们大力加速产业全面发展，发展动能持续增强。牢牢抓住产业发展的生命线，以产业的快速发展增强富民惠民的动力，为龙市镇的高质量发展增添活力。

一是探索发展特色农业产业。按照"发展特色种养业，稳步推进农村经济产业化"的思路，不断加大对农村产业发展的政策扶持力度，积极引导和鼓励农民在壮大水稻传统产业外大力发展特色农业，促进农村产业多元化发展。相公庙村腊园水库立体养殖、龙市村张亚肉牛养殖基地、石陂村源口200亩生态葡萄园基地和石陂村上桥500亩花卉苗木基地初具规模。通过合作社的形式，各村共种植高山油茶2500余亩，农业产业结构得到进一步调整，有力促进了农民增收致富。

二是招大引强推进工业提效。坚持结合实际，充分发挥资源和陶瓷生产优势，把做大做强陶瓷和大理石产业作为招商引资工作的重点，先后引进了井冲200亩大理石精深加工基地及三家大理石精加工企业，协助井冈山市一家公司新增了一条高端艺术产品"水晶砂画"生产线，龙市镇的传统产业和主导产业得到进一步发展壮大。

三是项目引领增强商旅活力。围绕繁荣龙市镇的商贸旅游经济，以项目为载体，助推商贸旅游经济提质升级，谋划了龙市商贸广场、龙市商业街项目，并勇于攻坚克难，在短时间内完成龙市商贸广场项目5.87公顷的用地征收、拆迁龙市商业街项目用地内房屋14000平方米，确保了项目如期开工建设。铁路和高速是拉动区域经济快速增长的重要枢纽，全镇合力共为，积极配合做好井睦高速、衡茶吉铁路的相关建设工作，完成龙市火车站广场4.73公顷的征地拆迁工作，为全镇的长远发展夯实了基础。同时，依托龙市镇得天独厚的红色资源，积极招会引客，开展了"庆七一，迎城运"湘赣车友会师井冈山、同济大学等5所高校庆祝建党90周年主题社会实践等活动。井冈山市委、市政府还将市政府办管理的宁冈宾馆整体划入龙市镇，提升旅游接待能力，进一步做旺人气、做活旅游。

围绕打造繁华的边贸重镇，我们切实提高民生保障水平，不断增进群众福祉。面对龙市镇既有城市居民也有农村居民的特殊情况，多角度、多维度持续发力，推动群众的生活质量稳步提升。

一是筑牢群众民生"保障线"。按照公平公正的原则，对城市、农村低保户开展审查工作，为城镇低保户1738人、农村低保户255人发放补助15万余元。新农合参合人数8200余人，参合率98%，补偿144人次，补偿资金37万元，极大减轻了群众看病就医的负担。全面实施新型农村养老保险，全镇新农保参保人数3200余人，参保率达83%。认真做好困难救济工作，发放救灾救济款14万余元，特别是在2011年的"6·18"抗洪救灾中，迅速妥善开展生产自救，对8户倒房户、326户农田毁损户及时发放了救灾款4.6万元，有效保障了困难群众的生产、生活。

二是织密便民服务"网格线"。在完成镇政府搬迁的基础上，建设了一个规范的便民服务中心；投入资金10万余元为城北社区居委会兴建便民服务中心；积极争取市委、市政府的支持，协调市建设局将闲置的原宁冈建设局办公楼一楼无偿划拨给城南社区居委会使用，群众的办事条件更为便捷。同时，不断加强自身建设，在全镇范围内广泛推行党员承诺制，并开展新时期社会大调查活动，坚持干部驻村挂点制度，进一步拓宽了解民情、体察民意、服务群众的渠道，打造行政高效、为民服务的队伍。

三是做优文化事业"普惠线"。坚持发展群众文化事业，丰富群众文化生活，建成了镇综合文化站。为切实解决龙市居民看书难、看报难的问题，在城北社区建立了泰康图书室，并添置了品种丰富的各类图书。加强引导，推动会师广场形成了具有龙市特色的广场文化，形成了千人跳舞队，广场电影播放70余场，不定期开展各类文艺演出。积极联合广电网络公司为2223户居民安装有线电视机顶盒，进一步拓宽群众获取资讯的渠道。

四是守住和谐稳定"防卫线"。按照发展是第一要务、稳定是第一责任的要求，以强化基层基础工作为重点，加强了综治、司法调解、信访及安全生产工作。通过社会治安综合治理的扎实开展，各种违法犯罪活动得到打击和控制，民间纠纷基本上做到了"调解在基层、解决在基层"，全镇范围内无突出的治安问题。开展打击安全生产非法行为专项行动，公共聚集场所安全措施得到落实，事故安全隐患得到及时整改，确保了工作生产有序、人民安居乐业。

龙市镇是井冈山会师的地方，有着深厚的红色文化底蕴。通过近两年在龙市镇工作的时间，我深切地感受到，在红色文化熏陶下，龙市镇群众对龙市镇发展热切期望，并勇于付诸实际行动，以务实、果敢的作风实干、拼搏，逐步实现生活越来越甜，助推龙市发展越来越好。

（作者周光武，现任吉安市自然资源局党组书记、局长，

2010年7月至2012年5月曾任龙市镇党委书记）

一心一意谋发展

龙市镇是原宁冈县县治所在地，宁冈县和井冈山市合并后成为井冈山市三大城区之一。龙市镇的发展，市委、市政府高度重视、龙市人民高度关注。

2012年5月，组织上安排我接任龙市镇党委书记。2012年是县市合并后的第12年，全市的社会经济正朝着又好又快的势头全力发展着，作为龙市的新一任镇党委书记，如何让龙市的城镇面貌有更大的改观、社会经济有更快的发展、人民群众的幸福指数有更强的提升，成为摆在我面前的头等大事。

面对组织的信任、群众的期盼，我带领镇党委政府一班人，按照"产业兴、城镇旺、环境美"的要求，紧紧围绕"将龙市打造成全国红色旅游的重要目的地、湘赣边界的物流中心、全国日用陶瓷的集散地"的发展定位，上下齐心、真抓实干，各项工作均取得了骄人的成绩。2012年至2016年，龙市镇先后获评"全国重点镇""国家级生态乡镇""全省百强中心镇""吉安市扩权强镇改革试点镇"，并荣获了"全省经济普查先进单位""全省最美休闲旅游乡镇""全省'五四'红旗团委""吉安党管武装先进单位""吉安市科学发展综合考评优秀乡镇""吉安市扩权强镇改革综合考评第一名""吉安市'五民'乡镇（街道）党（工）委"等一系列荣誉称号，连续4年进入井冈山市综合考评前三名和党建工作先进单位，镇关工委被评为全国先进关工委，城北社区被评为全省防灾减灾示范社区，全镇综合实力显著提升，社会大局和谐稳定，人民安居乐业，为实现全面小康奠定了坚实的基础。

一、以基础设施大提升为重点，夯实发展之基

2012年以来，龙市镇的小城镇建设驶入了快车道。

打破交通瓶颈。全力以赴配合做好了莆炎高速龙市段和吉衡铁路龙市段重点项目建设，先后协调解决辖区内因高速铁路建设引发的征地、拆迁等遗留问题200余起，新征火车站广场建设用地30余亩。2013年10月莆炎高速龙市段顺利通车，2014年7月吉衡铁路顺利通车，实现了龙市高速、铁路全覆盖。同时，我们还先后投入3600余万元对进出城区的三条主干道和沿江路等道路进行提升改造，极大地方便了群众出行。

提升城区品位。一方面，积极争取总投资1.42亿元的世行贷款省级重点示范项目——龙江河综合改造项目落地龙市，按照10年一遇防洪标准整治河道5.3千米，新建和改造河堤护岸9.66千米，新建拦水气盾坝3座、江心岛1处，并配套建设了防洪堤顶人行道及美化、绿化、亮化、景观等配套设施，实现资金、功能、效益的三个"叠加"，构建了龙市城区"一江两岸"的发展格局；另一方面，整合资金3000余万元，我们启动了龙市城区一二期改造项目，先后对会师纪念碑周边、会师南北路、站前路以及龙市运动场进行改造提升，完成立面改造3.7万余平方米，铺设人行道2400米，拆除违章建筑5630余平方米，并在城区主干道实施了亮化工程，增设了中华灯，为城区30多幢建筑安装了景观灯带，使整个龙市城区呈现"路更宽、灯更亮、景更美"的喜人景象。

改善乡村环境。我们先后争取资金1300余万元，全面推进了井睦线、龙睦线、永宁线美丽乡村示范带建设工作，新建新农村建设点13个，打造景观节点36处，形成了"五线三点"发展格局，让乡村像景区景点一样美丽宜居。同时，我们还紧紧抓住与南京军区开展"三联"活动的有利机遇，主动与上海长宁区对接，先后争取资金1000余万元用于林场道路提升、相公庙河堤修建等7个民生项目，并对7个村（居）办公场所进行提升改造，极大地提高了村（居）办事效率。

二、以扩权强镇大改革为统领，激活发展动力

只有思想破冰，才能引领发展突围。

2013年5月，龙市镇作为井冈山市乡镇的唯一代表，被列为吉安市扩权强镇改革试点镇。在镇党委的精心组织下，全镇党员干部敢于担当、积极探索、勇于破题、攻坚克难，通过近两年时间的不懈努力，各项改革均取得了初步成效，并顺利实现了"三个率先"：一是率先在全省范围内成立了第一个乡镇综合执法局，彻底改变了过去无权执法、无力执法的现象，基本实现了"变单兵作战为联合作战"的预定目标，形成了一个主体、一支队伍、一队多用、一岗多人的执法格局；二是率先在吉安市实施了大部门制改革，按照"事有职、职有责、责有人"的配置要求，将全镇18个内设科室、站所整合成"五办一站一局一中心"，通过瘦身健体，强化责任，杜绝了无人办事、相互推诿的现象，大大提升了服务能力和效率；三是率先完成了吉安市小城镇建设"10+7"目标，整个龙市城区面积由原来的3.3平方千米扩大到4.3平方千米，城镇人口由原来的3.3万增长到3.8万余人。2015年8月，在吉安市扩权强镇试点工作流动现场会上，与会各级领导对龙市镇扩权强镇所取得的成效给予了高度肯定，综合执法工作在吉安市得到推广。

在改革驱动下，我们坚持发展传统优势产业与新经济、新业态相结合，着力培育陶瓷创意、农村电商和乡村旅游三大主导产业。一方面，以镇内瓷城工业园、商贸广场为依托，推动瓷城周边务工、商贸、物流等相关产业的发展，形成了"产城互动、园镇融合"的良性发展格局。截至2016年，全镇陶瓷企业年产值达20多个亿，产业工人2万多人，"映山红""恒华御"两个陶瓷品牌成为全国日用陶瓷的两张名片，陶瓷产业成为富民强镇的支柱产业。另一方面，投资1.3亿元完成了龙市商贸城建设，并按照灰砖黛瓦马头墙的庐陵风格，开发了"龙江华庭"红色旅游商业街，极大地丰富了城区商贸业态。同时，我们还进一步加强了对红色旧居、旧址的开发与保护，以红色文化为灵魂，重点打好"朱毛会师圣地、军政院校摇篮"两张红色旅游牌，并在上海长宁区的支持下投资360万元在镇南大

门新建《胜利之火》雕塑，成为继《胜利的起点》《胜利的号角》两大雕塑之后，井冈山新建的又一座富有红色寓意的景观雕塑。龙市实现年均到镇游客达20万人次。

三、以脱贫攻坚大会战为抓手，提升发展质效

人民对美好生活的向往，就是我们奋斗的目标。

在乡镇工作的20多年里，我始终牢记全心全意为人民服务的宗旨，以实际行动践行亲民、爱民、为民，争当群众的贴心人、主心骨。特别是2014年党的群众路线教育实践活动开展以来，在镇党委的带领下，我和全镇党员干部深入基层走访群众3000余人次，征求群众意见建议368条，点亮群众微心愿296个，重点解决了"修好群众门前路、点亮百姓门前灯"等56项民生工程，得到了全镇群众的一致好评。

脱贫攻坚，是当时乡镇面临的最艰巨最核心的政治任务。为了打赢脱贫攻坚战，我们提出了"党员干部进村户、扶贫攻坚大会战、会师圣地争先锋"的口号，紧扣"精准"、突出"领跑"，按照"一访、二榜、三会、四议、五核"的程序精准识别出贫困户182户、622人，按照"'有能力'的'扶起来'，'扶不了'的'带起来'，'带不了'的'保起来'，'住不了'的'建起来'，'建好了'的'靓起来'"的思路，实行挂图作业、压茬推进，确保在全面小康的道路上不落下一人。在产业扶贫方面：扎实推进"231"富民产业工程，建立了黄桃、葡萄、生猪等扶贫产业基地；政府先后投入产业帮扶资金152万元用于贫困户自主发展产业和入股合作社。在安居扶贫方面：建立贫困户居住条件动态管理系统，为75户贫困户进行了房屋改造，实现住者有其居。在保障扶贫方面：加快社会保障与扶贫制度相衔接，推进贫困户和低保户"双户合一"，将37户贫困户的81人列入兜底保障范围，182户贫困户有111户纳入低保、五保范围。同时，持续加大教育、医疗等公共服务投入，争取1570万元资金完成了井冈山市第二人民医院综合改造项目，极大改善了群众看病、就学条件。在就业扶贫方面，建立"技能培训、劳务供求登记、

贫困户优先保障"的劳务帮扶平台，让贫困户能就业、先就业、就好业。通过政府帮扶和引导，大部分贫困户实现就业和创业，且收入来源稳定的有230余人。

滔滔龙江水，悠悠井冈情。回望在龙市奋斗的4年零1个月的难忘岁月，我们星月为伴、朝夕作陪，一件件切身经历的事，一个个并肩战斗的人，一步步坚定走过的路，无一不在牵引着我、感动着我。此去经年，山长水阔，情怀依旧，祝福永远。我衷心祝愿龙市镇各项社会事业欣欣向荣、蒸蒸日上，龙市人民身体健康、万事如意！

（作者谢伟寿，现任吉安县委常委、政法委书记，
2012年5月至2016年6月曾任龙市镇党委书记）

焕发新的魅力

　　龙市是一座古老县城，井宁合并之后，龙市镇承担的职能和发展方式都发生了重大改变。一方面，市中心城的搬迁必然导致大量资源无法像过去一样在龙市镇聚集，十多年来龙市镇城市更新建设项目存在不足，导致龙市城区基础设施相对老化；另一方面，龙市镇作为原宁冈县的中心，仍有大量周边乡镇群众在龙市镇务工、经商、读书和就医，人口数量大、外来人口多依然是龙市镇最主要的特点之一。由此带来的城市建设与群众需求之间的矛盾成了我们这一届班子面临的一个主要矛盾。为彻底改变龙市镇的城市面貌，让老县城焕发新的魅力，我大力推进了以"生态修复、城市修补"为主的城市"双修"工作，推动龙市镇城市面貌焕然一新。

一、大力推动河道治理，既修复了生态又修复了民心

　　2017年国庆，无论是本地人还是外地人，只要开车路过龙市，都会为龙市镇龙江河两岸的美景感到惊艳，龙市人民更是为龙市镇的变化感到由衷的高兴。

　　龙江河穿镇而过，是龙市镇的母亲河。2016年开始，龙江河综合治理项目进入最后攻坚阶段，上一届班子已经完成了石陂、张亚、前山、码头、骆家坪的征地和项目建设，剩下的尹亚、龙亚、庙前及城区河道周边建设所需用地为龙市城区的核心区域，征地拆迁矛盾大、困难大，依然未解决。当时我们通过各种努力，在一年之内完成了近200亩土地征用和6栋近2000平方米的房屋拆除。龙江河综

合治理工程主城区段于2017年10月竣工，剩余工程于2018年12月全面竣工。这个项目的顺利实施，不单是龙江河防洪标准达到百年一遇，城区所有污水全部截流，河流生态得到有效修复，更是在这个项目的基础上形成了现在龙市镇围绕龙江河发展的总体城镇框架，沿河两岸已经成为龙市群众休闲、娱乐、健身的主要场所，并成为连通建军广场、龙江书院、烈士陵园、红四军军部旧址等主要景点的红色文化通道，沿河两岸成为群众休闲娱乐的良好去处，群众对此赞不绝口。

二、精心实施旧城改造，既修补了城市又修补了口碑

一直以来，龙市镇只有几条主干道相对宽敞，而大量群众居住和通行的社区巷道却狭窄破旧，各种违章建筑占道严重，群众对此怨声载道，还因此经常引发各种矛盾纠纷。为此，我持续推进了城区"精细化管理"，开展"三拆一清一降""超店经营整治"等专项行动，通过城市修补，打通老城区微循环，提升群众的生活幸福感。

城北十字街区域是龙市镇城北社区的主要居民聚集区，是龙市小学、龙江中学、镇政府的连通带，存有大量外来居住人口，涉及龙市村村民和城北社区居民共320户、1782人，但道路狭小，最宽处3.8米，最窄处仅1.7米。2017—2021年，我们通过整合排洪渠建设、道路建设、管线改造、老旧小区、雨污分流等多个项目，筹集资金近2000万元。在镇干部和社区干部共同努力下，历时4年，项目争取到了大部分居民的支持，围墙800米无偿拆除，4300平方米土地腾让，6米宽以上的社区通行道路增加了停车位40个，街区自来水管道、电力、通信全面改善，整体居住环境显著提升。我们为十字街区域的居民真正做了一个民生工程。

老旧公房该拆就拆。龙市镇作为原宁冈县老城区，遗留了大量闲置公房及土地，总面积超过230亩。这些公房和土地历时多年无人管护，且多数和居民区交织在一起，环境恶劣、破败不堪，有些逐步成为危旧房，存在较大安全隐患，严重影响龙市城区的整体环境面貌。2019—2020年，我们通过争取到吉安市的支持，由市委、市政府协调应急、国资以及林业、土地所有权15家单位，开启公房整

治。在当年，拆除11处闲置危旧公房14栋，储备建设用地47亩，为群众出行和城市发展争取了空间。

2017—2020年，我们继续推动与上海长宁区的"三联"活动，争取到长宁区援建资金超过1200万元。在此期间，实施了龙市老农贸市场改造提升项目、龙市镇农村电商运营平台建设、城南智慧社区建设、龙市村会师纪念馆到尹亚片区（张亚）乡村旅游示范点打造及长宁—龙市携手共建爱国主义教育基地等11个建设项目，城南、城北社区在那段时间真正意义上完成了社区服务场所建设，真正具备了社区服务居民的各项功能。

三、扎实开展脱贫攻坚，让乡村面貌有了质的提升

初到龙市镇任党委书记时，全镇尚有贫困户554户、2057人，脱贫攻坚工作任务繁重、压力巨大。为全面打赢脱贫攻坚这场关键战役，我团结带领龙市镇全体党员干部，以镇为家，聚焦"两不愁三保障"标准和饮水安全，逐村逐户逐项摸清情况、查准问题、建立台账，全面落实住房、教育、医疗、就业等扶贫政策，确保贫困群众生活水平显著提高。两年间，全镇共争取到上级各类扶贫项目建设资金超过3000万元，全部用于乡村道路改造提升、贫困户住房改善、用水安全保障、旱厕改造等基础设施建设，龙市的乡村面貌有了质的提升。除硬件投入之外，我们还积极培育村民的自主"造血"功能，结合实际发展了柰李、葡萄、特种鱼养殖等特色种养产业2000余亩，通过建立产业基地、盘活村集体资产等方式，把龙市所有村的村集体收入提高到了15万元以上，为乡村发展注入了新的活力。2017年，龙市镇代表井冈山市第一个高标准通过了国家第三方评估，为井冈山在全国率先脱贫摘帽贡献了一份坚实的力量。

（作者刘君，现任吉水县委常委、常务副县长、县行政学校校长，2016年6月至2021年5月曾任龙市镇党委书记）

匠心"绣"出幸福景

2021年6月，我从光明乡调任龙市镇任党委书记。新一届班子按照市委、市政府对龙市镇要打造有文化底蕴的朱毛会师故地、旅游重镇、江南小城的目标定位，按照高楼林立、层次通透、交通便捷、花园风格的建设思路，在龙市镇城区建设方面做了一些工作，如进一步完善城市基础建设，先后推进主干道路面铺设、城区雨污分流、280套棚改安置房建设、鑫街建设等城区基础设施建设，提升了龙市镇居民在居住环境、出行便利、公共服务等方面的满意度。

一、争取资金完成雨污管网建设

因龙市镇为老城区，基础设施比较老旧，其中最为突出的就是雨污分流一直没有实施：一方面，雨水管道老旧，一到下雨，电信大楼、第二人民医院、建军广场旁等主要路段排水不畅，形成大量积水，影响出行；另一方面，因管道不合理，房屋建设缺少规划，雨污没有形成分流，城北新屋下、城南古里片等区域长期雨污混排，废水难以排出，居民多次反映部分片区味道很重。同时，原老旧的排水系统将污水全部直接排入龙江河，对龙江河生态带来不利影响。历届班子都积极争取雨污分流项目，但因涉及面广、资金投入大，始终未能彻底解决。2022年，通过积极向上争取，龙市城区雨污分流项目启动，项目投资1.4亿元，是龙市镇历史以来的最大项目，2022年8月项目开工建设。项目进场，我

们就面临一个大问题，很多群众不理解、不支持，在项目进入到巷道施工、入户管接通的时候，群众纷纷出来反对。后来，通过镇、村、社区干部每天驻扎现场调解，项目不断深入推进，最终全部完工，实现了城区范围内全部雨污分流，所有污水进入截污干管，全镇生活条件、龙江河的生态保护得到改善。

二、推动棚改改善居住环境

龙市镇是原宁冈县的老城区，遗留下了大量二十世纪八九十年代建设的单位职工房。随着时间的推移，这些老旧房屋的房屋安全、漏水开裂、配套设施不全、居住体验不佳等问题逐一显现。在2021年前，只是零星地通过棚户区改造拆除了老干部家属楼、养路段家属楼，城区内还留有大量职工房。从2021年开始，我们就开始成片推进龙市镇的棚改，干部通过大量做工作，完成了原工商银行宿舍、原政府办统计局宿舍、粮食车队、老干部宿舍等110户的棚户区改造，建设了120套安置房。在2023年，我们又把目光对准了剩下的建筑公司、农机公司等老旧职工楼和厂房，继续推动160套棚户区安置房建设，让超过600位居民享受更好的居住环境。成片推动镇区面貌改善，龙市镇有了较大的变化。

三、集中打造商贸综合体

受限于镇区一直以来缺少规划，全镇各类经营主体比较散乱，同时，因基础设计存在瑕疵，原本计划发展的新市场也长期面临发展不起来、管理不好的问题，镇内经营秩序一直较差。尤其是夜市经济，夜市摊位先后经历过在建军广场周边支棚经营、在龙江河旁人行道经营，后转到纪念碑周边租店经营，始终还是影响镇区和红色旅游核心区的面貌，一直没有得到很好的处理，是老大难问题。2021年，通过转变思路，结合新市场的发展转型，将夜市经济一条街"鑫街"的建设和新市场分片经营结合，将物流快递点全部迁入新市场东侧，在新市场西侧新建"鑫街"，用于容纳所有的夜市经济，并对新市场内全域进行

"白改黑"和规范经营，将该片区打造成商业综合体，既带活了片区发展，也彻底解决了困扰已久的夜市扰民、脏乱问题。

（作者许恒新，2021年6月至今任龙市镇党委书记）

山城"大变脸"

一

千年古镇的龙市，享有"会师圣地"的美誉，可谁曾想到，昔日铺陈的却是一副与声名极不相称的面目——"一家炒辣椒，全城打喷嚏。"

简陋的街市坑坑洼洼，尘封的院落杂乱无章；弯曲霉潮的深巷里，母鸡一飞上吊楼，暴雨一下淹膝头。码头门口，一条老街，也不过3米宽、200多米长。那断断续续、颤颤悠悠的叫卖声，总是让人品味出几分苍凉、几分辛酸。

直到20世纪90年代初，这里面貌依旧，老城，还是那座老城。在这方圆不足3平方千米的地盘，拥有2万多人口。一条不满10米宽的会师街、一座三层楼的"宁冈饭店"，仍然是龙市的象征性建筑。

据当时住建部门统计，全城逾千户人家，将近有一半属缺房户。走廊边垒火灶，屋檐下搭杂间，吊楼上打地铺；两代人共一个房间，挂道帘子当隔墙；空间加层简易"学生床"，爬上睡觉碰到瓦梁；几家人共一个天井采光，一道门楼进出的现象比比皆是。甚至连全国重点文物保护单位的革命旧址，也似乎在为膨胀的居民区所吞并而担忧发愁。

蜗居的悲剧岂能再延续下去！落后的耻辱如何向历史交代？改革大潮的涛声，冲击着老区人民甘守清苦的沉寂。

古城，渴望"破茧新生"；民生，呼唤"啄壳奋飞"。

宁冈县的领导们意识到：老城改造，迫在眉睫。但客观地说，对于一个老区贫困县，能解决温饱已很不容易，要解决安居绝非易事，要把旧城翻新更是困难重重。

宁冈县委、县政府多次召开会议，尽管争论得很热烈，但有一个共识却是明确无疑的：宁冈能否发展，城建是个关键。面对县财政困难的严峻现实，从以往"毁耕地、配套难、投资大、收效慢"的新区开发吸取教训，紧紧抓住319国道通过龙市中心区域的契机，围绕"城建添色"的总体思路，审时度势，实事求是地确立了"积极主攻旧城改造，稳步推进新区扩建，努力完善基础设施，逐步形成连片新貌"的具体战术，制定出《宁冈老城改造实施方案》和《宁冈县城市拆迁补偿办法》。它犹如一道传递历史使命的宣战令，摆在了全县这盘棋局"重中之重"的位置。

1994年元旦早上，宁冈县四套班子成员及20多个部门领导来到建设局，就动拆、兴建涉及的各种实际问题，共商大计。围绕一幅经省建设厅专家们反复勘测、论证、设计的《宁冈县城市规划图》，全面部署旧城改造任务，成立"宁冈县旧城改造指挥部"。于是，这年春节刚过，一场旧城改造的雄风，开始席卷龙市古城大地。

二

一条条规划红线，辐射出时代挑战的信息，聚集了全城居民的目光。一个个拆迁标志，预示着与旧的传统观念、生活方式的告别，牵动了街头巷尾百姓的心灵。

说实话，拆迁是艰难的苦差，挪窝是烦恼的折腾。况且伤筋动骨的拆迁，势必触及某些既得利益者；这场改革的风风雨雨，还将牵动盘根错节的社会人际纠葛，暴露形形色色的历史遗留问题。"故土难离"的眷恋，"祖业难弃"的阵痛，"家事难判"的苦恼，是是非非，恩恩怨怨，相互渗透、交织、磨合，煎熬着错综复杂的生活。难怪都说拆迁是天下之一大难事。

被人们称为老城"突围"前沿阵地的"拆迁办",自挂牌之始,就像蜂窝般喧闹嘈杂,从未有过安宁,来访群众络绎不绝,电话呼叫没完没了。核实拆迁面积,办理补偿安置,调解是非纠纷,协调临时用水供电……要做的工作千头万绪,分内分外的事都得包揽下来,对于这个连官带兵才五六个人的临时小单位,工作量该有多大!年老体弱、患有慢性"肾积水"的老徐,总也不忍心离开一线岗位,他连续三次将医生开的住院通知单放在口袋,他办公室桌上的茶杯里总是泡着药,有时嘴里含着药丸还在接电话,简直是在拼着老命干。

几乎全城的老百姓没有一个不晓得,担任老城改造指挥工作的我是军人出身,转业后在荷花乡担任过乡长,每天从早到晚像只陀螺到处转,谁也摸不清我的踪迹,人走到哪里,办公到哪里,问题处理到哪里。一副火辣辣、直爽爽的脾气,跟我高大粗壮、棱角分明的长相一样,丁是丁,卯是卯,说一不二,一切"端平一碗水"照着方案办。原则问题上,即使碰到亲属求情、巧嘴扯磨、蛮汉顶撞,我也是"千磨万击还坚劲,任尔东西南北风"。

有时我下班回家,板凳未坐热,饭碗刚端起,就闹哄哄门庭若市,被来访的群众缠个不休。被扰得心烦的妻子劝我:"都50出头的人了,何苦还捞那个'管城建'的牛筋嚼!"我依然是痴心未改,大声回答:"既然骑上马背就得闯下去!"

同事们眼看我担风险、严把关,真是一把"利斧",所有规划、拆迁、城管部门的工作人员上下齐心、步调一致,敢于"拔钉子""剃癞痢",坚持一把尺子量到底,一种声调喊到底,一个目标干到底,哪怕被人嘲、挨人骂,哪怕妻子怨、亲戚怪。俗话说:"负重不易,忍辱更难。"为把旧城翻新,原宁冈县的领导者和拆迁工作人员就得忍辱负重。他们到底是为了谁?究竟是为什么?

"当年为了打江山,我连命都舍得;如今为了建江山,老房子还有什么舍不得!"井冈山革命斗争时期做过儿童团团长的张桂芳老人,在拆迁动员会上一声硬朗的表态,给拆迁户心中的深潭,激起一阵阵波澜。军人出身的老萧,从乡镇武装部刚调到"拆迁办"任主任,就面临祖居拆迁的问题,真可谓受命于危难之际,人们都在背后悄悄议论他,都用不同目光盯着他,他掂出了压在肩上的担子有多沉有多重。本来他的父母想请风水先生拣个日子再动手，他偏不信邪，时间不等人，独自爬上老屋的房顶，挥臂抡锤，"咚咚咚"砸开"破旧"的一幕，爆响拆迁沿江路的第一声"春雷"。紧接着，一座挡住鸭巷街路口的、圈有200平方米土地的围墙，"哗啦"一声就被钢钎捅开了缺口，那里面住的是老干部家属，老爷子曾是当年红四军二十八团的"号兵"，儿子也当起立新潮头的"勇士"。所有的拆迁户看在眼里、热在心头，没什么可说的，跟着"冲锋陷阵"。

就这样，拆迁开始紧张有序地铺开。摧枯拉朽的阵阵烟尘，飘忽在天地间，遮住了落日远山；一阵阵颓墙陈梁、界碑牌坊的倒塌声，震撼着大地，震颤了人心。

人心毕竟是肉长的呀，房东凝望呕心沥血经营但不合规划要求的"安乐窝"，忍痛割爱，禁不住潸然落泪。然而为了顾全大局，为了古城的新生，别无选择，只能是横下一条心，慷慨作出牺牲。这就是老区人的风骨！老区人的气魄！

三

回眸清理平整后的废墟，捏一把袒露阳光下的土地。哪里去了？老家、邻居、禾坪、酒楼，还有那棵老掉牙的橘子树，那条见到熟人就摇尾巴的黄狗。这是一场梦吗？不，这是真真切切的大迁徙、大撤离、大转折。

古城，经受一场"拆迁潮"的激烈冲撞之后，渐渐从震惊、焦躁中苏醒，重新审度评估这沉默千年的风水宝地的价值。古城，抛去破破烂烂的累赘，挣脱婆婆妈妈的牵挂，回答一份份什么是"从头越"、什么是"老区人"的答卷。

"不靠神仙皇帝，全靠我们自己。"自己的事业自己办，龙市人挺直脊梁负重跋涉，穿越迁徙的"雨季"。打桩机、推土机、搅拌机、吊装机和运载泥沙、砖石、钢筋、水泥的车辆，隆隆机声如雄风呼啸，高扬"团结拼搏"的主旋律。

排排脚手架，支撑几代人梦寐以求的期盼，一横一竖诠释着"塑造城市就是塑造自己，书写历史也在书写人生"的哲理。

红军后代、"砖王"王老板，朴实无华，这个让窑火燃旺了血性的汉子，宁愿垫出血本，以最优惠的价格，支持返迁户建房。烈士遗孤、设计师小曾，一个比龙江河的金沙卵石还要宁静的姑娘，外地聘请她给3000元的月薪，但她没去，还是拿她的3元钱夜班津贴，唱她的"家乡圆梦"之歌。

房产公司工地。当省检测中心发现4个沉台有断桩时，心系百年大计的打桩工人，立即开挖返工，加班加点，为确保质量万无一失，整整两天两夜没合过眼。

返迁房C幢。一次深夜浇注第三层楼板，突然水管出现裂缝，严重渗漏。水厂职工得知消息后，10分钟内就赶到现场，开挖、拆卸、换管、接口，累得顾不上喘口气、擦把汗。当抢修完毕恢复通水，已快到凌晨4点了，他们又困又饿蹲进工棚打一会盹儿，然后走到夜宵摊买一盒快餐填饱肚子。

2016年除夕前夜，我还把市容惦记心头，撑一把雨伞走出家门邀集电力等部门的领导绕城巡查，看哪里路还不平，查何处灯还不明。当我听到巷子里传来声响停步打量，却见一群市政、环卫工人正冒着瑟瑟寒风、绵绵冷雨疏通下水道，清除垃圾堆，眼中也情不自禁噙上了泪花……

四

忽如一夜春风至，古城旧貌换新颜。昔日的百年古庙已挪迁，萧氏牌楼、徐家大院、千年古井保留为民俗景观。又狭又脏的老街、坑坑洼洼的墟场、支离破碎的老屋，已从版图上消失，幻化为历史晦涩的记忆。寻不见梁上旧巢的燕子，衔着好奇与祝福，翩翩翱翔，仿佛在领略一番这陌生而新鲜的世界。

龙江河畔，一座新城神话般巍然崛起。会师主街，这条宽阔平坦的五里长街，串联起商贸场、超市、会师大厦、电信大楼等高层建筑。错落有致的临街店面、闪烁着生动夜色的霓虹灯，推移出一街一道的风景线。广场花坛、水上花苑及街心花圃，恰似一颗颗绿色明珠点缀其间，将古城装扮得更加年轻，分外妖娆。

自1994年以来，全城拆迁12万平方米，新建房屋26万平方米，改造了6条街道，硬化路面3万平方米，超过新中国成立以来的总和。谁敢相信，不到三年时间，居然走完过去半个世纪的路程。"当年拆迁、当年建设、当年受益。"县委、县政府的社会承诺付诸实现。900多拆迁户搬进新居，400余间新店开张营业，窘迫、污浊、郁闷、寒碜的日子从此结束。现在居民人均住宅面积近20平方米，比以前翻了一番。龙市人怎能不扬眉吐气？如果说半个世纪前闹革命争得了"翻身作主"的解放，那么今天靠改革赢得的是"安居乐业"的又一次解放。

（王芳源口述，原宁冈县建设局局长）

铁路修到家门口

　　"呜——"一声长鸣，火车徐徐地进站了，稳稳当当地停在写着"龙市站"三个大红隶书字的站台旁。带着笑脸的人们下车了，更多的带着笑脸的人们上车了。又一声长鸣，火车向着更远的地方驰骋而去。

　　家乡人等这一声长鸣，等了一年，等了五年零七个月；不，等了500多年……

　　龙市，位于湘赣边界，早先没有铁路，自然，不可能有火车。或许不少人只是从电影电视上见过火车，它可以载好多人，运载好多东西，是陆地上最大型的运输工具。吉衡铁路没有开通前，这里一直闭塞落后，但这里的祖辈向往外面的世界。

　　20世纪80年代中期，镇民们从沙沙作响、闪着雪花的黑白电视中，看到那如同一溜长箱子般连接着的火车，猛吐着黑烟，轰轰隆隆地响着，地动山摇般飞奔向远方。他们知道了要走向外面，汽车不行，还需坐火车。镇中居民只有几个人坐过火车，回镇后，总夸耀火车的高大与奇长，行驶的快速与平稳，承载的量重与人多。他们很多人把能坐上火车当作一件荣耀的事。

　　大家正在谈论火车时，镇西北的山上来了几个陌生人，操着外地口音，扛着古怪的仪器，行走于山丘田埂荒野间，整日标划圈画。镇里人很是警惕，赶上前去询问干啥，得到一个惊人的消息——吉衡铁路要在龙市镇通过。消息很快传遍了镇里，成了让大家兴奋的话题。瞬间，大伙儿脑海中好像出现了长长的铁路，还有那一溜"长箱子"。镇民们梦寐以求钻进那溜"长箱子",直奔远方的世界。

2008年12月28日,一队长长的高大机械开进了镇西北面的荒山、平地,然后扎营、住宿。随后,昼夜灯光中,年轻的小伙子,还有年长的民工,开着庞大的机械,在"轰轰隆隆"挖土、推坡、运石……西北面的山野成了不夜城。镇民们带着疑惑,站在一旁观看。一位黑瘦、略显疲惫的指挥大叔告诉大家:他们在修筑吉衡铁路,这可是一条连接京广铁路与京九铁路两大南北重要通道的全线电气化铁路,线路总长374.87千米,总投资89.45亿元,设计时速160千米。线路由京广铁路枢纽衡阳站引出,途经衡南县、安仁县、攸县、茶陵县、炎陵县,往东穿越罗霄山脉,经过龙市站,进入井冈山站,通过吉(安)井(冈山)铁路对接京九线吉安南站。到时候,一列列火车会日夜奔过。那一刻,镇民们欢呼雀跃,奔走相告。但那时候,镇民们只看过电视里的黑皮和绿皮火车,没有见过其他色彩的火车。

五年半时间过去了,黄色的基土上盖着一层厚厚的碎石,上面铺上了两条粗壮的铁轨,如同两副铁梯横躺着,无限地伸向远方。筑路队离开的那一天,镇民们还追问,吉衡铁路会行驶哪种颜色的火车?筑路人描述,那将是一列列彩色的火车,运着七彩的货物和旅客,到达色彩斑斓的世界。

2014年7月1日,那是镇民们永远难忘的日子。吉衡铁路要通车啦!镇民们奔走相告,各家各户早早守候在铁路旁,迎接着第一列火车来到。就在人们的焦盼中,一列崭新的火车满载着旅客,轰隆轰隆地飞驶而过。好多人兴奋得没来得及回过神,火车早已消失在铁轨的尽头。但一些年轻人还是看清楚了,火车由一节节长方体的车厢组成,就像一间间绿色的小房子串联起来,有窗户通道,有餐厅厕所,更有许多人坐卧在里面。从那刻起,镇里人很想去那小房子里坐一坐,更渴望借助那小房子奔向远方。

岁月匆匆,时光飞逝。镇西北铁路上不仅飞驶过旅客列车,还有黑皮货车。轰鸣声有些扰人,特别是夜晚更显刺耳。但一段时间过后,许多人都说,现在不听到火车声反而睡不着了,火车声成了镇民们的催眠曲。轰鸣声中,许多年轻人背上行囊，乘登南下北上的火车，去闯出一片属于自己的多彩天地。每到春节，乘着火车出去的老乡回来了，乡音没变，但肤色变白了，衣裳多彩起来了，腰包鼓起来了，说话底气十足了。他们告诉家中的老人和小孩，火车里面很宽敞，吃喝拉撒全都行，如同一个移动的家，惹得老人和小孩们也盼着有一天能坐上这个移动的"家"去外面看看。

如今，龙市火车站每天有7趟火车经停，可以在龙市坐火车到达南昌、长沙、广州、兰州、青岛、合肥、哈尔滨、桂林、衡阳、吉安等全国各大城市。火车也在变换着色彩，红、蓝、白色的列车每一次驶过，犹如一条彩带飘过，在广袤的大地上舞起一曲高昂的歌。随着它的旋律，两旁的色调也在变幻：红花绿叶蓝天四季常有，其间，黄灰色的土坯房和木架屋默默退出，有庐陵特色的红砖碧瓦马头墙光彩涌现。或许，龙市的车站并不大，但她容纳得下五湖四海的宾客；经过龙市的铁路也不长，但她连接的却是大江南北。由此相信，她必将吸引各路商贾到此投资置业，从而带动一方富有。龙市的腾飞指日可待。

（张彩霞口述，曾任井冈山市人大常委会副主任，龙市镇党委书记）

山村铺上水泥路

金秋十月，秋高气爽，丹桂飘香，中秋节回家驾车行驶在老家龙市镇虎岭的山村水泥公路上，十分惬意。这条路是 2013 年 5 月开始打路，到 2023 年中秋恰好十年的时间，从原来的泥巴路 "变身" 水泥路，我深有体会，感慨颇多。

在我的家乡虎岭村一带，老百姓俗称修水泥路为 "打路"。

我的老家是镇里最偏僻的一个小山村，那里山路弯弯、道路泥泞，打路是数代村民孜孜追求的梦想。对于打路，我曾经满怀激情和希望，也曾经非常失望和无奈。

让人意想不到的是，2013 年农历八月十五，我一直走了近 50 年的这条乡村泥巴小路终于扩宽打路。铁青色的水泥路仅仅只能容纳一辆小轿车通过，既不宽敞也不笔直，但是却打通了我半个世纪的心结。"久旱逢甘霖，他乡遇故知，洞房花烛夜，金榜题名时" 乃人生四大乐事，于我而言，"山村喜打路" 毫无疑问乃第五大乐事。

这条路，承载了我快乐的童年。

小时候，村上的小学离家有 3 千米路，上下学经常是打赤脚，晴天一脚板的黄泥灰，雨天一脚板的黄泥巴。小孩子喜欢打闹嬉戏，在上学的路上又行走不便，经常迟到受到老师的批评。放学回家，踩着一路的泥巴和小石子，同学们三五成群，有的互相追打，有的边走边抽陀螺，有的跳进路边的小沟渠摸泥鳅捉鱼虾……春夏时节，路旁不但有各种各样的野生果实，还有村民栽种的黄瓜西瓜，走过路过，随手摘它一两个，往嘴里一塞，心急火燎地堵塞因饥饿而已经冲涌到嘴角呼之欲出的口水。有的时候放牛，我们就把牛赶到沟渠里，然后借助路边的坡度，连爬带翻地爬到牛背上，骑在上面怡然自得，"作威作福"般做着各种小动作。青山绿水，阡陌交错，人与自然共生共处、融为一体，真是乐哉快哉！

这条路，承载了我辛酸的往昔。

参加工作后，我在县百货公司工作，每到周末就要回到农村老家。父母看我长途跋涉走路辛苦，就筹措了一些钱，加上我自己的一点儿工资，购买了一辆摩托车。晴天走过，车轮滚滚激起漫天飞舞的泥沙，全身上下甚至鼻孔里都是一层层的灰；雨天骑车，车轮滚滚碾起的泥水四处飞溅，鞋子上裤腿上到处是斑斑点点的泥巴。尤其是下雨的天气，车轮经常陷在深深的泥巴里，这个时候就要伸出双脚，踮起脚尖，支撑地面，保持平衡，然后猛地加几把油门冲出去；碰到轮胎打滑就更惨了，只能从摩托车上下来，扶着摩托车的把手，一边加速一边歪歪斜斜推出去。偶尔到镇上或者附近乡里，我有些放飞自我地故意玩玩漂移，一骑绝尘潇洒地骑行在水泥马路上，脑海里就忍不住憧憬起来：家门口的那条泥巴路要是水泥路该有多好呀！

这条路，承载了我无奈的痛楚。

记得我结婚不久那年，妻子孕育了新的生命。虽然已经过了葱茏的岁月，但是我们似乎什么都不懂，好几次，在这条泥巴路上，摩托车跌跌撞撞，险象环生，有一次还摔倒在地，妻子虽然受了伤，万幸的是胎儿没有大碍。那年3月，妻子临产了，月底，生了个可爱的女儿。在医院住了几天的院，之后就是坐月子。那时我们夫妻二人在龙市城区里没有房子，坐月子只能回到乡下。妻子刚刚生产，要提防风寒，回去的几十里路是不能再坐摩托车了，于是我拿出当时月工资的三分之一，打了一辆面的。在我低声下气地一再请求下，面的车师傅十分不情愿地走了一段山路，可是快到我家门口那条泥巴小路时，面对坑坑洼洼的狭窄路面，他生怕车子翻到沟里去，硬是熄火停车不愿再前进半步。看着妻子有些疲惫地抱着那个小生命满脸忧伤和无奈地走下车，一步高一步低行走在泥泞的小路上，我感到一阵阵的酸楚。路在何方？那一瞬间，一向乐观的我开始怀疑自己的人生，甚至不知道未来的路究竟该怎么走，那种扎心的疼无声无息，不留痕迹，一辈子都难以愈合。那时我暗暗地想：要早日打好这条泥巴路。

企业改制后，为养家糊口，我去往深圳打拼，挣了一点儿钱，在龙市城区建了私房，买了小轿车。虽然回家的路不再风吹雨打，但是打路的愿望一直埋藏在心底。然而，由于意见不统一、修路费用较大等，打路的希望在一次又一次的期待中落空。

"听隔壁屋里石生讲，镇里有'一事一议'打路指标。"2012年中秋节期间，我放假回家看望母亲，闲聊中母亲不经意的一句话提醒了我，再次点燃了我打路的激情。我立即与在市科委工作的小邱取得联系，证实了这一说法。"村里一定要借此机会修好这条路。"之后，我与他商量，由我们两人出面，丈量路面，核算资金，组织村民平摊资金缺口。"早就要修了，打路是好事，大家都方便，这是我们家出的6000元。"从四川远嫁村里的柳妹在一个工厂里打工，听说要打路，二话不说，立即捐了款。在她的带动下，个别老年村民和经济条件不太好的家庭也慷慨解囊，鼎力支持。初夏时节，隆隆的机械声响彻山村，时而夹杂清脆的铁锹声，时而传来村民的叫喊声，编织成一曲此起彼伏的打路交响乐，一条蜿蜒的水泥路雏形初现、点缀在田园山水间。经过4个多月的奋战，至中秋节前夕，这条乡村泥巴路终于铺上了水泥。当天，村里家家户户敞开大门，聊天说笑放起了震天的鞭炮，一派喜气洋洋的景象。

"我今年82岁了，没想到有生之年还能在家门口走上水泥路。"张叔公年龄大了，原来基本待在家里不出门，路修好后，不论天晴下雨，他茶余饭后总要在路上走一走，东家看看西家瞧瞧，脸上挂满了笑容。

"原来我家的亲戚都不喜欢来做客，就是因为这条泥巴路，现在亲戚逢年过节就来了，平时走动也多了，吃了中饭还要吃晚饭，再也不担心路上有泥巴了。"村民李桂南说，原来亲戚来她家一次就抱怨一次，后来干脆不怎么来了，"一条

泥巴路搞得我见人矮三分，现在有了水泥路，我终于可以抬头挺胸站直腰杆子说话了。"

修好公路人人夸，富了百姓千万家。路通了，人和了，环境美了，祖祖辈辈生活在山沟里的群众出行方便，个个脸上笑开了花，满满的获得感和幸福感！

（李新芳口述，原宁冈县百货公司副经理）

农民也有私家车

那是1993年秋日的一天，当儿子把一辆崭新的农用小货车开进家门口时，我们全家人个个心里乐开了花。媳妇为车披红戴花，孙子放起鞭炮，女儿人前人后忙着招待前来观看的邻居好友。面对这辆花了3万多元的车，我激动地流下了泪水。车，车，它激起了我多少回忆！

1951年，当时我刚满13岁，那是一个多么美好的岁月啊，获得解放的喜悦还都挂在我们脸上。秋日的天空仿佛变得更蓝，阳光显得特别灿烂。父亲从家中推出他心爱的独轮车，然后和妈妈一起把两大包稻谷分别放到架子的两侧，父亲又在车头系上绳子招呼我道："走，和我一道交公粮去。"我把绳子放到肩上，父亲在后面推，我在前面拉，车辆轴承发出的吱吱嘎嘎声像一曲欢乐的歌。

独轮车我们土话叫它狗头车，别看它不起眼，但那时在农村却是最先进的运输工具。那时乡村的路很窄，都是羊肠小道，且高低不平，只有这种独轮车才能推着通过。

当时，独轮车是农村的稀罕之物，我们村40多户人家也只有三四户人家有。在新中国成立初期好几年岁月中，父亲用它运肥料到地里，推着它去交爱国粮，邻居们要运什么东西就到我家借车。在我的记忆中，这辆独轮车空闲下来的日子并不多。

一晃几年过去了，村里通往乡里及集镇上的路变宽了，变成了沙石路，我们把它叫作大马路。当然，它远没有后来的公路宽。独轮车不适用了，父亲又买了辆两个轮子的大板车，从此大板车代替了独轮车。它不但装运的货物多，而且拉起来更轻松，七八百斤的东西放在上面拉着走也不觉得有多累。父亲用它给窑厂拉砖，给水利工地拉土，板车为我们家赚来了油盐和我上学的费用。

转眼又是10多年过去了，村里的板车多起来了。那时父亲是生产队队长，他把村里的板车组织起来成立了板车运输队，到采石场上拉石头，承包县城几家建筑工地的运沙运砖任务，为社员们挣来了不少钱。直到"文化大革命"中"割资本主义尾巴"时，板车队才被强制解散，板车分散到各家存放。

往事匆匆过去，我们迎来改革开放的好时代，大包干给农村带来了勃勃生机，我们家承包了10多亩田地，年年获得了好收成。农闲时我的哥哥姐姐们就到周边的一些厂矿去干零活，这大大地增加了家里的收入。到1993年，我家终于有钱买来了一辆农用车，开始跑运输，一往直前往致富路上奔。

转眼间我已是一位年逾80多岁的老翁了，儿女们都已先后成家，大儿子把农用车淘汰了，换成了可装运4吨货物的小货车，在家门口接短途运输，小儿子学会了电焊技术在一家企业打工，月收入5000多，全家过上了幸福生活。有道是有钱会享福，敢挣也敢花，前年两个儿子分别把两辆崭新的小汽车开进了家。几个孙子孙女围着轿车又蹦又跳，高兴地要飞上天，我手抚小车，千头万绪涌上心头。

"这时代真好啊！"我心里这样想嘴里却未说出口，往事像电影一样一幕幕在眼前闪过。独轮车为父亲减轻了肩上的沉重担子，大板车为我们挣来了生活零用钱，而农用车则把我们引上了致富的大道，这叫我怎能不感慨良多。小轿车是我们享受的车，儿子开着它去上班，休闲时它载着我们游山玩水、走亲访友。前不久两个儿子开着两辆轿车，带着全家去湖南张家界旅游，孙儿们搀扶着我和老伴，一边走一边给我们介绍景点，我们的心都醉了。

我们家的车见证了时代的变迁，见证了新时代给我们带来的好日子。面对新生活，我仿佛听见了车辙下的那一串经久不息的歌。

（徐春林口述，系相公庙村农民，年过八旬）

安上路灯暖民心

夜幕降临，小车拐过一个弯，前方灯火通明的村庄映入我儿子的眼帘。在广东打工许久没有回家的儿子有些惊讶，这还是那个一到晚上就"伸手不见五指"的家乡吗？

车驶进村庄，一盏盏明亮的路灯伫立在村道两旁。在路灯的指引下，儿子稳稳地将小车开进自家小院。"村里安了路灯，以后再也不用担心摸黑回家了！"一下车，我儿子高兴地说。

2017年10月，由东部战区、北京江西企业商会等援助捐赠的路灯"落户"渡陂村。几年来，先后有231盏路灯落地渡陂村7个村民小组。明亮的灯光照亮了村民出行路，也温暖了村民们的心。

渡陂村是龙市镇的一个行政村，村域面积6.8平方千米，海拔落差260多米，全村7个村民小组、224户。这里群山环绕、路窄坡陡，一条3.5千米长的主道，就有10多个"回头弯"和岔路口，没有路灯照明，给当地村民夜间出行带来很大不便，也存在很大的安全隐患。

过去，整个村庄只有村委会门前有两盏路灯，一到晚上村里大部分地方一片漆黑，村民们走夜路只能打着手电筒。由于村内道路未安装路灯，村民们忙完农活回家只能摸黑走夜路，老人孩子一到晚上甚至不敢出门，更别提在村里开展文化活动了。

"自然照明靠月光，人工照明靠电筒。"这一句玩笑话，在渡陂村的大部分村庄却曾是普遍现象。我担任村党支书记期间，党员反映最多的问题，就是村民夜间出行难，但由于资金不足，此事一直得不到落实。

井冈山进入脱贫攻坚后，渡陂村安装路灯重新提到村委会议事日程。为了摸清村庄照明情况，我带着村组干部，把需要装路灯的村庄跑了一遍，想要做到路灯全覆盖，初步估计需要230盏路灯，按照每盏路灯3430元计算，一共需要近80万元。村里没钱，我主动向上级部门请求帮助。但安装路灯需要协调项目和招投标，流程较长，村民们改善夜间出行的需求又很迫切。就在这时，在我村挂点的东部战区与北京江西企业商会及时伸出援手，帮助协调解决。

东部战区挂点人员经过实地考察确认，决定捐赠231盏路灯，从提交申请到路灯运抵村里，全过程仅用了60天。

"咱们组要装路灯了！"好消息在坳下组不胫而走。

装太阳能灯还是电灯？装路灯后收不收电费？路灯安在哪里……在渡陂村党员活动室，围绕路灯安装一事，村民代表们讨论得热火朝天。针对村民们提出的疑问，我全部记录下来，并带领村干部入户走访，征求村民意见。

渡陂村地处阳光充足地区，光热资源充沛，安装太阳能路灯村民不用交电费，既节能环保又经济实用。但捐赠的路灯数量有限，整个渡陂村有224户人家，做不到家家户户门前安装。

在落实路灯项目阶段，村干部和驻村工作队队员根据民居分布合理地确定了路灯安装点，绘制了安装图，并召开党员、村民代表会议征求意见，进行全村公示，科学确定路灯需求数量。根据村民需求和村庄规划，坳下组将大部分路灯安装在村子的主道两侧和岔路口，每盏路灯间隔45米，首先保障村民日常出行的交通安全。这时有村民代表提出建议，应该对有老人的家庭在装修路灯时予以照顾。对此，村委决定拿出6盏路灯，装在有高龄老人和独居老人的家庭门前。

村民谢信瑞的母亲年近90岁，村里将一盏路灯就装在了他家门前。"装了路灯后，老人晚饭后想出去散步，我们也更放心了。"唐明珍高兴地说。

路灯运进村里后，我曾想过，是否由村委会出钱找人安装。我与村干部集体商量后，渡陂村最终决定以党员干部带头，发动青年团员、志愿者和村民，让村民们亲自参与到路灯的建设之中。只有付出劳动，村民们才会珍惜来之不易的成果，从而自发爱惜保护村里的路灯。

渡陂村安装路灯时正值8月盛夏，气温最高时逼近40℃，参与搬运、安装路灯的村民们却没有人叫苦。"路灯给村里带来了光亮，买路灯没花我们一分钱，出点力气是应该的！"渡陂村村民刘友南说。

东部战区捐赠的这批太阳能路灯高6.5米，采用80瓦多晶硅太阳能板，所用的太阳能锂电池具有过充过放、自动开关等功能。谢鹏飞早年从事电工职业，也是村里的电工，对新路灯的质量赞不绝口："路灯白天自动充电，天黑时自动工作，每天亮10个小时，一盏路灯的照明距离能达到50米。只要爱惜维护好，路灯能用很久！"

为了倡导村民们维护好路灯，渡陂村村委会将"保护路灯等公共基础设施"写进了村民公约中。

同时，渡陂村每周二在各组例行开展"扮靓家园"行动，除了清扫道路、沟渠外，也将清洁路灯灯身小广告、擦拭太阳能板纳入行动中来，发动群众主动做好路灯的日常管护。

村里定期收集各组的路灯使用情况，因质量问题出现路灯不亮，会向东部战区反馈，由他们联系捐赠方提供维修配件或对路灯进行更换。渡陂村的231盏路灯自建成投用以来均正常使用，在大家的爱护下还未出现因质量问题导致路灯损坏的情况。

蓝白色的LED太阳能路灯在渡陂村竖立起来，不仅照亮了乡村的出行道路，也点亮了村民们的夜间生活。

村民尹妙月晚上喜欢跳广场舞，过去没有路灯，只能在自家院子里跳。如今，路灯点亮了村庄的夜晚，她索性约上几个舞伴，组建了一支10人的广场舞队。吃过晚饭，尹妙月和舞伴们来到村里的空地，伴着欢快的音乐跳起舞来。过去一到

晚上就冷冷清清的村子也热闹了起来。"村里有了路灯，老人孩子晚上出门不担心摔跤，村民们喜欢上了饭后健身散步，大家的幸福感越来越强。"郭福云笑着说。

"谢春山，出来玩吧，有路灯了，啥都能看见了。"小学5年级学生唐树荣大声吆喝着自己的小伙伴出来玩。不一会儿，10个小伙伴手拉手围着路灯开心地玩耍起来，嬉笑声让宁静的村庄充满活力。

"太漂亮了，半年不在家，变化好大，装了路灯让农村有了城市的感觉，谢谢解放军东部战区。"暑假返乡的大学生谢尚文说。

如今，一排排蓝白相间的路灯杆顶着太阳能电池板，整齐地屹立于道路两侧，成为渡陂村一道新的风景。路灯照亮了村民脱贫致富的路，也激励指引着村民在新时代奋斗。

（谢新发口述，系渡陂村原党支部书记）

农民用上了自来水

水是生命之源。家乡石陂上桥村用上了自来水，那是在世纪之交的新千年之后。

在这之前，乡亲们的生活用水依赖的是井水。我的家乡有150多户、600余人，仅村头有一口水井，不知疲倦地提供着村民的生活用水。这口老井井口不大，深度也不深。老井是用青石板围垒起来的，井口边的青石板饱经岁月的沧桑，显得古朴光滑。没有人知道这口老井建于何时，但无可否认的是这口老井一直是父老乡亲们祖祖辈辈的生命给养。喝着用着井水的乡亲们老去的老去、出生的出生，物是人非，老井依然，依然平静地凝眸着苍天，依然倾情地哺育着生命。

公鸡的啼鸣把天喊亮，早起的喜鹊在果树上练着嗓子，饱睡一宿的乡亲们陆续从床上起来，打开房门，预备着热水的就洗把热水脸，没有预备热水的就打瓢冷水洗脸了事。洗完脸，漱过口，担起水桶，就往老井赶，沿路都能遇到担水的人。老井的旁边，往往会聚集着很多早起的担水者，大家按照先后顺序盛满水后，担着水往家赶，家里有水缸的就把水往水缸里倒，倒完水后如果有家人照应着家务活，又接着到老井担水，直到估摸着够用一整天为止；家里没有水缸的，担了一担水后，放好钩担，就忙着生火做家务。那时候，我家的担水任务大多就落在母亲头上，每天天一亮，母亲就和乡邻们一样要到老井里担水，如果家务活不忙，母亲会连续担个三五担，直到把家里的水缸担满。遇到雨天，母亲就会戴上斗笠，披上雨布去担水。家里做饭做菜洗衣淋浴要用水，父亲泡茶家人口渴要用水，喂家禽家畜也要用水，一个家庭每天的用水量很大，所用之水都得到老井里担。有时候，吃过早饭，早上担的水又快用完了，就又得担起水桶去老井里担。遇到农忙季节，早上和中午顾不上担水，脸朝黄土背朝天地辛苦劳作一整天的乡亲们，还得不顾疲惫到老井里担水。

习惯成自然，反正家里没有水生产生活就无法正常进行，大家就得到老井里担水，这在乡亲们看来是天经地义理所当然的事情。一直以来，由于老井也没有出现过缺水的情况，没有人去想过和提过要接通自来水的事，大家心安理得地沿袭着传统的生产生活方式。

我的老家坐落在村子的中心位置，从老家到老井，每担一担水，至少要用10分钟时间。岁月不饶人，把6个孩子拉扯大的母亲，已经被无情的岁月摧残得两鬓斑白、身体佝偻了。从成为父亲伴侣的那一天起，母亲担水的年份比我和妹妹的年龄都要大得多。新千年的春天，石陂村村委会决定免费为全组接通自来水，以减轻村民的辛劳，更好地方便生产生活。

至此，乡亲们每天惯例性地到老井担水的情形成了历史。老井还在，却成为故乡土地上的自然摆设。用上自来水后的乡亲们，深刻地认识到了自来水给他们的生产生活带来的便利，开始享受着自来水温润的美好时光。

家家户户用上了自来水后，水龙头一拧，清冽的自来水就汩汩地从水管里流了出来，盛水的水缸就经常满着，用多少有多少，乡亲们省却了到老井担水的工夫。雨季，乡亲们再也不必披蓑衣戴斗笠地踩着泥泞到老井里担水了；农闲季节，该做家务就做家务，该休息就休息；农忙季节，就可以一门心思地安心生产，再也不必考虑要到老井担水的事情。原来到老井里担水的时候，乡亲们遇到洗个头淋个浴的时候，一担水一下子就用完了，弄得洗头淋浴都不安生，现在有了自来水，想洗头就洗头，想淋浴就淋浴，水都流进家了，还担心什么。

在我的家乡，每年临近年关的时候，乡亲们都保留着杀年猪的传统，多的杀三五头，少的杀一两头，杀年猪是乡亲们每年的一件盛事和喜事。杀年猪不仅有很多烦琐的事情做，而且很费水，年猪杀得越多，用水量就越大。杀猪以前，要烧沸满满一大铁锅水备用。一大铁锅水，水桶小的人家，一担水都不够用。猪杀倒了，就要用沸水把猪毛烫洗干净，等死猪躺在案板上后，宰割下猪头，要用清水将鲜血冲洗干净，接着才开膛破肚，取出五脏六腑，也要用清水冲洗干净，紧接着切割四腿，切割剩余的猪肉，还要用水清洗干净后才进行腌制。切割和洗净好猪肉，又要用水清洗猪肚肠，要把肚肠里的猪食和粪便清洗得干干净净。一头猪全部收拾完毕，要用三担左右的水。因此，杀年猪当天，每家都会抽出一个劳力来专门到老井里担水。乡亲们用上自来水后，就没有必要去老井里担水了。找一根皮水管，接上水龙头，烫猪毛的水一会儿工夫就放满了大铁锅。清洗的时候也很方便，一个人切割和收拾着，一个人拎着皮水管冲洗，又快又方便。尤其是遇到红白事，没有用上自来水的时候，最头疼的莫过于被主人家邀请到的主持红白事的管事了。红白事得用很多水，招待客人要喝茶水，洗菜洗碗筷要用水，做菜做饭要用水，杀鸡杀猪要用水。要保证红白事期间每天的水够用，管事的得事先联系和安排好10多个年轻力壮的小伙子，在红白事期间专门负责到老井里担水。担水可是件苦差事，负责担水的人基本上没有休息时间，早上担了五六担水，午饭过后，水所剩不多了，又得在管事的安排下去担水。遇到晴朗的天气还好，遇到下雨天气，鞋子裤脚弄脏了不说，还得顶风冒雨一趟又一趟地往复到老井里担水。被安排担水的人都很不情愿，都不希望被安排到担水的任务。但乡里乡亲的，谁家都会有事情，谁家有事情了都得众人相帮，不情愿还得硬着头皮担水。自从用上了自来水后，管事的就觉得轻松多了，不必再安排人专门负责担水，帮忙的人就可以相帮做其他的事情，红白事就少了些不必再担忧和考虑的烦琐事情。乡亲们都说，用上自来水后，不仅节约了时间，节省了劳力，还节约了成本，提高了效率。

家里用上了自来水后，很多乡亲还陆续安装了太阳能热水器，连接热水器的水龙头开关一拧，放完冷水后，就接到热水，接完的冷水还可以用来洗菜，用热水烧水做饭做菜，又快又省力又节约电。遇到家里杀鸡吃，也不必再烧热水，直接接一盆热气腾腾的水，就可以把鸡收拾干净了。没有用上自来水和安装热水器的时候，经常在田地里挥洒汗水的乡亲们，想洗澡的时候，不想烧热水了，就直接洗冷水澡，想洗热水澡就得烧热水。烧水洗澡也麻烦，费力费时不说，用有限的热水洗澡，心里也不是很舒适和安逸。有了自来水，装了太阳能热水器，劳累一天的乡亲们，想洗澡的时候就可以洗澡，想什么时候洗就什么时候洗，美美地洗上个热水澡，疲劳也消除了，个人卫生也讲究了，人也显得精神抖擞了。

村里用上了自来水，乡亲们就可以静静地享受着自来水温润的幸福时光，村庄里显现一派安居乐业的美好景象。

（陈贵龙口述，系退休干部，曾任宁冈县农业局副局长）

远去的炊烟

　　记忆中的家乡陇背，每家每户都有一座土灶头。大户人家四眼灶、六眼灶，小户人家两眼灶、三眼灶。土灶头的旁边分别有水缸和碗橱。土灶头、水缸、碗橱，是陇背人家厨房里鼎鼎大名、家家都有的"三件套"。

　　儿时是七口之家，理所当然是四眼灶：两口铁锅，两只汤罐。两大两小，极像四只圆溜溜的眼睛。两口大小不一的铁锅，一口直径二尺二，一口直径一尺八，简称"二尺二""尺八锅"。口径较大的"二尺二"，靠近灶屋左侧窗口，也叫"里锅"，兼用烧煮家畜家禽饲料，或者逢年过节一口铁锅不够用时，两口铁锅同时使用；口径稍小的"尺八锅"，一般在右侧，也叫"外锅"，用于日常煮饭炒菜烧水，一年四季不停，一日三餐必用，使用频率极高。

　　两口铁锅之间有两只汤罐，既在两口铁锅之间，也在两个炉膛中央，无论是里锅还是外锅生火烧饭做菜，只要有火，火苗都能蹿至汤罐，把水烧开。土灶头"灵不灵"，主要看汤罐里的水热得快不快。新灶砌好，就会烧火试一试汤罐水热得快不快。里锅外锅同时点火，汤罐里的水很快沸腾，说明这座土灶头烧火、做饭、通风、排烟功能达标。刷锅洗碗，以及冬天洗脸洗脚，用的都是汤罐里暖暖的热水，异常舒适。即使寒冬腊月半夜三更回家，汤罐里的水总是热乎乎的，正适合洗脸洗脚。我很惊叹古人的智慧，在两口铁锅之间架设这么一对汤罐，就不用再单独生火烧水，另起炉灶了。只要不断向汤罐里添加冷水，这两只汤罐里就有取之不尽、用之不竭的热水，真是高明之至、巧妙之极。汤罐上的木质盖，加之炉膛保温，汤罐里的水始终有温温的感觉，取用方便。这两只汤罐充分体现了我国古代劳动人民的聪明智慧，理应载入人类灶具发展史。

而"尺八锅"又是老家背驼之人的外号别称，也就是北方的"罗锅儿"。虽然比较形象，但常常会惹怒背驼之人。儿时，是断然不能在背驼之人面前提"尺八锅"这三个字的。否则，轻则会被骂得狗血喷头，重则更会招来拳脚之灾。原因很简单，因为你是哪壶不开提哪壶，对方以为你在含沙射影，故意嘲笑、讽刺、挖苦他。而事实上，"尺八锅"仅仅是土灶头上一种铁锅的大小尺寸而已。如此，与"瓜田不纳履，李下不整冠"是一样的道理。

别看家乡一个简简单单的土灶头，但是，麻雀虽小五脏俱全。灶身、灶台、灶梁、灶膛、灶仓、灶眼、炉膛、烟囱、灯窝、下水道，火钳、火叉、风箱、火筒、灶凳，锅铲、锅盖、锅盖架、饭架、竹刷子、水勺子……集各种功能、各种老物件于一身。从前，子女结婚成家，分家后另立门户，父母总会把土灶头上的物件一一配齐，这就意味着要开始独立生活了。看似一座毫不起眼的土灶头，可要配全置齐全部家当物件，也要花费不少人力物力财力。破家值万贯，就是这个道理。

灶台一般有一米多高。儿时，如果不到八九岁年纪，父母和家里老人是绝不会让孩子靠近灶台的，生怕被热菜热饭热汤热水烫到身体，落下终身残疾或伤疤。可是，越是不让接近灶台，越是觉得灶台神秘神奇，越是觉得食物馋嘴诱人。因此，孩子们总是踮起脚跟跃跃欲试，偷偷接近，偷偷地尝一尝食物，也不乏忙中添乱，搞得鸡飞狗跳。

民以食为天。土灶头曾经是家里一切活动的中心。陇背农村，无论平房楼房，一个家庭一般都有3间房子。卧室只在晚上睡觉时使用，客堂屋一般只有客人来时招待使用，而灶屋间的土灶头，从睁开眼睛到闭眼休息，无疑是一天中使用频率最高的地方。起床第一件事，就是生火做早饭；一日三餐，不可少吃一餐。猪狗猫鹅鸭鸡等家畜家禽，也都翘首等着喂养，也不可少吃一顿。外婆、母亲几乎一天到晚围着灶台转，吃干的、喝稀的，锅碗瓢盆，为了填饱一家七口的肚子，为了一天三顿乞食的家禽家畜,不但绞尽脑汁、变换花样,而且一天忙到晚,老话叫"四脚勿落地"。在没有外卖也不可能餐餐吃饭店的年代,家庭妇女的确是一天到晚围着锅台转、一天到晚围着灶台忙的主角,几乎没有闲暇的时间。

说起土灶头,自然会联想到拣柴火。有过拣柴火的经历,看到过家家都有的土灶头,目睹过外婆、母亲围着土灶头烧火做饭做菜忙前忙后的身影,在那个既没有电更没有电饭煲的年代,才明白"生米煮成熟饭"与"巧妇难为无米之炊"有着同等重要的内涵。因为只有白花花的大米,没有"生米煮成熟饭"的柴火,同样还是解决不了温饱问题。

拣柴火是一种极其艰苦的体力劳动。记得儿时,父母交办给我们的劳动任务无非只有两项:一项是给家禽家畜准备饲料,另一项是拣柴火。准备家禽家畜的饲料比较简单,只要漫山遍野去寻找,看到鲜嫩的牲畜能吃的草,挖到竹篮子里即可。而拣柴火呢,则需要翻山越岭在茫茫的山野中去一根根拣。春夏正是树木发芽长成时节,以及蛇虫出没时节,一般不宜上山拣拾柴火,只有到了秋冬季节,才能上山拣拾柴火。孩提时代,还没有分山到户。到集体山上去拣拾柴火,是"挖墙脚"的禁止行为。因此,须在太阳下山夜幕降临时,趁着管理人员回家、暮色时分爬到山上去拣拾柴火。有时背着一捆重重的柴火下山,已是黄昏时分月上柳梢。无论秋冬季节,一身臭汗不消说,那种精疲力竭的辛劳,不亚于艰苦的"双抢"劳动。像我们家这样一座土灶头,一年下来,干柴至少需要上万斤,更不谈砍下来的青柴了。上山砍柴捡柴,与下田插秧种田同样艰苦辛劳。开门七件事,"柴"字当头,不无道理。

土灶头是儿时记忆中的美食天地。总记得儿时的食物菜蔬虽然比较单一,但都是自种自给,随吃随采,想吃就采,十分新鲜,采摘方便。食材新鲜,味道自然鲜美。儿时,外婆、母亲做的菜,总是那么诱人和催人食欲。除了慢工出细活,天天烧天天做熟能生巧,烧饭做菜手艺不错,也是其中原因。尤其是百吃不厌的柴火饭,本来就是香喷喷的白米饭,火候恰到好处,再带点儿微微的锅巴香,把大米的清香做到了极致。儿时,即使没有丰盛的菜肴,也能干完一两碗白花花的米饭。饭后，还会添上一块稍稍放有盐巴和葱花的锅巴，常常引来几只家犬流着口水带着艳羡的目光。放学回家，我常常是直奔土灶头，先是问问外婆、母亲今晚吃什么。有时也顺手牵羊，偷偷地顺上一点儿吃的，感觉那真是人间美味，也是我最幸福的时刻。物资匮乏的年代，土灶头给我们带来了无尽的美食，也留给了我们日思夜梦"妈妈的味道"。

土灶头是儿时最快乐的地方。土灶头不但给我们带来了美味，更给我们带来了欢乐。儿时，这间堆放有柴草的小灶间，是我们捉迷藏的绝好位置。有时甚至为了不被发现，常常躲进灰仓里、柴堆里，搞得满脸、满身都是黑黑的灶灰，令人啼笑皆非、哭笑不得。有时我们也帮帮忙，给炒菜烧饭的外婆、母亲烧烧火、添添柴，但又偷偷地在炉膛里煨蚕豆、烤红薯。由于心虚加煨烤火技术一般，蚕豆的爆裂声、烤红薯的刺鼻煳味，常常引来大人心知肚明的质疑，导致事情败露。一到冬天，烧火更是我们小孩子抢着做的事。说是帮着大人烧火做饭，其实是抢着烧火取暖。那大把塞进炉膛的柴火，常常烧得铁锅直冒青烟，白米饭煮成了黑焦炭，引来大人责备，不在话下。

土灶头是逢年过节家里最神秘的地方。儿时，土灶头不仅是一个生米煮成熟饭的地方，更是一个神秘神奇的祭台。高高的灶梁上，始终摆放着两个神秘的蜡烛台。正上方居中位置，贴有一幅长胡须的灶神画像。灶神不但是民间最富代表性、最有广泛群众基础的流行神，更寄托着劳动人民一种辟邪除灾、迎祥纳福的美好愿望。民间祭灶有好多种版本，但均寄托着古代劳动人民对平安生活的期盼，对美好生活的向往。逢年过节，灶神是每家必祭的神灵。尤其是过年，每年腊月二十三的小年夜，是传说中的灶神爷回天宫向玉皇大帝汇报工作的时间。外婆、母亲都要用最隆重的仪式祭祀灶神，不但毕恭毕敬祭拜灶神，还烧纸钱给盘缠，称"上天言好事，下界降吉祥"。大年三十那天，还要在土灶前举行隆重的"迎灶神"仪式，欢迎灶神爷向天庭汇报工作不远万里长途"出差"归来。平时，在灶神爷前也供奉着不少干果点心，虔诚之心与期盼家里平安之心溢于言表。

后来，我离开农村参加工作，搬到单位宿舍——一个带小院子的平房里。家里用的是简易的煤球炉子，火大火小全凭下面的炉门控制，每天还得记得用火钳将新煤球依次换上，以保持那星星之火，生怕不小心熄灭了，因为烧着炉子是件特别麻烦的事情，得靠外力，烧炉子除了要忍受呛人的烟火，还要点技巧。每天晚上睡觉前煤球炉还得放在院子里，以免一氧化碳中毒。那时的我也是刚独立生活不久，并不太懂带孩子，印象最深的是有一次将刚换下的煤球炭灰扔在地上，偏偏又下雨，我不小心滑了一下，正好跌在还有余温的炭灰上，小孩脚上烧伤了一大块，结果就是小孩哇哇大哭，然后送医院治疗。

后来，我分到了一间两室一厅的套房，全家人都非常开心，但总觉得简易的煤球炉子似乎和新房有点不搭配了。看周围的同事邻居都用上了干净卫生的煤气灶具，父亲省吃俭用了两个月，花120元终于买了一套煤气灶具，一个双头灶带一个15公斤的煤气罐子。那时使用煤气，在我们眼里都是有点技术含量的活。那天，父亲约了几个同事一起来家里吃饭，顺带教我们怎么使用煤气。饭后，在农机厂工作的一个人称"柳工"的叔叔按步骤教起了我们如何使用煤气，就在用火柴点燃煤气灶具的那一刻，不知怎么搞的，煤气灶具突然喷出了火苗，吓了大家一跳，连"柳工"也一屁股坐在地上了，幸亏老妈提醒，"快关总阀"。经过这一出，我家怎么也不敢用煤气了。

20世纪90年代初，我在龙市城区建了一栋三层楼房，厨房炊具全部电气化，同时也终于等来了天然气，炒菜用的是天然气，煮饭用的是电饭煲，炖汤用的是高压锅，炒菜再也不用靠炉门大小来控制火候了，也不用提心吊胆担心炉子熄火了，方便、快捷，扭开旋钮就能开火烧菜。当然，天然气也有显而易见的缺点，烧锅底部会黑。但和煤气相比，它的热值更高，更加清洁环保，更加方便快捷。

从老家的柴火灶，到平房宿舍里的煤球炉，到单元楼里的煤气灶，再到私房里的天然气，我家灶具的发展变化就是这个时代发展的一个缩影。那冉冉升起的炊烟，也成了最美丽的一幅画，永远定格在记忆里了。

（张果玉口述，系退休干部，曾任宁冈县农业局局长）

消失的土坯房

我的老家位于龙市尹亚村的最西边，紧靠龙江河。在记忆里，家里房墙下面2米是用长条麻石垒的，2米以上是用土坯垒的。房顶是用泥浆混合着芦苇搭成的，远远望去就像一个披着蓑衣的老人站在那里。村子西面的农田边有上好的胶泥，是做土坯的好材料。爷爷和叔叔用架子车去挖了几车拉到院子里，胶泥里掺上稻秸秆，加水和好，就可以脱坯了。脱坯看着好玩，却是一个重体力活。脱坯的人要抱起十几斤重的装满泥土的模具不停地站起蹲下、跑来跑去，一次两次没有什么，重复做上千次这样的动作，劳动量之大可想而知。一天下来，再强壮的劳力也累得直不起腰来。看着爷爷和叔叔汗流浃背的，当时我曾天真地问爷爷为啥不买砖盖房子，爷爷哈哈大笑着说："等你长大了，让爷爷住你的砖瓦房吧！"看着爷爷和叔叔脱好土坯，然后趁着夏天的好天气，在晒谷场里晒上几天，就成了一个个的大土砖。晾晒好的灰白色的土坯垒摞在场里，好似孩子的积木。趁大人不注意时，我曾经偷偷地试搬过一个土坯，竟然没有搬动。那时的我知道了制作土坯的不易，生怕一不小心弄烂一个，白费了大人的工夫和力气。

到秋天时，老家的土坯房建好了。虽然低矮，墙壁也能抠下土渣来，我还是满心喜欢。屋子里有一股清新的泥土芳香，夏天外面骄阳似火，屋子里则是阴凉的。到了冬天，爷爷会在屋门挂上一个绣花的大厚布帘子，上面有个五边形的纱网能透光。在屋里，爷爷经常会生柴火取暖。我们小孩在外面跑着玩累了，小手冻得通红通红的，就回到屋里烤烤手，有时候甚至不小心会把大花袄烤个窟窿。土坯房留有两扇厚重结实的木格窗。窗户是推不开的，上面裱着一层薄薄的白纸。晚上，月光穿透薄薄的纸，为室内镀上一层淡淡的银光，柔和而又恬静。到了冬天，爷爷会买来厚厚的油纸钉在窗户上，既挡风又透光。房门是两扇厚重的木门，每当开关门的时候总是吱吱地响。里面是用长条木头做的门闩，门的顶端是一长一短的两根铁链，搭在高高门框上端的铁鼻梁上，一把铁将军牢牢地锁住大门。

在我家堂屋的东墙上挂着一个黑色的广播喇叭，晚饭后，邻居们总喜欢来我家，围坐在墙根下听刘兰芳播讲的长篇评书《岳飞传》《杨家将》。他们嘴里吸着旱烟，听得聚精会神。刘兰芳声音洪亮，声韵铿锵起伏，讲到激动时高亢嘹亮，语言风趣幽默、气势磅礴，干练中透着豪迈，把人物描述得活灵活现，听了仿佛身临其境。我们都听得入了迷，为岳家军和杨家将的英雄们的曲折遭遇担心不已。爱戴为了国家和民族精忠报国的英雄们，憎恨为了权力和金钱出卖自己国家的奸臣们。评书每说到紧要关头时，说书人都会说出"要知后事如何，且听下回分解"，此时总让人感到十分的不足和遗憾。我们眼前依然不断地幻化出鼓角争鸣、刀光剑影的画面，随之想听的下文更是让人欲罢不能。

爷爷是族里的长辈，也是见过世面的人，在族里很有威望。堂叔堂伯和邻居们经常到家里来找爷爷问一些事情，请教一些问题。他们蹲在柴火旁边，吸着旱烟，商量着事情。柴火的火焰跳动着，旱烟锅里的烟头忽明忽暗着，布满皱纹的脸在袅袅的烟雾里一会清晰一会模糊。他们虽然偶尔叹气，但总是稍纵即逝，随之被希望和喜悦的音调所代替。这满屋的烟火味和泥土香，是老屋冬天特有的味道，是记忆中特有的情愫。

进入腊月二十以后，我家里就更加热闹。爷爷精通四书五经，还写得一手漂亮的毛笔字，邻居陆续到我家，请爷爷写对子。他们只需带上红纸，笔墨和春联的词由爷爷全包。每年这个时候，我家屋里就飘着墨香，邻居进进出出，欢声笑语，相互打着招呼，那气氛和情景，现在回想起仍十分温馨。我看爷爷写春联是一种享受，编词的规律、写春联按字数叠格子，爷爷常常边写边讲给我听。我清楚地记得我曾抄写过我家的对联内容，上联是"耕读传家仁义家声远"，下联是"孝德立本温良福泽长"，横批是"祖传读耕"。当时我不太理解对联的内容，如今想起，我想这是爷爷对家风传承的希望吧！

　　随着改革开放的步伐，龙市的经济日渐腾飞，乡村的住房面貌也焕然一新，往日的土坯房不见了，取而代之的是红砖黑瓦房。2003年，我将做生意赚到的20余万元存款全部取出，拆掉土坯房，在原宅基地建起一栋水泥钢筋框架式结构的4层楼房。10多米高的新楼，琉璃瓦顶，外表贴满白绿相间的瓷砖，光彩照人。厨房铮明瓦亮，添置了电饭煲、高压锅、微波炉等炊具，客厅沙发、茶几、电器一应俱全，卫生间梳妆台、抽水马桶、热水沐浴等设施齐全，卧室里漂亮的壁橱下，宽敞的双人床上，阳光在飘动着的美丽窗帘伴随下翩翩起舞。顶棚上华丽的灯具闪烁着柔和的灯光，挂在墙壁上的空调吹出了和煦的风。尽管装饰不算豪华，当时在全村还是名列前茅的。后来，随着农村基础设施逐渐完善，水泥路通到家家户户的大门口，垃圾集中处理，自来水、网络和天然气等设施也逐渐普及，村民纷纷拆旧建新。仅几年时间，村里又跃然出现一排排三层瓷砖楼房和精致的小洋楼，老百姓过去想都不敢想的伟大梦想实现了，曾经的奋斗与坚守、执着与念恋，都变成了现实。党和政府圆了我们农民的梦，我想我们这些"小梦"也是伟大中国梦的一部分。爷爷如果活到现在的话，他一定会挥毫泼墨为乡亲们写下一副副赞美幸福生活的对联。

（尹福来口述，系尹亚村农民）

通电带来的趣事

夜的序幕刚刚拉开，灯光争先恐后地把龙市的楼房涂抹得流光溢彩，家家户户流淌出来的灯光，如繁星点点，美轮美奂，恍如天上人间。

可是20世纪70年代后期，我的老家大庙村才开始用上电，才有电灯。

在通电之前，村里以煤油灯为照明工具，晚上到处都是黑漆漆的一片。我们附近只有县城和医院有电可用。

我们对电灯充满了期待和向往。

当时，有七八个医院职工的孩子也在我们小学就读，其中有两个和我是三年级同班同学，我们成了好朋友。所以，我有机会去医院玩。

有一天上午，我到医院的宿舍找同学玩。他家后面是一大棚竹子，房间里即使是白天也显得比较阴暗，需要亮灯才行。在他家，我看到了吊在房间的电灯，对于习惯了煤油灯的我来说，见到如此光亮的电灯，心里满是羡慕。"滴答"一声，灯亮了，整个房间都亮了，又是"滴答"一声，灯熄了，房间顿时陷入了黑暗，真令人神往。

我充满了好奇，禁不住用力一拉一拉"滴答滴答"响，电灯就忽明忽暗的，甚是好玩。也许是用力过猛吧，我竟把开关的绳子给拉断了。

坏了，房间陷入了阴暗不再光亮。我害怕极了，同学也以为我拉坏了电灯，对我说："你拉坏电灯啦！我要告诉我爸爸！"我以为一定会受到大人的指责，匆

忙逃离出来，甚至担心他爸爸会不会派人来抓我，让我好一阵惊慌。

后来，我们的村屋之间竖起了一排排电线杆，村屋里架起了密密麻麻的电线，各家都有自己的电表，并且安装在统一的地方。我们乡村终于都通上了电，装上了电灯。村屋房间变得光亮了，小朋友们欢呼雀跃、蹦蹦跳跳的，那份喜悦，不亚于喝上了蜜糖。

一条电线从上面的钉子处垂下来，吊着一只葫芦一般的玻璃灯泡，像会闪光的大宝石。灯泡的玻璃是那样的薄，以至让人认为轻轻一碰就会破裂，要特别的小心轻放。里面有条"W"形的会发光发热的瓦丝，是那样的细小，也让人担心会不会断了。

"滴答"一声，电灯亮了，照亮了整间屋子，那种光亮不是煤油灯的光可比的。尤其是对那些正在读书的孩子来说，电灯下夜读，已是好几年的期盼啊！

以往煤油灯年代，兄弟姐妹几人围灯而坐，写着各自的作业，有时难免会因为灯光的光暗分配不均而争吵，都抢着要把煤油灯往自己这边移，有时还得大人出面才能消停。现在用了电灯，光亮了许多，大家不用再为灯光而争抢位置了，气氛一下子变得特别温馨。

为了让灯光更集中，孩子们照例是要做一个灯罩的。一张白纸围着电线，用糨糊或将饭粒捏碎把白纸边粘在一起，盖住灯泡就成了一个灯罩。灯光集中了，即使低瓦数的灯泡瞬间也会变得更加光亮，更适合小孩子灯下读书写字了。灯泡会发热，时间长了，"灯罩"挨着灯泡的地方会慢慢泛黄甚至变焦而影响亮度，这时就得重新再做一个灯罩了。

虽然使用上了电灯，可大家还是省着来用，因为一个月下来，人们交电费还是觉得比较贵。大家使用灯泡的瓦数都是比较小的，轻易不用大灯泡，15瓦的灯泡用得最多。一些老人不舍得用电灯，觉得用煤油灯更划算，一般不随便开电灯的，因此一年到头也用不了几度电。

村民们用上了电，自然是方便了不少，可是经常停电也不知怎么回事。

一家人围坐着吃晚饭，突然间就停了电，餐桌顿时变得黑暗，就得急急忙忙找火柴点亮煤油灯，让人一阵懊恼。小孩子在灯下读书写作业时，突然间暗了，就会惊慌地大声招呼大人快点点灯过去，也让人手忙脚乱。有时一时半刻找不到火柴，就得摸黑而动，或者暂时静止不动了。

所以人们都会把煤油灯和火柴放在一角以做备用。

刚刚通上电，乡村往往也是电力不足，让人感觉到电灯总是昏昏欲睡似的。因此有人说同样是15瓦的灯泡，在城里光亮一点儿而在乡村就暗一点儿。

荧光灯是那样的柔和，那条光管发出的光非常耀眼，20瓦的光管就相当于60瓦以上灯泡的光亮，最是令人喜欢了。可是荧光灯在城里可以开，而在乡村大家用电时就无法启动，尽管启辉器眨个不停，灯就是亮不起来，要等深夜一点多才能开起来。

尤其是过年的几个晚上，都是用电的高峰期。乡下人家讲兆头，过年那几天是要把每个房间照得亮亮的，总是要开彻夜长明的灯以示一年有个好兆头。可是灯往往都不太光亮，相同瓦数的灯泡似乎比平时昏暗了一层，荧光灯也几乎是开不了的。不过比起煤油灯来已是好很多了。

有一年大年三十晚上，八点多居然断电了，整个乡村陷入了黑暗。据说是大队的变压器受不了沉重的负荷烧坏了，人们在痛骂断电搅了过年的气氛之余，更多的是无奈，只得马上点上煤油灯继续除夕的光明。以致到了下一年的除夕，人们依然担心变压器受不了负荷而突然断电，会影响大家过年的雅兴。

停电后又突然来电了，那会让人无比惊喜的。

那时没有人通知你什么时候拉下电闸停电，也没人通知你什么时候拉上电闸来电，一切都在突然之间。

正在煤油灯下读书的孩子，突然听到有人说"有电啦"，马上拉开关，"滴答"一声房间顿时光亮了，连忙吹灭煤油灯，把煤油灯移到一旁，开心地换一个位置继续写未完成的作业。

遇上有人恶作剧来一句"有电啦"，可一拉开关，房间还是暗的，叫人空欢喜一场，人们就会暗暗骂这个家伙不正经了。

村里用上了电，村部在1993年安装了电话，那可是新鲜事。在村部办公室窗户外站着一帮人，听人打电话，他们好奇：隔着十里八里没看着人，电话听筒就能听到别人说话？有了电，也是在1993年，村中央安了个大喇叭，平时听歌听音乐，村干部有事就用大喇叭喊，方便多了。以后家家户户也安上了小喇叭，也就是县里有线广播站，不用上外面听广播，家里也能听新闻了。

后来有人买了黑白电视机，夜间八点多突然来电了，人们就会奔走相告，欢呼着"来电了"，行动迅速地聚集到有电视的人家，那家人顿时人满为患，大家都生怕错过一两个精彩的镜头……

眨眼几十年过去，岁月总会给人留下难以磨灭的印记。如今，我们全家"农转非"，定居在龙市城区内，到处璀璨的灯光让黑夜变得如同白昼，龙市的灯光秀让人惊叹不已。的确，祖国的发展进入了快车道，当年的日子一去不复返。

龙市的灯光，越来越灿烂，越来越辉煌，映彩了大街小巷滚滚的车流，迷离了匆匆的脚步，点亮了人们的目光，陶醉了一个个荡漾着笑靥的脸庞。

我喜爱每一幢楼房灯光的迷离，喜欢每一个窗口灯光的多彩。然而，我也忘不了老家通电的日子，因为它记录着我们的苦涩和快乐年华，是我们一代人的难忘记忆。

（孔玉林口述，曾任大庙村党支部书记）

带头推广杂交水稻

20世纪80年代初，杂交水稻研制成功后开始在全国大部分地区推广。广大农民精耕细作、科学管理，杂交水稻稳产高产。杂交水稻被人们称为"神奇的创举"，举国上下无不欢欣鼓舞！当年，由于种植杂交水稻增产丰收，曾一度出现卖粮难现象。

那年，我正在读初中，班主任谢老师说起"农民卖粮难"时，激动不已。他抑扬顿挫地说，自从农村实行生产责任制后，农民的生产积极性大大提高了，现在，水稻又成功研制了杂交稻，这是社会发展了！科技进步了！农民卖粮难，从另一个角度来看，这是好事！当时，我们认真地听着谢老师说这些话，有点不解。

那时候，一年中水稻是栽插两季，即早稻与晚稻。每年夏季，把早稻收割完，再抢插晚稻，也就是我终生难忘的"双抢"。杂交水稻用于栽插晚稻。记忆里，杂交水稻刚刚推广时，农村人不相信这种稻，认为一粒种子发芽生长、能够分蘖出那么多？还增产？大家都说是"天方夜谭"。

20世纪60年代初，我父亲陈贵才担任石陂村党支部书记，并获得全国劳动模范称号。父亲的思想比较前卫，村庄里，父亲是第一个栽插杂交水稻的人。当时，农村土地刚刚实行承包到户，第一次栽插杂交水稻，母亲不同意。母亲认为，杂交稻是新品种，种植方面也没有技术，到时候要是杂交稻颗粒无收，不但被别人笑话，还给原本困难的家庭雪上加霜。但是，父亲坚持要做的事，十头牛都拉不回来。杂交水稻从栽插到田里后，父亲精心管理，长势喜人，村庄里的人无不赞叹，到秋后收割时，比普通晚稻亩产多了几百斤，而且，杂交稻米饭也香糯无比。第二年，在栽插晚稻时，村子里每家都栽插了杂交水稻。

杂交水稻（晚稻），多是在每年的6月中下旬进行播种，秧苗在秧田长到几厘米高时，要进行秧苗分匀，即把密集的秧苗移栽到空余地方，使整块秧田里的秧苗均匀分布。这样，秧苗才能更加生长旺盛。我读书时，在杂交稻秧苗移栽季节，每逢节假日，父亲总要带着我去移栽秧苗。干这种活，我十分不情愿。在秧田里，移栽秧苗时间久了，累得腰酸背痛。突然，我发现一条灰不溜秋、肉乎乎的蚂蟥，叮咬在脚上，十分害怕。看着硕大的蚂蟥，头尾两个吸盘，紧紧叮在肉里面，我赶紧用右手使出很大的劲，把蚂蟥从脚上拉下来，被叮咬处鲜血直流。傍晚，蚊子满天飞，嗡嗡叫着，在我身上叮咬着，移秧的泥巴手不时拍打着叮咬处，拍打过的衣服上、身上，到处是泥，苦不堪言。父亲总是笑呵呵地安慰我说，现在有了杂交水稻，就再也不用饿肚子了，别看移栽秧苗麻烦，可是，稻谷会增产很多啊！

忆儿时，大集体时代，普遍种植传统长秆水稻，亩产平均不到400斤，生产队每年分下来的粮食，家里都不够吃，所以，要在旱地里种植红薯。一年中，饭里面蒸红薯充饥，是常有的事。有句俗话说："正月幺幺二月长，三月饿死放牛郎。"这是一年中青黄不接的时候，基本上每餐饭里面都要垫红薯。一般早餐把饭煮好，中午吃剩饭，晚上又把中午吃的剩饭熬粥，供全家人吃。有时候，母亲看着我们狼吞虎咽的样子，她干脆不吃晚饭。村子里，很多人家还要在荒郊野外找一些野菜，拌在饭里面充饥。

岁月前行，今非昔比。家里自从栽插了杂交水稻后，除了留足一年的食用粮食，还能卖出几千斤杂交水稻。从此，卖水稻为家庭增加了不菲的收入。

往事历历在目。远离饥饿，这也是一代农民的愿望！本地有一首山歌唱道："稻浪金黄谷穗长，丰收在望满园香。农民不再饥荒苦，杂交水稻永不忘。"

（陈文雄口述，现任石陂村党支部书记）

从禾桶到收割机

我出生在山沟农户家庭，祖祖辈辈不曾脱离农事。"大锅饭"年代，我才七八岁，为了挣得一粒口粮，就去生产队送蘸了肥的秧苗给阿姨、奶奶们莳田，将一束束割好的稻穗提给叔叔、爷爷们脱粒，或者背着篾篓去捡稻穗……

20世纪70年代末，农村的耕作模式还是前胸贴后背莳田、手握镰刀割禾、赶着黄牛耕田、用禾桶脱粒……所有农业生产都是靠人力来完成的。

"嘣咚、嘣咚、嘣咚……"这是在用禾桶给稻穗脱粒发出的声响。那时每当听到广袤的田野上发出这样有节奏的响声，我就会感到心慌，因为自己又要跟随父母，顶着烈日去给这些打谷的人送禾了。

那时，生产队共有12个禾桶。所谓的禾桶，是由4块2尺宽的梯形樟木板围成的上大下小的梯形桶，形同母亲用来量米的米斗。脱粒时，为了不使暴打后的谷粒弹出桶外，禾桶上三面还要加围1米多高的用竹篾编织成的像篾席一样的"禾罾笪"。收割时，队里两三家为一组，每组领一只禾桶。妇女包割稻，年轻力壮的男人包打谷，小孩把稻穗送到打谷人的手里。从下田到收工，大人和小孩10多个人一上午只能打下四五担谷子。一人平均两亩地的生产队，完成"双抢"要40多天，往往是立秋后还在拼命地"双抢"。

落后的生产工具累死人不算，还常常贻误时令，以致"二晚稻"打苞抽穗时遇上寒露风，抽出的稻穗无法授粉灌浆，收割时那一根根稻穗还直挺挺的，特别是坑沟里的冷浆田几乎是颗粒无收。全生产队的人辛苦一年，除了完成国家公粮，寒冬腊月还是一日只吃两餐，每餐都吃红薯、芋头或白萝卜饭。

我结婚那年，刚好赶到改革开放，家里分到6亩多地，同时也分到了一个禾桶。我和妻子每天早早起床，先把稻子割好，再盘堆。脱粒时，我和妻子一人一边，捡起稻穗双手举过头顶，使劲往身下的禾桶木板上摔打。"嘣咚、嘣咚、嘣咚咚……"一人一下，一连六七下才能把一束稻穗打干净，每打满一箩筐谷子，都要湿掉两身衣服，打好一担谷子至少要1个小时。不过，当时我还是感觉非常幸福的，因为这血汗的结晶可以自己支配了。

1979年，县机械厂研制生产出了打谷机。说是打谷机，其实还得人作动力。这种打谷机只是在一个长方形箱子一头的右边安上两个齿轮，上一个齿轮套在带有禾齿大滚筒的轴承一头，下一个齿轮连在踏脚板的链杆上作为带动装置，滚筒的另一头用套子固定——这是最简单的机械。打谷时，我站在启动装置的右边，妻子站在左边。两人各一只脚着地，另一只脚在踏板上使劲踩，踏板一上一下，脚顺着踏板上松下压，协调一致，用力越猛滚筒转动得越快，脱粒也快，沉甸甸的谷子"嗒嗒嗒"地落在禾桶里，一束稻穗放下去三五秒钟就脱光了，两人一上午能打3担谷回家，比禾桶打谷轻快多了。

几年后，县城一家企业又研制出一种全自动打谷机，这种打谷机用柴油机作动力。听到消息后，村里人奔走相告，纷纷进城购买。我花了1200元买回一台，免除了脚踩之累，而且它还有分离功能。机器一响，把稻穗往滚筒上轻轻一放，连瘪谷都能打下来。接着，机器的一边出残秆败叶，一边出瘪谷和灰尘，中间金灿灿的谷子流入编织袋，省心得很，我和妻子一上午就能打5担谷子。

随着打谷机的改进，其他农业机械纷纷出现了。一时间，乡亲们购进了耕整机、电动喷雾器、三轮摩托车……犁田不用牛，打农药不用手，谷子回家不用肩挑……有了这些先进的机械，我干劲十足，逐年扩大水稻种植面积。我和村里人一样，不仅能吃饱吃好，而且建起了新房，家里各式各样的家用电器一应俱全。

转眼几年过去了，国家出台好政策，对农民购买农机实行补贴。农民纷纷以合伙、入股的形式购买大型收割机。2005年，当儿子投资5万元购买的分离式收割机开到村口时，村民们都围了上来，有的问长问短，有的伸开双臂来量割幅……第二天，儿子驾驶这台收割机开进自家一片金黄的稻田，仅用了5个小时，就把20多亩稻子割完。

近年来，村村通的水泥马路修到家门口，园田化机耕道越修越平坦，而新型收割机上的粮仓加大，可以储存一亩多田的谷子。现在，收割时再不需要编织袋装谷子了，可以直接把大型农用车开到田头，收割机会把一仓仓的谷子直接送到机耕道上农用车的车斗里，装满后，开着农用车就运到家或是粮站，再不用像以前那样，到田里去把一包包谷子背到路边来装车了。

改革开放40多年来，从小禾桶到大收割机，农业发展蒸蒸日上，农业机械化已成为现实。祖祖辈辈受落后劳动工具约束的农民终于翻了身，现在种地可以轻松操持自动水稻发芽机、耕整机、插秧机、耘秧机、大型收割机、烘干机和植保无人机等耕作，实现育秧、插秧、耕作、防治、收割、烘干全程机械化作业。现在种100亩田比以前种10亩田还要轻松，从种谷下田到收割丰收，时间大大缩短，"二晚稻"移栽较以前提早了半个多月，抽穗扬花时再不会遭到寒露风袭击，产量超过早稻。

昔日一家人起早贪黑赶牛犁田、蒔田割禾、耘田除草、举穗打桶、脚踏打谷机的传统耕作不见了，取而代之的是跑得正欢的各式各样的农业机械。

（萧银华口述，系苍冲村农民）

通信改变生活

　　"楼上楼下，电灯电话。"那是20世纪50年代流行的一句口头禅，也是人们对美好生活的追求目标。随着科学的进步和经济的发展，电话成为人们普遍使用的通信工具，这不由让我想到我家里安装的第一部座机。20世纪90年代初，我在龙市城区分到的新房里装上了第一部属于自己的电话，这在当时也是稀罕事了，就像80年代有了第一部黑白电视机一样兴奋。座机的安装费用较高，当时能够安装座机的家庭很少。

　　装上电话的第一件事，就是想给远在厦门工作的女儿打个电话，可女儿舍不得花钱迟迟没装电话，彼此交流便仍是通过慢吞吞的书信来完成。即便这样，我还是很满足，至少有事打个电话给单位请假还是很方便的。

　　这部电话不仅方便了我，也方便了我的邻居们。大家有事，都习惯跑我家里来"借"电话，有打出去的，也有别人打进来找某某人的，家里变成了"机要室"。最好玩的是隔壁一个小伙子，隔三岔五跑过来和女朋友"煲电话粥"，有些话我和妻子听得面红耳赤。小小一部电话，拉近了我们邻里间的距离。

　　20世纪90年代中期，大哥大和传呼机开始盛行，大部分人腰间别一个传呼机，少数人手上还捏着一块"砖头"（大哥大）。那时比较流行的传呼机是摩托罗拉牌的，价格不菲，可还是有很多人缩衣节食想方设法买一台。那个时代，人与人的交流主要就靠传呼，在只有少数人玩得起"砖头"的年代，有部像样的传呼机是一件很拉风的事。

1997年，我拥有了第一部真正属于自己的诺基亚手机，同时购买的手机卡也一直用到今天。我至今能回忆起第一次拥有手机时的感觉，总觉得这是个来之不易的宝物，小心翼翼地挂在腰间生怕弄脏弄丢了。事实上那会儿手机使用并不多，主要原因在于很多地方没信号塔，比如离开龙市城区远一点儿，去乡下采访，没有信号的手机就是一个摆设；另外一个原因是当时打电话是双向收费，生怕费用贵，所以常常先借助传呼机收信息，再选择性地用手机回过去。

千禧年初，大量移动基站扩建和完善，手机信号覆盖区域大大增加，加之手机品类繁多，竞相降价，手机不再是奢侈品，而是作为一种方便生活的工具，开始步入了寻常百姓家。这时，我的手机也提档升级，那部伴随我两年多的诺基亚就给了刚参加工作的妹妹。

在手机大举进入我们生活时，手机的主要功能还是通话和发短信，人与人之间的交流更便捷了，但仍比较单一。随着智能手机的出现，过去仅仅作为通话方便的手机已经发生了质的变化，移动互联网的进入，各种应用软件的拓展，使手机变成了一个了解社会变化的万花筒。手机里的世界变大了，它几乎无所不能；手机里的世界也变小了，小到一手在握，尽知天下事。随着手机各种服务功能的完善，我们的生活发生了巨大变化。现在，中国的通信技术走在了世界前列，小小的智能手机早已不再仰人鼻息，我国国产手机不仅价格实惠，而且质量也是上乘。

前几年，女儿到国外攻读博士，那是她第一次独自出门远行，想到远天远地，我们十分牵挂。飞机在香港转机时，我们打开微信和女儿视频，感觉近在咫尺。后来女儿到了国外，有事没事我们也经常视频，遥远的距离被两部手机瞬间拉近，就像从没分开过一样。这样既解了思念之苦，又不像过去那样担心越洋电话的高昂费用。

最奇妙的是我们80多岁的老父亲，他和我的母亲每年都要去珠海过冬。老人年纪大了，可依然努力地学会了使用智能手机，不但会拍照片、发视频、浏览网

页，还能娴熟地在网上订机票、电子付款，在"双十一"那天居然还像年轻人一样去网上狂欢，并且神不知鬼不觉地把"砍"来的货品直接寄给我们。"老夫聊发少年狂"，原来强大的通信还有让人年轻30岁的功能。

如今，曾经用过的座机、传呼机、诺基亚手机，都静静地躺在家里的贮藏架上，就像我一直不肯更换的手机号一样，虽然有些老套，却一直为我珍藏。每次拭去它们身上的灰尘时我就想，其实这些实物都是时代的杰作，是反映变革的最好证明，每一件物品都在述说着一个年代背后的动人故事。而今天，我们身处一个伟大的时代，从通信对我们生活改变的这个侧面就可以看到，新中国成立70多年以来，特别是党的十八大以来，整个国家已经发生了翻天覆地的变化，这让我们油然升起一种从未有过的骄傲感和自豪感，更激励着我们为中华民族振兴、为国家富强、为中国梦的实现撸起袖子加油干，不懈奋斗和努力。

（萧汉明口述，曾任宁冈县卫生局副局长）

乡村客车

我的老家在九陇山脚下一个叫下水湾的小村子，连绵的群山将整个村子紧紧包围，60多户人家的房子都建在山沟小河两边。小时候，通往龙市镇上的路只是一条约2米宽的土路，路面坑坑洼洼，随处可见牛、羊、猪等牲畜的脚印和粪便。

父亲跟我说过，40年前他为了一家生计，跟邻居一起背玉米去龙市镇卖的往事。那时刚分产到户，整个村子都没有一台车，父亲为了能让我们吃饱饭，跟邻居琢磨着将自己种的玉米背到镇上去卖。

为了保证玉米新鲜，母亲和父亲半夜一点上山冲田里掰棒子，弄得浑身湿漉漉的，三点钟左右，父亲换上干衣服准时出发。80斤重的背筐背在肩上，步行30多里路，这是何等劳苦！但那个年月的山里人别无选择，也不觉得有多苦。大概早晨八点多父亲到达龙市镇，山里刚下来的玉米不用吆喝，一会儿就卖完了。父亲和邻居两人吃上一碗米豆腐算是犒劳自己，然后赶忙往回赶，回到家已是下午三点了。

再后来父亲买了辆自行车，就经常用自行车驮着自家产的时令菜去龙市镇农贸市场上卖。那时村里很多人家已用起了板车，我家还没有。

大概我上初中时，不知哪天起村里通了去往龙市镇的客车。客车很破旧，但这是村里唯一通往外界的交通工具，我也希望自己能坐一次客车去龙市城里看看。不过这只能是我心里的愿望，是不能和父母说的。周末放假时，我们小孩子特意跑到大道上看客车，有时兴奋地跟在客车后边跑。客车大约每天早上七点半从龙市发车，去往我们村西边的另外两个村子，路过我们村大概八点，售票员会把小卖店捎来的货物卸下来。龙市镇里有亲戚的人家，偶尔也会得到城里亲戚捎来的旧衣物。从西边村子回返到我们村大概九点，一般坐车的都是去龙市镇办大事的，像存钱、购置孩子结婚物品之类。渐渐地，去龙市镇里卖农村家禽、鸡蛋，或者蔬菜的也开始坐车去了，父亲为了省2块车票钱依然骑自行车往返。

我第一次坐客车，是我考上高中，那也是父亲第一次坐村里通往龙市镇的客车。客车启动后，我仿佛坐上了跷跷板，前摇后晃，心里别提多美啦！尽管窗外灰尘已基本遮挡住视线，但我依然模糊看到村里房子渐渐消失在眼前。客车走出村子的10里土路就上了柏油路，那天我第一次看到龙市镇里的红绿灯，第一次看到路上有很多汽车，也是第一次离开父母，独自外出求学，一切都是那么新鲜，兴奋劲让我至今记忆。

高中三年，每次都是坐客车往返，渐渐地我跟售票员熟悉起来，她几乎知道沿线三个村子的所有大事，谁家孩子考上高中，谁家生孩子了，谁家孩子结婚了，谁家盖新房子了。村里人也信任售票员，会让她捎钱、吃的、衣服给在龙市读书的孩子，或从龙市捎菜籽、肉到村上。售票员也喜欢跟农民打交道，她总说农村人实在，格外喜欢我们这些外出读书的农村娃，说我们比她家的孩子能吃苦，告诫我们要珍惜机会，她有时还把自己座位让给我们坐。

后来我离开家乡读大学，放假回家还坐客车，只不过不再像以前那么兴奋，甚至觉得农村土路颠簸得心烦。有一年回来时，我感觉路面平整了，往窗外一看，原来村里的路已经变成水泥路，还变宽了很多，路上灰尘也少了。坐客车的人也多了起来，不再像以前非办大事才去龙市，而是闲暇时去龙市走亲戚，或者逛商场。客车变成了再普通不过的交通工具，车上装载的物品种类也多了，电器、电脑、新衣物、幼儿辅食，似乎市镇里有啥，村子里也跟着有啥。

最近几年我们那个小村建设西瓜市场，村里人挣钱多了，路上的私家车随处可见。村子里的百姓不再把客车作为唯一与外界联系的纽带。龙市镇里有些人开始坐客车到我们村里承包新农村建设工程项目，也有些人坐车到我们村游玩，去山上挖野菜，在村里品尝农家菜，乡村客车也成为龙市镇里通往乡下的旅游车。

乡村客车，曾经连接着贫瘠的农村和城区，是闭塞的农村人与外界沟通的桥梁，载着多少如我一样的农村孩子走进城里，走向更广阔的天地。它从三十几年前的出行奢侈品到现在的普通交通工具，看似是顺其自然，其实是国力日渐强大的体现。现在的孩子不用再等到考上高中才能坐客车进城，三四岁的农村娃娃都随时可以走进城里"见世面"。

"下水湾村到了，下车提前准备。"我从思索中回过神来，看见父母已在家门口等着我了。

（曾辉林口述，系下水湾村村民）

窑火不熄，匠心不朽

　　那是1997年7月，国企改革的春风吹进了罗霄山脉这块红色土地。当时的宁冈县政府为了使龙江瓷厂尽快摆脱困境，对这个全县最大的乡镇企业实行租赁承包。当时，因龙江瓷厂债务重、风险大，迟迟找不到租赁人。为了减轻政府的负担，我勇敢地站出来租赁龙江瓷厂，并婉言谢绝了当时县委领导要我留在县政府办公室任职的好意，挑起了租赁企业的重担。当时，许多人觉得不可思议，问我为什么要放弃升官过舒适的日子，冒着风险租赁厂子？我理直气壮地说："我冒险租赁这个企业，不是图什么名和利，主要是想让原有的职工不失业，国有资产不流失，趁着年轻闯出一番事业来。"于是，我邀请一帮志同道合的朋友，组成一个能吃苦、懂经营、善管理的团队。起初"门外汉"的我不仅要刻苦钻研管理知识，还要熟悉陶瓷工艺流程操作程序。我凭着一股不甘人后的进取精神，摸索出了一整套企业管理经验，形成了三个管理层次：经营决策层、管理执行层和基础操作层，使企业起死回生走出了困境。1999年3月，龙江瓷厂一分厂实行内部职工产权买断经营，公司又将该厂买断组建成平达陶瓷有限公司。企业的成功投产和经营，不但解决了原龙江瓷厂的下岗职工再就业问题，而且带动了井冈山市陶瓷工业园区的投资热潮。2003年，井冈山市瓷城工业园区有6家瓷厂投资商落户。但时过不久，由于经营不善，有的企业亏损严重，面临倒闭。公司收购了亏损严重的原吉祥瓷业有限公司，重新组建了映山红瓷业有限公司。

19年风雨兼程，19年锐意进取，19年商海弄潮，19年逐梦前行，如今的江西映山红陶瓷集团经历了一个艰辛而美丽的嬗变过程。

2005年1月，公司组建第一生产区（原龙江瓷厂）生产线；2005年3月，买断原吉祥瓷业有限公司组建第二生产区生产线；2005年10月，筹建第二生产区（古城大江边）生产线；2006年10月，筹建第三生产区（新城镇）第4条生产线；2007年6月，筹建第三生产区第5条煤改气生产线；2007年10月，筹建第四生产区第6条煤改气生产线；2009年4月，筹建第四生产区（古城工业园）第7条环保天然气生产线；2010年3月收购原湖南省炎陵神农瓷业有限公司（黄烟埠）；2010年9月第五生产区（古城产业园区）第8条天然气生产线正式投产；2011年3月，第五生产区（古城产业园）第9条环保天然气生产线正式投产；2011年11月，第五生产区（古城产业园）第10条环保天然气生产线正式投产；2011年3月，第三生产区（新城罗陂）第11条煤改气生产线正式投产；2011年8月，第六生产区宏泰生产线第13条煤转气线正式投产；2011年8月，承租飞翔瓷业有限公司；2012年8月，第二生产区（古城大江边）第2条生产线煤改煤转气技改成功；2013年3月，第二生产区（古城大江边）第3条煤改煤转气技改成功；2017年5月，第一生产区（原龙江瓷厂）第1条生产线煤改环保天然气成功。

短短19年，公司从小到大、由弱到强，迅速发展到拥有15条生产线的陶瓷集团，从占地20亩到占地600亩，从固定资产300万元到3亿多元，从一个1000余名员工的企业发展到拥有8000余名员工、下辖11个子公司，生产能力增长数十倍的大型企业，销售额飞速突破，从粗放型的单纯燃煤焙烧生产到天然气焙烧的飞跃发展，从山区名不见经传的瓷业公司发展到年产值7亿多元的市场领跑企业，走过了一条"奋发向上、艰苦创业、追求卓越、创新腾飞"的道路。

集团主营釉中彩瓷、釉上彩瓷、耐热瓷、青花瓷、高白瓷、镁质瓷、新骨瓷、石英瓷等多种类型日用瓷，共100多个器型产品、1000多个花面品种。其中"红杜鹃"商标中高端系列日用瓷，获得了中国品牌发展组织委员会认定的"中国优秀品牌"称号以及江西省工商局、商标局"江西省著名商标"称号，产品畅销全国20多个省市，并远销东南亚及欧美等国际市场，生产总量和规模以及市场占有率居全国前列。

为了促进企业做大做强，走高科技陶瓷发展之路，集团积极与高等院校和研究所合作，得到了景德镇陶瓷大学和华南理工大学专家教授的支持。与景德镇陶瓷大学共同研制开发的"介电常数76和21微波陶瓷材料及器件中试"项目，被列为国家科技创新基金实施项目，与华南理工大学共同合作开发的"新型汽车尾气净化器多孔陶瓷载体及催化剂的开发和中试"项目已申报立项成功。通过与高校的技术合作，产品质量大幅度上升，产品正品率由原来的75%提高到90%以上。

集团在持续发展的过程中，坚持"以人为本、和谐管理、共谋发展"的原则。2011年以来，员工工资实现年平均增长10%左右。近年来，集团先后举办了70余次岗前就业培训，受训员工达1万余人次。吸纳高校毕业生30余人，招收井冈山市内及周边县市农村富余劳动力千余人。这些老区人民，一边在企业上工，一边还能在家乡务农，极大地带动了当地经济的发展，为老区人民致富奔小康奠定了坚实的基础。

在创业成功的同时公司并没有忘记回报社会，原龙江瓷厂买断前300多名职工的社会养老保险4年未解决，集团拿出100多万元资金，解决了原职工的养老保险问题。集团对现有职工家庭困难户逐一登记，予以年终补助，对困难职工的药费和住院费全部支付。集团还为乡村农民修路、建桥、资助失学儿童及困难群众捐资29万元。自1997年创建以来，集团与全体员工多次向灾区人民捐款捐物及扶贫帮困累计达100余万元。

集团创建以来，先后荣获吉安市、井冈山市"纳税增长大户"、"重合同、守信用单位"、江西省"明星企业"、"A级纳税信用企业"、"最具社会责任感企业"、"全国就业先进企业"等荣誉称号。

"长风破浪会有时，直挂云帆济沧海。"在新的历史机遇面前，我将带领映山红陶瓷集团以质量求生存，以规模求发展，不断推动陶瓷产品升级，进一步做大做强做优，为客户创造品牌，为股东创造红利，为员工创造前途，为社会创造财富。

（谢庆武口述，系江西映山红陶瓷集团董事长兼总经理）

旗山脚下书声琅

　　这是一所实行全封闭式管理的学校，一所将精细化管理落到实处的学校，一所实行激情跑操、激情早读的学校，一所将课堂主动权交给学生的学校，一所寝室、食堂管理让学生满意的学校。

　　84年奋进，宁冈中学已是桃李满枝，硕果累累。学校以"先成人，后成才"为办学理念，始终"推行激情教育，打造高效课堂，实施精细管理"，着力培养"德才兼备、经世致用"的人才。学校先后荣获江西省教育厅"先进学校"、江西省"示范学校"，以及"全国学校体育卫生工作先进单位""全国群众体育先进单位"等称号。

　　84年辉煌，宁冈中学正续写荣光，学校学生高考成绩节节攀升，屡创新高。多名同学先后考入清华大学、北京大学，数十名同学进入全国前十高校深造。1988年，初三学生宋晓梁在全国数学竞赛荣获二等奖。2005年，谢紫龙同学荣获全国英语能力竞赛一等奖。2006年，在全国高中数学联赛中，谢添才同学荣获全国一等奖，填补了井冈山教育史上的空白。

　　84年创新，宁冈中学坚持"规范十特色"的办学方向，学校田径队长盛不衰，在省市各类田径大赛中取得了骄人的成绩，培养出3名国家一级运动员、35名国家二级运动员，并为各类高等院校输送了一大批音、体、美特长生。

一、学校简介

宁冈中学简称宁中，它的前身是龙江书院，校址在龙市城西的五虎岭南麓。龙江书院始建于清道光二十年（1840年），系茶陵、酃县、宁冈三县客籍绅民集资创办，当时是客籍子弟求学的最高学府。

1939年3月，宁冈县政府根据葛田乡葛田村乡绅陈家骏（1877—1954年，毕业于江西高等学堂，时任一区中心小学校长）和祖籍湖南茶陵江口、定居新城乡枫梓村黄底靖（1894—1942年，毕业于国立奉天高等师范学校，时任龙江小学校长）的倡议，创办宁冈县初级中学，校址设在龙江书院。1939年10月，学校经江西省教育厅批准备案，春秋季均招生，校长由县长胡良玉兼任，陈家骏任教导主任，主持校务，黄底靖任总务主任，负责学校日常事务。在那全民动员抵御日寇的烽火岁月中，学校虽然仅有8位教职员、40多名青年学生，却是师生齐心，抱定认清德智体的方向，追求真善美的目标，高唱"赴汤蹈火，救国救民，披荆斩棘，奋勇前进"的战歌为学求知，身体力行。1942年9月至1946年9月，杨奋武出任专职校长，他严谨治校，夯实教学，引领学生"勤奋读书，扩充知识，锐造文明，发皇科学，复兴民族，报效祖国"（宁冈县中校歌）。1946年9月至1949年7月，继任校长龙登云整顿校务，完善设施，改革学风，充实师资，学校教育模式初步形成，管理格局基本奠定。学校自创办到新中国成立前夕，共历16届，培养了初中毕业生521人。

新中国成立后，县人民政府接管宁冈初中，始由县长赵协魁兼任校长，萧文经主持学校日常工作，继之由地区教育局先后委派徐警凡、段之帆来校任副校长。1954年，县委调钟应瑞任专职校长。1953年接省教育厅通知，"宁冈县立初级中学"更名为"江西省宁冈初级中学"；1958年9月增设高中部，校名改为"江西省宁冈中学"；1959年下半年因宁冈与井冈山合并，又更名为"江西省井冈山中学"；1962年宁冈与井冈山分治，学校复称"江西省宁冈中学"。1968年8月，因受"文化大革命"的冲击，宁冈中学被撤销，合并于共大宁冈分校，原校址改为县革命委员会招待所。1971年3月，宁冈中学重办，更名为"宁冈五·七中学"（仅办高中），校址迁往龙市观音坪。1972年，宁冈中学迁至龙市骆家坪。1973年下学期，龙市小学原附设的初中部6个班合并于宁冈中学，复为完全中学。

"文化大革命"期间，根据毛泽东1966年5月7日"学制要缩短，教育要革命"的指示，宁冈中学学制改为"二二制"，初中、高中各修业两年，实行开卷考试。同时还砍掉了部分基础课程，片面强调实践，高中只开政治、语文（其中增学法家内容）、农机、农技、革命文艺、军体，停开历史、地理、化学、外语（至1975年才复开外语课），开办多种短期专业班（会计班、农机班、卫生班）。

1974—1975年，学校先后受"张铁生交白卷"和河南马振扶公社事件以及"反右倾翻案风"的冲击，正常的教学秩序又一次受到影响，此时的学生要到工农业生产中去锻炼，实行开门办学，组织学生到工厂和农村去实践和劳动。

1977年4月，校名复称"江西省宁冈中学"。学制初中恢复三年制，而高中仍为两年制，是为"三二分段制"。当年恢复高考，学校应届生中共有3人考上本科、4人考上专科、33人考上中专。中学的课程，在维持现状的基础上作了适当调整，开设政治、语文、数学、英语、物理、化学、历史、地理、生物等课。

1980年，根据全国教育工作会议精神，决定高中恢复三年制，从1979年入学的高中生开始实行。中学"三三制"，一直沿袭至今未变。

党的十一届三中全会以后，经过拨乱反正，学校深化教育教学改革，不断提高教师政治素质和业务素质，加强师德建设，弘扬优良教风，关爱学生，严谨笃学，适应国家和社会发展需要，遵循教学规律和人才成长规律。学校注重学思结合、知行统一、因材施教，创新教育教学方法，倡导启发式、探究式、讨论式、参与式教学，激发学生好奇心，发挥学生主动精神，鼓励学生开拓创造性思维，改变单纯灌输式的教育方法，让广大学生在发掘兴趣和潜能的基础上得到全面发展。

二、教育设施

宁冈中学从工农革命军军官教导队（后改红四军军官教导队）的龙江书院走

出，她承载着井冈山精神，历经风雨，不断成长；她凭借新世纪阳光雨露的滋润，开拓前进，一路高歌。1972年，学校迁入骆家坪后，占地面积200余亩，建筑面积18705平方米，其中教学区60余亩、生活区18余亩、运动区30余亩，拥有逸夫楼、素质楼、实验楼等现代化教育教学设施。实验仪器按江西省高级中学一类标准配置，种类齐全、数量充足。学校多媒体教室、课件制作室、综合会议室都配置了高端多媒体设备。语音教学设备布点遍及每间教室。学校设有独立的音乐教室、练功房，配备了钢琴、各种管弦乐器等较为齐全的音乐器材。学校建有1个400米跑道的标准田径场、1个足球场、5个排球场、4个篮球场、2个羽毛球场、12张乒乓球台，体育设施先进，活动器材丰富。新建学生公寓3000余平方米，设施齐全、宽敞明亮，可容纳400人住宿。

如今，学校教学区、运动区、生活区布局井然，环境优美；教学楼、实验楼、校园网硬件设施完备。严谨、求实、奋进、创新，是宁冈中学的校风；面向未来、全面发展、育"四有"新人、办特色学校，是宁冈中学的办学思想。

三、培养人才

春催桃李遍天下，雨润栋梁满九州。宁冈中学在80多年的办学历程中，以其得天独厚的人文环境、优美典雅的校园风貌、高效优质的办学成果声名鹊起，先后培养了张光宇、萧佩华、傅忠良、颜文、江兴宏、崔学刚、兰小鹏、刘立云、郭国荣、李承、邓小明、范华平、刘小宁等一大批杰出人才。恢复高考以来，学校向高校和社会输送了1.3万余名优秀人才。

革命圣地，井冈名校，弘扬传统，开拓未来，宁冈中学正以崭新的姿态，朝着创一流教学管理水平、一流师资队伍、一流学习环境、一流教学设备的方向，阔步前进。

（钟应瑞口述，曾任宁冈中学校长、宁冈县文教局局长）

老有所为，老有所乐

五虎岭下，龙江河畔，有一所名为井冈山市老年大学龙市分校的学校，每天都有许多的老人在这里或唱歌跳舞，或吟诗作画，或挥毫走笔，或弹琴练拳，或上网聊天……这里，是老年人继续求知求乐的学府；这里，是老年人实现梦想愿望的殿堂。

井冈山市老年大学龙市分校是一所入学自愿、学科自选、学停自便的大学，创办于2006年。通过全体教职员工的共同努力，办学规模不断扩大，教学设施不断完善，师资力量不断增强，初步办成了老年人求知求真的校园、求乐求健的乐园、文化养老的家园、老有所为的田园，学校先后被授予"江西省老年教育先进集体""江西省老年大学省级示范校"和"全国老年远程教育示范区"等荣誉称号。

一、实现老年人的梦想，提升正能量

每个人都有自己的梦想，老年人的梦想是什么？寂寞孤单的老年人，往往十分盼望走出家庭，融入社会，寻求快乐。更有一些老年人希望弥补年轻时未能实现的学习愿望，再学点东西，培养自己的兴趣。

2006年年初，井冈山市与宁冈县合并后的第六年，虽然新市址迁移，但自愿留在龙市落户定居的离退休干部、职工越来越多。这些老同志感到业余生活单调、活动场所狭小，我耳闻大家的呼声后，多次代表老同志向市委、市政府反映，希望创办一所老有所学、老有所乐的老年大学。

我和老同志的呼声得到了市委、市政府的高度重视，当年就决定将原宁冈县总工会办公大楼划拨，筹建老年大学，并由市财政拨款30余万元进行维护装修，添置设备。随后，组织任命我担任龙市老年大学校长。说实话，当时我是缺乏思想准备的。一方面，我对老年大学的了解不多，怕干不好误了事业、毁了自己；另一方面，退休后无官一身轻，家庭负担少，身体又健康，是快乐养老的黄金期，应该根据自己的兴趣和爱好，做做自己想做的事。后来是三股动力驱使，激发了我去面对和接受这个任务。一是领导的信任和器重。市委主要领导亲自出面，组织部主要领导多次谈话做工作。我通过细想，从参加工作到退休一直听党的话，从不讨价还价，我真是做到了"誓做革命一块砖，哪里需要哪里搬"，难道退休后留下一个不服从组织安排的臭名吗？二是老年大学的创办条件和社会认可度。办学场地和经费初步落实，还配齐了学校领导成员，为创办者提供了基础和条件。三是老年教育的新形势和新期待。在物质生活越来越丰富、保障条件越来越好的今天，人口老龄化的时代已经到来，追求精神文化养老的时代已经到来，各级领导高度重视关爱老年人生活。在这种形势下，老年大学大有可为，空间无限，只有起点、没有终点，只有逗号、没有句号。可以说这里有夕阳的群体、朝阳的事业。为此，我深感责任在肩，责无旁贷，务必顺应大势，明确使命，热情投入，积极作为。

创办之初，可谓摸着石头过河。我带领学校一班人迎难而上、敢于担当，去兄弟学校学习取经，编制发展规划，起草学校章程，筹措办学经费，组织师资力量，制定教学方案，发动生源，争取有关市直单位和社会各界的支持。仅用半年多时间，在2006年8月26日，井冈山市老年大学龙市分校正式挂牌成立，首批入学的学员有72人，分为4个班，开设书画、诗词、舞蹈、保健4个专业课程。

经过17年的长足发展，龙市分校从建校之初只有1个教室轮班上课、3名兼职教师，发展到现在共有校舍面积2300多平方米，拥有普通教室3个，古筝、电脑、电子琴和多媒体专用教室3个，排练厅1个，阅览室、书画展览室和大小会议室各

1个，开办电脑、书法、诗词、绘画、歌咏、舞蹈、二胡、拳剑、门球、象棋、古筝、乒乓球、电子琴13个专业，学员900多人次，专兼职教师15名。2012年，市财政又拨款160万元，添置教学办公设备，硬件建设成为当时吉安市各县市区前列。学校以其"开门办校、开放教学"的办学理念，"增长知识、丰富生活、陶冶情操、促进健康、服务社会"的办学宗旨，初步形成全方位、多学科、多层次、多功能的老年教育体系。诚如有位学员赋诗赞道："新校新人新风貌，乐教乐学乐陶陶；同志同学同嬉闹，老夫老妇老来俏。"

二、通过课堂讲授知识，传递正能量

学校从学员的文化水平、年龄结构、身体状况等实际情况出发，按老年人的爱好需求开设课程，研究适合老年人特点的教学方法。我们总结出了"十五字"教学法，在授课方式上采取三个结合：按课表上课和专题讲座相结合，校内班和校外班相结合，专业教学与社团活动相结合。学校主动与书画、音乐、舞蹈、门球等社团组织结合，相互参与，相互支持，共同发展，为传递正能量做贡献。任课教师坚持以人民为中心的教学理念，带着对老干部、老同志的深厚感情上课。他们认真备课，把为老年学员上好每一节课看作自己的神圣使命。学校教学质量不断提高，极大地调动了老年人的学习积极性。古稀之年的退休干部罗招媛，多年来一直坚持来老年大学学习，过上了老有所学、学有所得、得有所乐、乐有所为的幸福生活。

三、营造浓厚文化氛围，宣传正能量

为了能让老年人在潜移默化中接受正能量、释放正能量、传递正能量，我们主要从以下三个方面抓起。一是用校园文化优化学校环境。在校园内建有花池、花坛，栽种多种花卉草木，在各楼层走廊地面摆有各种鲜花，在墙面悬挂名人名言和校训、校风、教风、学风、办学理念、办学宗旨。在教学楼的走廊内，精心设置了一些书画廊，专门开辟了一个诗词学习园地，用以展示学员优秀书画和诗画作品；在每个教室墙壁上，都设置了一个学习园地，供学员们交流学习成果、学习体会和学习心得；在学校院内的围墙上建有一个文化橱窗，适时展出反映学校教学、文体活动等内容的宣传图片及学员的优秀作品，让人感受到每个地点都含温情，每面墙壁都在说话。二是注重办好校报和展板。学校创办了《龙市老年大学校报》，采取图文并茂的形式，宣传党和国家有关老年工作的方针政策，宣传校园文化、教学经验、学员作品等。校报不仅在校内发行，而且向各单位和广大离退休干部职工发放，反响很好。学校还组建了文学创作组，吸纳爱好写作的学员参加，定期组织培训他们，及时采写报道学校的好人好事、重大事件。学校还注重社会宣传，通过举办学员书画诗词作品展等，把校园文化的内容、办学成就和学员优秀作品制成系列版面，在街道、广场等处展出。三是让老年人展示才艺扩大影响。龙市老年大学多年来已形成一个惯例，每逢重大节日，如五一、七一、元旦、春节等节假日，以及每学期结束时，都要组织老年学员演出节目、展示才艺，这样既丰富了他们的精神文化生活，也向社会传递了正能量。比如：2022年10月27日，学校组织了"纪念井冈山革命根据地创建95周年"演出，包含大合唱、舞蹈、声乐等节目20多个，电视台还进行了录像，在市电视台播放，让这一重大活动在全市产生了广泛影响。

四、与时俱进更新知识，增添正能量

随着时代的发展，科学技术日新月异，作为新时代的老年人也要努力掌握新的科技知识，紧跟政策形势，争做现代老人，才能更好地融入社会、服务社会，为实现中华民族伟大复兴的中国梦增添正能量。学校与时俱进，开设许多热门的现代课程，让老年人在老年大学里掌握新知识、追赶新潮流，学有所为，在家庭、社会中运用新知识发挥正能量，走在时代的前列。许多老年人在老年大学里学会了上网、线上支付，回到家里与儿孙交流、与朋友交流，还在网上购物，其乐融融，享受时尚。年过耄耋之年的退休干部左传尧，在老年大学学会上网后，借助网络这个窗口，随时与外界进行联系，身居斗室，在网上可以任意驰骋，学习党和国家的政策，浏览各地的新闻报道。他还利用电脑记录家庭的消费账目，将每天产生的支出，包括柴、米、油、盐、酱、醋、茶，以及工资、水、电等，都记录在册，做到日清、月结、年汇总。他把消费支出，按照统计学的方法，分为三大类，即生存消费、发展消费、休闲消费。然后再将三大类消费进行分解，划分为若干个子项，再进行计算机编码，不仅能够准确计算出各种消费的数字和百分比，还能够制作出各种图表。退休职工李江英以前对智能手机一窍不通，只会接打电话，生活中遇到了很大的麻烦，每次要扫码都急得直冒汗。通过学习后，能够熟练地发信息、拍照片、刷抖音、看日期等，她感慨道："现在不会用智能手机，就跟过去不认字一样，真是寸步难行。"

（张云口述，系井冈山市老年大学龙市分校校长，曾任宁冈县委常委、

纪检书记）

第六章

新 XIN 韵 YUN 龙 LONG 市 SHI

倾听小城的声音

鸟鸣龙市

广场春秋

商贸广场的风景

······

倾听小城的声音

久入芝兰之室，不知其香。在一个地方住得时间长了，似乎也是如此，渐渐地就感觉不出这个地方的美，至少再也找不到初来此地时的那份新奇和特别的意味。龙市虽贵为边界古城，又是朱毛会师圣地，可也不例外。

不过，对这座小城的认识和体验，其中最明显的，就是在这里可以体验着小城的声音变幻。

龙市小城，一直在声音的变奏中不断前行。对于每一个经典的城市，应有其属于特定年代的声音表达，就像那些在历史中风化了的城市记忆，只要那些老龙市人闭上眼睛想象一下，便能回忆起那时的民房、店铺、街道，然后感慨历史的变迁和生活的幸福。

"70后"人的耳朵见证了城镇在工业化进程中的不凡演绎。大小建筑工地，轰轰烈烈的挖掘机和脚手架，指挥台上响起的开工哨子，天空中寂静飞过的鸽群……拆迁和重建，像在城市上空频繁吹响的起床号和冲锋号，而这种号角则源于此地催生出若干新的楼群、新的马路、新的公共设施。在这一过程中，龙市的市政建设也由单一的号角演变成了宏大的交响乐。

日复一日地，耳朵里面的小城在周而复始地奏响时代乐章，汽车喇叭、某种机械的轰鸣、流行音乐的和声，这种繁杂的声音里面有一种铿锵的力度，很像火车车轮向前奔跑时的音律，很能激发人的想象。时代在前进的时候，不仅会留下万象更新的物证，也会在前进的过程中传出声音，这种声音伴着光彩、热度、力度，在生活的海洋里面全方位开花。尽管我们无法抗拒小城的喧嚣，但这又何妨呢？对一个心智健康的人而言，小城中所有的嘈杂和喧哗，不正交汇成一支现代摇滚乐吗？

一个人独处时，不由打量起龙市——这个古老而又年轻的湘赣边界小城，聆听着它发出的声音，发现其中蕴藏的独特味道。那些消失的声音已经永远消失，保存下来的声音，如地方戏剧、民歌小调、贩夫走卒的吆喝声，随着生活方式的剧烈变迁，又渐渐成为老一代人的回忆。

"磨剪刀喽""补锅啰""箍桶哟"……这些老城旧街最熟悉的吆喝声，隐匿于街头巷屋，带着最本土、最亲切的记忆，曾散发着清贫岁月的芬芳。随着改革开放进程的加速，传统的叫卖声销声匿迹了，取而代之的是"收购旧电视机旧冰箱旧洗衣机……"同时伴着"收购旧手机旧电脑旧消毒柜……"21世纪的商品经济浪潮风起云涌，龙市大地又飘荡起一种新的吆喝："收购旧家具旧自行车旧摩托车……"最有趣的是，吆喝声中夹杂着南腔北调，抑扬顿挫，各具特色。这声音听起来简直就是精彩的小品或相声，不啻是一种原汁原味的艺术享受。

城市的蜕变需要漫长的过程，当龙市城开始日渐成长，人们慢慢学会了倾听：小城的新生，正发生在我们身边。请记住小城生长的脆响和剥落，回过头去，在这些声音里，我们会看到一场独特的认知变迁，这是小城留给我们每一个人不一样视角的故事。跟着这多元化的小城声音，我们可以去探寻它成长的轨迹。复调式的声音里，隐藏着小城的长和小城的深，以及与这个小城一起长大的文化。

夏日的某个清晨，悠闲地步入龙市的城北社区，感觉到这里的声音悄然更换了音色。习习晨风中，社区广场上飘来了广场舞旋律，退休大妈们在充满激情的《好日子》中翩翩起舞。富有音乐细胞的姑娘们，拉响了手中的小提琴，优雅的琴声掠过清澈的护城河面。晨光抚摸着小城，路边早叫的蝉鸣，卖早点的吆喝声，又像是小城交响曲中突然插入的轻快小调，突然间让人们精神一缓，心情随之放松。当日午后，聆听了小城诗歌朗诵会，开场的一首《走进新时代》就让人心旷神怡。想来，现代小城是复杂而和谐的，不同音色的声音组合在一起，传统文明与现代都市的交融，让人们觉得这种声音是那么的遥远而凝重，却又如此的灵动而亲切。

作为小城的居民，耳朵是有福的。在公共文化服务体系完善后，在小城聆听的内容多了起来。听觉中，不再是20世纪末单调的地方戏、说书声和电影配音。充分打开自己的耳朵，敞开自己的心灵，所听到的不仅是天籁音乐声、琅琅诵读声和铿锵讲演声，更是小城文化拔节成长的声音。在龙市城中，文化大讲堂、读书论坛、新媒体演讲周等文化品牌活动方兴未艾，吸引着"听讲座一族"。当年迈的老人看到戴着耳机、听着网络讲座的年轻人，就投来羡慕的眼神："你们年轻人好呀，不像我们这一代人，过去缺的就是精神生活！"

小城的声音略显纷繁，用心去感受，感受那难以抗拒的诱惑。当穿越龙市的网状街区，城市就给人们一种想象，这想象在人们心里翻腾起一股热浪，使人无法抗拒对它的歌颂。是的，小城在声音中发育，如春天里的草根，所有的根须都张开了，充分地伸展、膨胀、吮吸，你可以竖起双耳去听，听着她拔节的响声。

小城在扩展，建筑在拔高，这是发展年代必然发生的景象。像客运站、陶瓷车间、农贸市场等场所，它们发出的声音并不一定仅是动人的乐章。大楼工地的敲敲打打声、电锯传来的刺耳"吱吱"声、马路上的车来车往声、商店扩音器的叫卖声；每一种声音，都增加了小城音响的分贝。而这些纷繁的景象，却又掩盖不了小城的休闲品质。在龙市，这座被誉为"来了就想常住"的小城，四处流淌着如同葫芦丝一般丝滑悠扬的声音。环城公路上，一辆辆小汽车呼啸而过，车轮和地面摩擦时发出的"滋滋"声不绝于耳。打开车窗，龙江的呼吸声、码头的淌水声、翠鸟的鸣叫声、秧苗的拔节声飘了进来。那火车鸣笛声时而激越、时而低沉、时而雄壮，凝结着历史的烟云，叙述着光阴的故事，也弥漫着时代的气息。

鸟鸣龙市

突然有一天你惊喜地发现：龙市镇的鸟儿之多，鸟儿歌喉之清脆美妙，可能是众多城市难以相比的。

清晨，无论你是站在绿荫覆盖的阳台上，或是漫步在郁郁葱葱、花红叶绿的前山梨园，都可以听到鸟儿的婉转歌鸣。若是登上高层建筑的屋顶平台或五虎岭高处的亭阁，放眼一看，可以或近或远看到鸟儿欢快自由的舞蹈，三只五只，成双成群，在那一团团、一簇簇、一块块的绿色中高飞低旋。发现这么多鸟儿之后，有心细看一番。在沿江绿化带，叽叽喳喳之下，见到最多的是一种比大拇指稍大的名叫金嘴雀的小鸟，间或有鸦雀和白头翁，也见到黄莺和叼鱼的翠鸟。鸟儿聚集最多的地方要算苗木基地，远远近近的鸟鸣此呼彼应。随便的一树高枝上就有一两只杜鹃、白头翁或是画眉在清亮地歌唱；从某个绿色浓重之处说不定"蓬"地飞起两只斑鸠；还有一种只听见叫着"好天气"，但见不着面的鸟儿总让你感到几分好奇……接连观察几天之后，会发现越是气澄天高的好天气，鸟儿越鸣得欢。

总觉得，世间最具活性和灵动感的东西莫过于鸟儿和水，龙市二者兼得，可谓福矣！五虎岭作为天然屏障挡住了西北寒流，冬无严寒夏无酷热，有"其气如春，四时咸宜"之誉。龙市城郭，四山透环，秀水迤绕。元代进士萧文诗曰："五虎山水翠，龙江漾清波。"宋代国子监博士张朝宗诗云："我行龙市野，四顾多奇山。"明代进士、永宁知县费广行吟："莫以龙市远，江山多胜游。"龙市向称"湘赣边陲重镇"，近几年实施"一河两岸"的城建格局，保留"城抱山水，山水环城"的山水城市特色。城西城南的高山矮岭封山多年，而城中的山都是只有几十米几百余米高的小台山。城里城外青青翠翠，滚动着绿色的波涛，张扬着绿色的风韵。一个个绿色板块和绿色系列工程形成了规模化的绿色效应，为城市留驻了一首诗——鸟儿的歌唱。

潋滟澄碧的龙江从不远处那片苍山中款款走来，腼腆而行，蜿蜒穿城而过，不但为城市增添了几分自然的基质，而且和自然保留了几分血脉联系，在喧闹的城市中开阔出一片灵秀和从容。龙江水清清亮亮，站在龙江桥上，可见江底水草像梳子一样，梳理着，梳理着，梳向了季节深处，滤去了泥沙杂尘，留下了一个明媚的春天。龙江人爱江护江，年年放养各种鱼苗，保持河水的生态和谐。有一条绿色长廊与龙江相伴，一直延伸城外，这条绿色长廊杂种各色林木，以樟为多，葱茏蓊郁，是晨练和人约黄昏后的好去处。龙江和长廊是悬挂在闹市的一幅水墨长卷，花香鸟语，鱼戏水波。

灵性的鸟儿发现这里河水清洌，环境幽雅，空气纯净，更重要的是它们知道这里有着上百年的护林爱鸟习俗，于是把自己的巢筑在这里。仔细观察鸟儿的巢，它们构建得十分精巧别致却又不失古朴自然，像城市楼房一样排列着却不像楼房那样封闭。它们亲切而又坦然地相邻着，友好地相守着，巢中那白晃晃的鸟蛋沐浴在明亮的阳光中，有出壳不久的小鸟在窝内咿呀学语，有的乖巧地眨着好奇的小眼睛向下张望，有的俯首呢喃，相互爱抚，相互梳理羽毛，那神态自若而怡然。忽然江心岛上一阵欢笑声迎风吹来，两个小孩正在与一只白鹭嬉戏，鸟儿欢快地跳着，小孩尽情地追着，连水中的鱼儿也遥相呼应似的，不时跃出水面，溅出朵朵浪花。天渐渐地红起来，满天彩霞让人心醉，清澈的河水泛起金灿灿的光芒，风和煦地吹拂着。

龙江河畔，两岸已被密密匝匝的樟树所包裹，河中的江心岛像一把巨伞，撑在水中央。站在樟树下，百鸟和鸣的天籁之声传入耳鼓，顿觉心旷神怡；悠闲的游人时隐时现地漫步在树藤之间，一对对情侣依偎在树根旁憩息，懒散的老牛正在河边嚼着青草，几只雏鸟旁若无人地站在牛背上啄食……稠密的树林上居住着成千上万只各种名字的鸟儿。鸟儿也像人一样择优而居，垒着自己的小窝。每当百鸟归来之时，龙江寺祈福万物的晚钟便悠扬在寥廓江天，这绿色的波涛中便更多更好地蕴藉了几分神秘和幽静。

龙市八景之一"钟楼晚翠"也是重要的绿色区域，亦是人们骋怀抱趣之所，春晨夏夜，看晓日喷薄而出，听晚风吹过前庭。清同治恩贡生萧人瑞有诗云："钟楼从来景色明，晚霞如金映翠屏。暮鼓唤得牧子归，一行白鹭上青云。"比较起来，你会更爱位于三孔桥边的井冈山根据地烈士陵园，抑或是近水的缘由，这里鸟儿特别活跃。这里凝聚着关于当年毛泽东领导的秋收起义军和朱德率领的南昌起义军余部在龙市会师的一段历史记忆。人们的思绪从喟啾的鸟声中变奏出来，凝视着龙江书院疤痕累累的幻梦和斑驳脚印，遥想萤火虫的流光和夏日蛙鸣。月影下，轻烟笼罩着一片古典，鸟儿都酣睡了。

似岁月敲门，城郊的旗山惊醒了一个多年的梦，细碎的响声开始传出，时代风轻轻吹拂面颊，便拉开了三昌仙旅游开发的序幕。到这里，可抛却渴望和躁动，洗一个温泉浴，咀嚼一个遥远的梦，听长风啸林、飞瀑溅珠、丽雨濡花，可看苍烟落照，一枕清流，余下的是一眼望不穿的绿色。

在城市的急速发展中，龙市人始终不渝地保护和培育好一片一片的绿色。美哉龙市，难怪有这么多鸟儿栖居，人们的评判不足为论，鸟儿的评价应该真实可信。

广场春秋

广场是一座城市的名片与标志、灵魂与核心，也是一座城市历史与现代融合统一的形象代言人。

宏大壮观的建军广场，地处龙市区域中心、龙江东岸，这里原是一片沙洲荒草坪，通过扩宽改造，在1961年10月竣工使用，占地面积1.8万平方米，拥有1000米地毯跑道、灯光篮球场、露天游泳池、音乐喷泉、LED大幕电视、扩音设备齐全的会台，广场中央是朱德和毛泽东握手铜像，东西两侧是园林绿化带，其中掩映着三拱桥、会师纪念堂。一块巨型景观石上，镌刻着"红四军建军广场"几个镀金的遒劲大字。一篇记载广场历史的碑文，让人驻足："1928年5月4日，井冈山根据地军民2万多人，在此召开庆祝两军胜利会师和成立中国工农革命军第四军（同年6月改称为中国红军第四军）大会。会议执行主席陈毅宣布四军成立，朱德任军长，毛泽东任党代表，王尔琢任参谋长，陈毅任士兵委员会主任，下设3个师9个团……"

在人们的记忆中，广场曾是原宁冈县城政治生活的舞台，那里常召开万人大会，高音喇叭如同轰炸机在龙市上空啸叫，地面红旗漫卷，口号喧天。留给人们印象，那时的广场是一张红色的神情肃穆的脸。

记得1964年，广场的表情逐渐放松，除了大型节日，那里很少再出现人头攒动、焰火满天的情景。广场上的草长野了，成为中小学开运动会和上体育课的场所。更多的时候，它是低年级学生放学后不回家的主要原因。那个年代的儿童游戏丢沙包、踢毽子、滚铁环、打陀螺、跳绳等，都需要开阔的场地，广场因此成为每个龙市人难以忘却的一段回忆。

在漫长的20世纪70年代，广场一直处于不知所终的落寞状态，似乎一个人从一个时代来到另一个时代，不知怎么调整自己的心态。在以"阶级斗争为纲"的年代，广场从龙市生活的中心地位移到了边缘，广场的质地变得柔软，却又没有柔软到像"城市的肚皮"那样可爱的程度。因此除了一些学开汽车、自行车、摩托车的人和少量恋人会偶尔光顾那里，广场上就只有黄昏飞往五虎岭的白鹭的影子了。

80年代后，改革开放大潮汹涌而来，广场又有些严肃了，县法院经常在这里召开对犯罪分子和流氓团伙的宣判大会，广场成了县城的普法课堂，全城的中小学生都要去那里接受教育。法院院长锋利的声音让每个犯罪分子低下头，让整个广场屏住呼吸。人们沉默地从广场散开回家，法院院长的声音还在耳畔盘旋，教导人们好好学习、天天向上，做一个知法守法的人。

之后，广场变成了一座巨大的商贸市场，许多外地商人在这里摆摊设点，有的推销时髦服装，有的叫卖土特产品，有的兜售家用电器和杂货，还修了一座现代儿童游乐场。

广场在黄洋界脚下徘徊了差不多十年，忽然来了灵感似的，以令人吃惊的速度推出了自己的最新样貌。2000年春天以来，广场一天赶着一天地朝着城市休闲广场的定位奔去，它迎来了朱德和毛泽东握手铜像、雕龙画凤的迎宾门……都市里的时尚元素嫁接在古朴的山水间，成为小城的休闲风景带。

于是引来几个练气功的人，他们站在塑像前、会台上，感应新时代的强盛气脉，吸纳它来涵养胸臆、壮阔情怀。继而又来了一些舞剑的和练太极拳的人，他们在晨风夕阳间舞动俯仰，舞出各种英健柔美的风姿；古典的流韵从竹叶松枝间悠扬婉转出来，超逸而高远，那瑶琴、银筝、玉箫、凤琶的清音便在指掌与剑影间回旋缭绕，俨然古代绅士一流的风神韵致。

广场兴旺起来后，大街小巷的人都来凑热闹，世上千种买卖万种生意都来这广场上做，那些宋代的瓦、元代的土、明代的石头、清代的木头、民国的砖、当代的树；看得很累，听得很苦，年年月月没一刻静思的时候。

在朱毛会师80周年之际，广场翻修一新，首先是青铜铸造的朱德和毛泽东会师塑像紧紧相依，肩并着肩，手握着手，高高地伫立在广场中央。他们还是那样脚穿草鞋，还是那样年轻精神，还是那样雄风依旧，还是那样目光锐利。步入其中，宽大的演绎会台，别致的程控喷泉，精美的石基石阶，奇异的花草树木，彩色的水泥通道两旁对排着颇有纪念意味的28盏梭镖灯。梭镖灯下，流光溢彩，飞红涌绿，新世纪的各种流行色使这里成为一个极具现代感的场所。

华灯初上的广场里，没有正规的舞台。大家围成一个圈子，就是精彩纷呈的舞台。这个原生态的舞台，没有演员和观众之分，只有居住在广场附近的你、我、他。在激情的旋律中齐声歌唱，我们都是演员；为大家热烈鼓掌，为自己由衷喝彩，人们都是观众。

在小城龙市，市民不仅对广场歌唱情有独钟，还自发形成一个个露天舞台，跳交谊舞、探戈舞、健身舞……任何一个来到广场的人，都可以找到适合自己的激情和快乐。外地游客一到广场，也会情不自禁地融入其中，或一展歌喉，或俯仰转腰，或踢踏压腿，或翩翩起舞，或凝神肃目……

小城广场，已经成为龙市人的一个精神家园，折射出市民对健康文明快乐和谐生活的向往与共享。每天早晚漫步其中的几百名居民和游客，形成了一股涌动的人流，在他们中有一年出不了几次门拄着拐杖的八旬老人、躺在婴儿车里的孩子、跳折扇舞的中年妇女、大方地挽着手的情侣、拍照留念的高中毕业生、坐在台阶上托腮作秀的业余诗人、捧着速写本写生的小城画家……现代的广场成为市民休闲、娱乐的最佳场所，从人们安逸祥和的脸上，看到了他们生活的幸福和满足。

商贸广场的风景

　　一幢幢风格迥异、式样新颖的楼房拔地而起；一条条宽阔平坦、水泥路面的通衢大街映入眼帘。但凡途经这里的南来北往的游客，无不翘首观望，驻足流连……

　　2012年，龙市首个大型商铺和住宅小区为一体商贸广场破土兴建，2015年10月正式开业，并逐渐成为龙市规模最大、档次最高、辐射最广的大型交易市场。这么多年来，发展、转型、升级的商贸广场，见证着这座城市经济、社会的变迁，反映着龙市商业欣欣向荣的景象。

　　上了些年纪的龙市镇民，或许还记得20世纪80年代末龙江路的繁华。那条具有明清建筑风格的老街，两侧店铺林立，骑楼就像一把撑开的大伞，为行色匆匆的顾客和行人遮阳挡雨。这里每天商贾云集，车水马龙，南来北往的货物经此中转，是当时湘赣边界最大的交易市场。

　　龙江路交易市场不断发展壮大，同时还有各种形式、各种规模的商户不断涌入，致使龙江路自身的一些短板集中呈现，诸如道路狭小、交通拥堵严重，木质房屋破旧、消防安全隐患大……其市场承载能力很快到了极限。

　　"随着经济的发展、商业的繁荣，龙市的商圈逐渐有向北扩张发展之趋势，商贸广场便是在此背景下应运而生。"商贸广场的创始人、吉安恒鹏实业公司总经理王大鹏说。2012年，他们投资426万元，在龙市沿江路、会师路交会处，毗邻319

国道的位置，开工兴建商贸广场。2016年5月，商贸广场竣工投入使用，建有标准商铺200多套，占地面积44467平方米，建筑面积80913平方米，设计规划为商住一体小区，集商场超市、陶瓷工艺、家具建材、五金百货、沿街店铺、农贸市场为一体，初步打造成高品质的城市居住环境和一体化的购物环境，追求超前、健康、绿色、环保的生活意境。

"当年开业时进驻的商家不到100家，不到商铺总量的一半。市民反应比较冷淡，并持怀疑态度，不太相信商贸广场能兴旺起来。"王大鹏说。当时他们建起了服务性管理团队，支持商户经营发展；采取了招商支持服务，争取政策支持减免税费，免费帮进驻业主搬迁，免两年物业费等有效措施。经过几年的苦心经营，商贸广场逐渐红火起来，市民争相来此交易，车来人往，呈现一派繁荣景象。

商贸广场当时的设计将东西方建筑风格融为一体，在明清建筑风格中透射出现代气息。广场内道路宽广、四通八达，大型车辆可直通各商铺门前，货物进出十分方便。同时，市场所经营货物品种几乎囊括了老百姓的衣、食、住、行各方面，来此进行一站式采购，可满足顾客全部的需求，这是其他市场无法超越的。渐渐地，龙市商贸广场发展成为井冈山市规模最大、档次最高、辐射最广的大型批发零售市场。

城市现代化进程日益提速，传统经济形态与城市功能提升之间矛盾日益凸显，商贸广场无论是从市场需求、市场规模、硬件设施，还是公共设施配套、服务理念手段等方面，都已经适应不了新的业态发展，推陈出新势在必行。经过多方考量，2019年，一座崭新的商贸广场拔地而起。设计规划占地面积8887.74平方米，融生态、文化、商业景观于一体。

近年来，龙市新建了不少专业市场，然而，各个专业市场定位不同。商贸广场是综合体项目，一个人生活中的衣、食、住、行等需求，在商贸广场里都能得到满足。商贸广场项目主要包括商品交易市场区、商业服务配套区和生活服务配套区三大部分，将生活、商业、服务三者合为一体，相当于一个小型的城市。

在商贸广场进口处，近年新建了一座雄伟高大的牌坊，取名鑫街，牌坊大门两边镌刻书法家龙学昌书写的镀金楹联：上联为"绿映山林四季香，红辉历史九州颂"；下联为"龙江水碧起龙吟，虎岭山青藏虎略"。两侧的美食街，简直是"吃货"的天堂，山珍海味，应有尽有：豆饼、麻糍、薯条、铁板豆腐、火爆鱿鱼、红烧螃蟹、炸鸡腿、炒米粉、水煮鱼、香芋卷、艾米果……

商业广场是民俗和文化的沉淀。它有一种色彩，或者说是一种格调，那是一种暖意和贴心，小吃街上的满目色香，会让你的脚步随即放缓，不管你是不是敞开胃口，"秀"色确实可餐。

到哪里都离不开吃的话题，无论是多么的寡言少语的人，谈起吃来都是津津有味的吧！

大酒店是谈事的地方，小吃街是怡情的地方，如果说大酒店是人们优雅的装饰，那小吃街才是地域文化的风情。

夜幕降临，稍暗的色彩更像是把小城装上了滤镜的油画，能看到那种不带禁锢和粉饰的烟火气，走在这里的人们，不需要职业气息，不需要晚装和过分地涂抹。

适合这里的氛围是牵手漫步，或是里弄街巷的随意私语和倾听。

如果，你只是把商业街当作休闲娱乐中心那就是太不懂它了，从"鑫街"的名字上就能断定这是一个有历史的街路。

历史的厚重感是带有气场的，这种气场扑面而来让你肃然止步，从上看到下，从左看到右，那几乎都是百年的建筑，令人叹服。

建筑不只是文化，也是历史，是小城的收藏。这些建筑无一不透露着舶来的印记，那些长着外国面孔的门窗和墙垣，有艺术的潜藏，也有屈辱和伤痛。

飞在步行街上空的无人机，以另一个视角在凝视，但那并不是完全的居高临下，飞得高了，会觉得渺小，而且看不出小城纹理的立体和沧桑。

天慢慢地全暗下来了，灯光终于不再只是装饰，它照见了凸起的坎坷，也隐晦了凹进时空里的皱褶。

商贸广场的夜晚，也不是黑白，那是带着绯红的彩色。

瓷城的崛起

　　龙市，湘赣边界的山城，井冈山下的古镇，是朱毛红军会师的圣地，开辟了一条武装夺取政权的革命道路。现在这座古镇已跻身为全国屈指可数的重点建设镇，建成了一座充满神奇与希望的陶瓷基地。

一

　　庄前村新坞垅，这块方圆数里、横竖上千亩的旷野，地底下沉淀着一部伤痕累累的地城志：20世纪60年代的小株密植示范区，70年代"割资本主义尾巴"的重灾区，80年代优质烟叶高产区，90年代打窑烧砖泛滥区，如今摇身一变成了闻名华夏的井冈山陶瓷工业园区。短短几十年，沧海桑田，旧貌变新颜。当要解读瓷城建设这部历史时，记忆便拉回到21世纪初的那些不平凡的岁月。

　　2001年11月29日，吉安市政府市长办公会议讨论研究，同意批准井冈山市建设一个陶瓷工业生产基地，规划面积80公顷；

　　2002年4月11日，井冈山市政府发出6号文件《关于2002年工业园区建设的意见》，强调要完善和发展龙市工业小区，以发展陶瓷生产、陶瓷机械及配套加工业为主，推进产业优化升级；

　　2002年7月9日，井冈山市委、市政府发出19号文件《关于加快我市新城区工业园区和井冈山瓷城建设的意见》，明确提出发挥优势，在龙市建设一个高档次陶瓷业生产区，定名为井冈山瓷城；

2002年8月9日，井冈山市委、市政府发出22号文件《关于井冈山瓷城建设的实施意见》，对建设井冈山瓷城的指导思想、总体规划、管理机构和优惠政策作出详尽的部署；

2003年4月13日，井冈山市委、市政府发出14号文件《关于加快工业园区建设的补充意见》，进一步明确瓷城建设的项目进区任务和工作措施，把引进项目纳入市直单位和乡镇年度考评目标管理；

2003年6月12日，井冈山市政府印发了井冈山瓷城建设一期、二期实施方案，重申了瓷城建设的指导原则、建设目标，细化了瓷城管理的领导分工、职能范围、操作办法。

……

浏览上述记录，大略可以触摸到瓷城工业园建设发起、发展以至发达的基本脉络。瓷城的建设同样有迹可循。

2002年7月20日，市委常委会议重点研究工业园区建设，井冈山瓷城的开发建设由此列入重要议事日程；

2002年10月25日，市委、人大、政府、政协四套班子领导成员召开联席会议，讨论通过了《井冈山瓷城建设的实施方案》，成立了井冈山瓷城项目招商领导小组；

2003年3月11日，由副市长主持，在龙市镇召开了瓷城建设现场办公会议，对征地及"七通一平"等具体问题研究解决办法。

2003年3月12日，瓷城工业园开发土地312.34亩，3月18日在庄前举行首期入园企业奠基仪式，四套班子领导参加奠基仪式；

2003年3月28日，副市长主持，召集有关单位及庄前村、组负责人，在

龙市镇召开了促进瓷城建设协调会议，就征地免税、合同商签、项目招标等迫切事项进行协调磋商；

2003年7月26日，市委常委会议召开，研究了井冈山瓷城管委会组成人员、办公场地、开办经费等一揽子具体事宜；

2003年10月8日，市四套班子领导，及各乡镇场和市直有关单位主要负责人共80余人组成的督查组，视察了瓷城工业园的建设及项目进园区情况。

……

罗列上述过程，可以把握住瓷城工业园建设决策、决战直至决胜的根本动向。

毫无疑义，创办庄前瓷城乃是井宁合并后新井冈山市经济建设和社会发展中的大动作、大手笔。好风凭借力，一跃上青云。跨世纪的春风，吹融了冰封的黄洋界，吹醒了沉睡的龙江河。是怎样一缕又一缕的春风，催生嫩芽，绿了旷野？这是北京传来的声音："要集中全国人民的智慧和力量，聚精会神搞建设，一心一意谋发展。""要营造鼓励人们干事业，支持人们干成事业的氛围。""放手让一切劳动、知识、技术、管理和资本的活力竞相迸发，让一切创造社会财富的源泉充分涌流。"那是省委发出的号令："以工业化为核心，以大开放为主战略，以机制体制创新为强动力，全面提升经济综合实力和竞争力。""对接长珠闽，联接港澳台，融入全球化。"市委、市政府清楚地认识到工业化是发展经济的必由之路，工业园是实施工业化的坚实平台。看准风向，认清形势，抓住机遇，创办工业园区的理念、思路、手段便油然而生，呼之即出。压力变成动力，天时之遇也。

井冈山瓷城上上下下，无论是老板经理，还是工人门卫，一致公认，没有市委、市政府，就不可能有今天的瓷城。为何新城区建了工业园，还要在龙市建个瓷城？原宁冈有藏量较为丰富的瓷土资源，有30多年瓷业生产的历史经验，有一批熟练掌握制瓷技术的人才，此三大优势人人皆知。而选择在龙市庄前建设瓷城，则由于该处交通便利，319国道穿境而过，地势平坦开阔，供水供电等基础设施建设成本较低，周围乡村务农劳动力过剩，返乡民工也多，便于招工，这三大有利条件显而易见。优势奠定基础，地利之赐也。

历史总有那么多惊人相似的重复。2000年，宁冈再次与井冈山合并，市政府迁徙，机关搬走，建设重心转移，社会事业萎缩，一切都在"想当然"之中。有人担忧，人气消减，市场疲软，生意难做；有人埋怨，拿不到项目，包不到工程，无钱可赚，又无田可种；有人发牢骚，城镇管理缺位，交通安全失控，文化生活贫乏。面对可能出现的经济萧条、人心动荡、秩序混乱，市委、市政府以热衷担责任，用智慧寻出路。招商引资，创办瓷城，让有钞票的当股东分红，有技术的展才华图报，有体力的进工厂拿薪。瓷城建，公司立，厂子多了，人气旺盛，游客火爆，房地产升值了，街市繁华了，学校生员满了，一切又在合乎情理之中。员工满意，农户欢迎，居用支持，干部群众都拍手赞成，顺应了时代潮流，符合了民意需求。危机化为生机，人和之造也。

逆浪行舟，击水三千，方显英雄本色。

二

瓷城就建在庄前，市委、市政府确定，随即马不停蹄，组织了管理机构，调集了工作人员。任务最紧、担子最重的是征地拆迁组。负责领导指挥此项工作的张伟，时任市长助理、龙市镇党委书记，尽管他雄心勃勃、底气十足，仍然对此项工作深感头痛。

破冰之旅终于启程。2003年的春节过后，大地刚刚苏醒，料峭春寒扑面而来。由瓷城管委会和龙市镇乡村干部组成的6个工作组，在管委会主任李科和龙市镇镇长林道喜的带领下，分赴庄前6个小自然村，进农家、拉家常、说真话、交真情、办实事、求实效，难题无不迎刃而解，群众无不"理"清"气"顺。工作组早出晚归，趁热打铁，仅4个日夜，做通了160多户村民的思想动员工作，完成了400余亩土地的实证任务，确实是令人料想不到的奇迹。土地补偿、农田灌溉、饮水安全、环境整治、学校维修、村道硬化以及招工照顾、招标优先等，该答复的承诺了，该办理的落实了，村民还有什么后顾之忧呢？天底下的农民最纯洁、最朴素。对失去土地后没法种粮，没有粮食吃，他们很愁。这种土地意识，乃是悠久的、醇厚的生命意识。为此，对于三两户稻田全征无剩的人家，镇政府、村委会采取果敢措施，统筹协调，合理调剂部分农田，广大村民终于心悦诚服，积极配合。

这是一个"寒鸡号荒林，晓风吹残月"的清晨，张伟坐着汽车疾驶在开往庄前的319国道上。3分钟前他还躺在龙市希望医院的病床上输液，输液未完就接到一位镇干部的电话报告：大江边农民文某想不通、说不动，成了征地拆迁遇上的最后最顽固的"钉子户"，需要一把手出面。张伟二话没说，拔针下床，喊车走人。到了大江边，张伟推开文某的家门，只见一位老汉正蹲在炉灶口。张伟同他打招呼，叫了几声，老汉都未起身。村干部告诉老汉，是镇里的党委书记来了，他才缓缓地直起腰来。张伟惊讶了，这老人上身披了件打补丁的旧棉袄，下身穿条褪了色的单裤，脚上居然没有穿袜子，拖一双脏兮兮的解放鞋。"你家几口人？""四口，老伴过世，两个男孩，一个女孩。""孩子呢？""男孩广东打工，女孩闲着在家。"他指指门外，一个衣着褴褛的大姑娘挑水进来。两三间旧屋，残败的门窗，破烂的桌凳，家徒四壁，没一件像样的家具。"真没想到还会穷成这个样子！"张伟同老头一问一答，不知不觉融洽地聊了起来。从贫穷谈起，谈穷则思变，谈勤劳致富，谈建设瓷城的好处，谈征地后的出路，一聊大半个早晨，老汉终于茅塞顿开，破涕为笑。谈到征地，为何老汉这么执着，不肯松口，原来他也是担心以后田没了没粮吃，张伟告诉他镇里已有调剂农田的处理办法，他才如释重负，心中的石头落了地。

光阴荏苒，5年后的春天，庄前村委会的主任聊天时聊到那个叫文某的老汉。据说他家现在可变了大样，儿子、女儿和他4人都在瓷城上班打工，每月有近万元的收入。一家人建了一栋三层的小洋房，买了两辆摩托车，家里有一套现代化家具，彩电、冰箱、洗衣机样样齐全，做饭炒菜液化气，烧水洗澡太阳能。大儿子娶了媳妇，二儿子找了对象，女儿冬天要出嫁，日子过得开心极了！一滴水反映太阳的光辉，今日的庄前幸福农户，何止文老汉一家！工业化带来的文明进步，工业园创造的社会福祉，定会载入一个时代的史册，一个地域的方志，一个姓氏的族谱。

三

雨后斜阳，关山阵阵苍；春绿人间，繁花郁郁香。2003年春天，井冈山瓷业工业园开工建设。两年后的2005年春天，有一篇文章是这样报道的：目前，工业园区已集聚陶瓷生产和相关配套企业24家，其中已投产的22家，在建的2家，固定资产投入累计达2亿多元，日用瓷产量3.2亿件；到去年底，园区工业生产年总产值31298万元，与上年比增长34.9%，实现销售收入28738万元，与上年比增长34.6%，上缴税款1137万元，与上年比增长62.4%；从事陶瓷及相关产业就业人数1.2万余人。六年后的2009年春天，一篇文章这样写道：井冈山全力实施"工业强市"战略决策，使工业园区陶瓷产业得到了飞速发展，园区现有企业达32家，其中陶瓷生产企业18家，拥有陶瓷生产线23条，从事陶瓷生产员工1.5万余人，年生产总值突破5亿元大关，年上缴税收2000万元，年发放员工工资总额达1.5亿元……

数字对比是枯燥的，新闻记录有时也是僵硬的。但如果用笔将松散的点串联成紧密的线，那向上高扬的轨迹，似雄鹰奋飞之翼，如峭壁突耸之脊，又像描绘井冈山瓷人开拓创业的五线谱，唱出来肯定是令人荡气回肠的。真盼望有一支"井冈瓷城歌"问世并传唱开来，而作者非瓷城管委会莫属。因为他们秉承市委、市政府的要求，亲身参与，实地指挥，既是过程实施的组织者，又是战斗在第一线的战士。这支歌应当表达他们建设瓷城的创新理念、创新思路、创新手段。

筑巢，打造特色平台，引来金凤栖枝。按照市委、市政府全力实施"工业强市"的大政方略，以陶瓷工业生产基地为载体，扩大陶瓷生产的产业规模，形成整体优势，产生集聚效应。原来零星分散的几家瓷厂发展为一个以日用瓷生产为主体，集陶瓷原料、陶瓷机械、陶瓷彩印、陶瓷包装、陶瓷运输为一体的陶瓷产业区。这就是井冈山瓷城的优势、特色。瓷城建设伊始，管委会的工作重点在瞄准陶瓷产业集群建设的同时，坚持高标准、高起点、全方位推进园区基础设施建设。管委会协调各村组，协调各单位，全力攻关，拿下"七通一平"（道路通、给水通、电通、排水通、热力通、电信通、燃气通，土地平整），提升配套水平，优化投资环境。通过分步实施、滚动发展，一个布局合理、设施完备、功能齐全的陶瓷生产基地初具规模。

万事开头难。有多少次推土整地时，被村民拦下机车不能作业。是管委会的领导晓之以理、劝之以情，做通了村民的思想工作。又有多少回修路挖渠时，被百姓阻挡工人无法施工。是龙市镇的干部融爱于导、寓诚于教，排除了当地百姓的思想障碍。有一次企业的老板与当地群众发生争执，差一点儿要闹起来，还是管委会的工作人员及时赶到，苦口婆心地宣传动员，把纠纷处理在萌芽之中。无论是炎炎烈日，还是汹汹暴雨，为瓷城的早日建成，他们随叫随到，总能化险为夷，转危为安。披荆斩棘之劳，筚路蓝缕之功，写在瓷城的红墙绿瓦上，烙在瓷人的脑海心目中。正是他们靠"四管三帮"（管规划、管设计、管质量、管工期，帮征地、帮拆迁、帮筹资），强势推进园区建设，磁石般吸引内外客商，锐不可当的发展浪潮滚滚而来。

固巢，营造优良环境，助卧龙腾飞。所谓环境，无非是指这几个方面，即地方领导真诚的支持扶助，优惠政策措施的实施落实，社会秩序的稳定安全。所谓"营造"，从管委会的角度，以其独特的地位和能耐，要做什么、该怎么做，他们是一清二楚的。而营造投资"成本最低、回报最快、信誉最好、效益最佳"的发展环境，管委会除了对生产基地进行封闭式管理，实行一块牌子对外、一个章子生效、一条龙服务的管理模式外，对进入基地企业从建设到生产的全过程，下足功夫落实"四个到位"，即优惠政策到位、兑现承诺到位、管理职责到位、热情服务到位，使陶瓷生产基地成为投资者的首选之地、创业发展的乐园。瓷城管委会原主任李科说得实在："摆正位置，转变职能，强化该管好的，弱化应少管的，转化不应管的。"这就是他们思考的魅力、工作的动力、奉献的潜力所在。

立足庄前瓷城，放眼井冈山外，管委会倡导履行社会责任的赤诚之心，鼓实劲去当好"五个员"(企业的管理员、矛盾的调解员、环境的监测员、决策的参谋员、市场的营销员)。只有身体力行，才能心想事成。在企业纷纷上马投产的2004年6月，中央七部委在全国范围内开展为期三年集中治理车辆超载的统一行动，部分货运业主不敢出车，导致陶瓷企业燃料原料紧缺，产品严重积压。管委会立即组织专人，深入调查研究，提出了严格政策界限、理顺执法职能，恢复车辆吨位、规范公路收费，挖掘内部潜力、降低管理成本，督促供电部门、实行大工业用电价格等4条措施，上报市政府决策参考。紧接着8月底，管委会又在恒华公司召开全市陶瓷企业老总联席会议，协商调整陶瓷产品的销售价格，为陶瓷企业团结协作、形成合力、应对危机、走出困境，起到了引领扶持作用。一个又一个瓷业公司的入园投产，一批又一批的海内外客商纷至沓来，伴随着陶瓷企业协会、陶瓷科研所、陶瓷技术培训学校的建立，革命老区经济建设展现一道亮丽的风景线。

回首往事，记忆犹新。在那个丹桂飘香的金秋，人们走进瓷城建设的现场，繁忙的气息扑面而来，快捷的节奏响震山野。挖掘机不知疲倦地挥舞着长臂，运土车秩序井然地往来穿梭，机器轰鸣，人声鼎沸。站在建筑架上操作的工人，像缀在蓝天中的簇簇星光；蹲在土堆上指挥的领班，又似飘在大海里的片片帆影。在这夜以继日、通宵达旦的劳作之后，一幢幢大楼迅速封顶，一块块绿地顿即铺满，展现在人们的眼前。8个月后，2003年10月8日，国土资源局引进的富凯瓷业有限责任公司正式投产；2003年10月9日，古城镇政府引进的华丰瓷业有限责任公司正式投厂；2004年4月26日，由东上乡、荷花乡政府共同引进的富源瓷业公司举行开业奠基仪式；2004年8月4日，由睦村乡政府、工业园管委会引进的五环陶瓷有限公司建成隧道窑，点火开工；2004年8月10日，由工业园管委会、市财政局引进的新苑瓷业有限责任公司破土动工，开始建厂……

千年的黄土坡，百年的红土地，日出而作、日落而息的穷乡僻壤，崭露出一个粗具现代工业文明的陶瓷城。

一路通百业兴

　　一条路，让田间地头的绿色蔬菜在当天就能端上城市居民的餐桌；一条路，让常年靠双脚走远门的山里人，在村口就坐上了公交车；一条路，让城里人开着汽车就能直达偏远的乡间，呼吸新鲜空气，体验地道乡村生活……

　　一条平坦的硬化路穿过田野，几辆大卡车停在路边，周围挤满了前来卖西瓜的农民，堆成小山似的西瓜被装进编织袋，整齐地摆放在车厢里。"这些新鲜的西瓜今天晚上就能运到吉安市农产品批发市场，城里人很喜欢。"在龙市镇渡陂村村头，瓜农曾海仔从客商手里接过厚厚的一沓钱，这是他刚刚卖掉一茬西瓜所得的收入。这个夏季，对他而言，是个十足的收获季。

　　然而，曾几何时，在龙市镇农村地区，群众出行"看见一村庄，走得泪汪汪"，多个乡村的群众出行要跋山涉水、运物靠人背畜驮。"过去住在深山老林，有的老人一辈子都出不了一趟门，路太难走了。"曾海仔感叹道，"像如今在家门口就能卖掉农产品的自由生活，那时候是想都不敢想的。"

　　"要想富，先修路"成了山里群众谋求发展的共同心声。党的十八大以来，龙市镇进行了大规模农村公路建设，通过公办民助、"以工代征"、"一事一议"，全镇村组全部修通了公路。2016年，全镇100%的建制村通沥青（水泥）路；2022年，全镇100%的建制村通客车，农村道路建设多次受到上级部门点赞。"这个时期，龙市农村公路投资力度、建设规模、发展速度均创历史最高水平，成为井冈山新农村建设的一大亮点，全镇3万多农村人口全部受益，农民群众基本上实现了'出门有路、抬脚上车'。"龙市镇领导人说道。

农村公路，连接起了乡村与城市，打通了贫瘠与富足、困顿与希望。"路通了，桃李瓜果的身价都不一样了！"相公庙村党支部书记说，"过去由于没有通村水泥路，乡亲们种的桃李瓜果卖不上好价钱，随着井冈山市公路修好，村民种瓜果的收入也一年赛过一年。"

一条井冈山公路，不仅解决了龙市镇南部乡村老百姓的出行问题，更是最大限度地降低了老百姓发展奈李、葡萄、柑橘、肉牛、鸭鱼等产业的运输费用，公路沿线村子的连接更加紧密、交流更为频繁，当地盛产的农产品再也不会无人问津，而是销往全国、供不应求，农业经济得到高效发展。

群山吐翠，鸟语花香；小河流水，银光闪烁。优美的自然风光是吸引游客的重要因素。大仓位于龙市镇北部，与古城镇长溪村交界，所在的河谷及两侧山脉之间风景秀美，但长期以来道路坑洼、交通闭塞，无人知晓。自2016年环村硬化路修到长溪后，这里的一切都变了样。依托绝美的风景，大仓建成了旅游度假风景区，开发了众多具有视觉、心理刺激体验的旅游项目，成为龙市镇及其周边群众游玩的好去处。一条条新修的通村路，极大地带动了乡村旅游业的兴起。龙市的"绿水青山"变成了"金山银山"。

一排排房屋鳞次栉比，门前屋后干净整齐，人畜分离棚圈整齐划一，层层叠叠的坡耕地，奔流婉转的龙江河，平坦绵延的沿河路……放眼全镇，与石陂村一样，许多地区把农村公路路域环境整治、美化绿化与改善人居环境结合起来，助推"美丽乡村"建设。条条农村道路似玉带一般在乡间蜿蜒延伸，把秀美的村庄、生机盎然的田野与远处的群山串成一道美丽的风景线，让"车在路中行，人在景中走"，成为农村公路建设的突出特点。农村公路的修通还大幅度拉近了城乡距离，推进了基本公共服务均等化，农民看病更方便了，不少农村娃也能坐上班车了。龙市镇于2014年被江西省交通运输局确定为井冈山特困片区交通扶贫攻坚示范试点，全镇通村硬化路里程达到100%，建制村通畅率达到100%，比原计划提

前了3年。

农村的公路修建难，农村公路的养护管理更难。龙市镇坚持"建一条、管一条、养一条"，狠抓养护管理。按"一村一站"要求，全镇14个村均成立了农村公路管理所；严格落实"一路一长"要求，各村均设立了村道路长，农村公路路长覆盖率达到100%，真正做到有路必管、管必到位。

谁为民办事，老百姓就会记住他的恩情。在高陇村通往龙市的最后5千米道路开通的那天，附近的老百姓自发地来到仪式现场，燃放鞭炮表达对施工队伍的感激之情。

大道通途，打通的是路，连接的是心。农村公路，为龙市乡村带来了生机与希望，带来了美好与幸福。

搅活一池春水——龙市镇扩权强镇改革纪实

2013年以来，龙市镇乘着扩权强镇改革试点的东风，积极出台相关政策，认真承接下放的管理权限。一场释放乡镇发展活力、探索乡镇发展途径的改革，在这片红土地上迅速拉开帷幕。该镇荣获2014年吉安市扩权强镇改革试点镇目标管理考核第二名，并获得吉安市"科学发展综合考评优秀乡镇"荣誉称号。

一、"小政府"架构做实"大服务"

在扩权强镇改革试点中，龙市镇坚持"以'小政府'架构承接'大权力'、做实'大服务'"的改革目标，着力优化政府组织结构，再造服务流程。该镇率先在全市24个扩权强镇试点镇中将原有机构整合归并，成立"五办一局一站一中心"，推进便民服务、综合执法、社会管理"三大平台"建设。

"以前办事总是要跑新城区，现在在镇里的便民服务中心就能办好，而且是一站式的，服务态度也好。"这是该镇相公庙村村民张佐桥的真切感受。当天，他来到镇便民服务中心办理涉农补贴的相关手续，不到6分钟就办结了。为做好下放权限的承接工作，该镇逐步将30多项上级下放、委托的行政许可、行政审批和公务服务权力放入镇便民服务中心，实行一站式集中办理。与便民服务中心一样，综合执法局也是新组建的机构，承接了上级下放、委托的所有行政执法权，统一行使镇域范围内的镇容镇貌、规划建设、环境保护等方面的行政执法职能。在龙

市镇首批承接的60多项权力中，20多项行政处罚权由该局行使。

二、打造城镇对外形象名片

扩权是手段，强镇是目标。该镇积极回应群众期盼，着力打造环境优美、生态良好的新型城镇。该镇从规划入手，先后投入资金200多万元，聘请上海同济大学规划设计院编制了《龙市城区拓展规划》和《龙市镇总体规划》，将镇区规划面积由4.8平方千米扩展到6平方千米，进一步拉开了城镇建设框架。按照"政府主导、市场运作、统一规划、分步实施"的原则，先后投入1600多万元，重点围绕"一江两街三线四组团"的思路，突出城区的基础设施和城市化进程的节点建设，不断优化城市人居环境，完善城市服务功能。

短短一年多时间，该镇重点城建项目凯歌高奏，龙江河综合改造全面动工，龙市商贸城和火车站广场建设项目进展顺利……新增城区面积0.5平方千米，城镇常住人口迅速增长，全镇呈现"路更宽、灯更亮、景更美"的景象，群众居住、出行等生活条件不断改善。

三、"产城互动"助推城乡一体化

扩权强镇改革的实施，催生了龙市镇镇域发展观念的变化。该镇大力实施产城互动、镇村联动，着力发展陶瓷、生态农业和红色旅游业，壮大镇域经济实力，推进城乡一体化。

该镇充分发挥境内10余家陶瓷生产企业、1.5万名陶瓷产业工人的聚集效应，全力做强、做优陶瓷产业，逐步构建以日用陶瓷、建筑陶瓷、旅游陶瓷为重点的工业经济体系，推动瓷城周边务工、商贸、物流等相关产业的发展，形成"产城互动、园镇融合"的良性发展格局。

同时，该镇紧紧依托现有生态资源，先后建设了1000亩高山油茶、300亩井冈蜜柚、500亩花卉苗木、100亩生态葡萄等农业产业项目。该镇还重点打好"朱毛会师圣地、军政院校摇篮"红色旅游牌，投资200余万元对会师纪念碑、会师广场及周边环境进行全面修缮和改造，提升红色文化品位。

扩权强镇改革搅活了龙市镇经济社会发展的一池春水，如今，龙市镇正以"月月有变化，半年大变化"的"龙市速度"实现着美丽嬗变。

一江碧水绕城郭

　　徜徉龙江河，犹胜半苏州。龙江河位于龙市中心城区。每年国庆假期期间，多场结合特有水域资源的大型实景沉浸式演出轮番上演，既丰富了游客的游玩体验，又让环绕龙市城区的龙江河成为一张城市新名片。

　　龙江河河宽水深、水源充足，但城区内涝、水体黑臭等问题曾经困扰着周边居民的生产生活。近年来，龙市镇党委政府将黑臭水体治理、污染源治理、水系周边环境整治等统筹谋划，分三个阶段开展后河水系综合治理，全方位提升龙江河生态环境。

　　龙江河综合治理工程起点位于石陂村源口桥，终点位于龙市火车站广场下游300米处，河道治理全长5.3千米（其中：龙江河4.8千米，睦村支流0.5千米）。主要建设内容有。（1）防洪工程：按照10年一遇防洪标准整治河道5.3千米，新建和改造河堤护岸9.66千米，新建拦水坝3座、江心岛1处。（2）截污干管工程：沿龙江河两岸敷设截污干管及污水收集管网7.75千米。（3）市政园林工程：对龙江河周边环境进行生态修复，新建防洪堤顶人行道及美化、绿化、亮化、景观等配套设施。2014年11月开工，2018年6月完工，项目投资总额12216万元。

　　截污、清淤、引水，修建跨河桥梁、沿河道路，疏通堵点、净化水质、管护生态体系……参加过龙江河改造项目建设的施工负责人徐树栋介绍，清淤时，所有淤泥均采用快速脱水压干工艺，处理时充分考虑对整体环境的影响，每个批次均采样进行微量元素检测，不合格的淤泥采用无害化处理，防止再次污染环境。

在龙江河龙市三中段会师桥自排改造项目实施过程中，因自排管道需要穿越沿江路，为规避施工期间封路影响市民出行，经专家科学论证，自排管道采用了地下非开挖顶管技术。现场施工人员加班加点，在不影响沿江路交通畅通的情况下，仅用一个月就完成了项目建设。

将群众利益放在首位，贯穿了龙江河治理的全过程。据介绍，后河整个河床呈锅底形，两岸的景观经过精心规划，河岸采用了草坡入水的工艺。使用这种改造工艺，一方面水生植物容易长出水面，形成自然景观；另一方面，一旦有人不慎落水，更容易实施救援。

项目建成后，龙江河从原来的不设防提高至10年一遇的防洪标准，新增了山洪预警系统，防洪能力明显增强；0.2万亩农田免受洪水侵扰，上游灌溉渠能够确保下游800亩农田灌溉用水，旱涝保收；彻底改善了龙江河的水环境及周边的生态环境，打造了一条生态绿色休闲长廊，居民的生活质量明显改善，幸福指数明显提高。

以水质提升为目标，后河复苏成为龙市城市更新的重要内容。通过整治沿岸景观、实施引水入城工程，龙市镇以水系综合治理为契机，统筹推进沿岸绿道建设、历史文化街区保护、家门口公园建设等，在龙江河沿线增加了2处公厕、约2800平方米停车场以及游乐设施，不仅提升了群众幸福感，也提升了城市功能品质和创新发展活力。源源不断的活水涌入龙市中心城区循环水系，一条环形城市生态绿廊逐渐成形。

还城区一泓碧水，走好生态保护与经济发展和谐共进之路。如今，整个龙江河全线敞开、全天开放，两岸游览项目引入全时、全景、全龄、全季新模式，众多市民、游客在龙江河两岸休闲娱乐，享受惬意时光。

星火不绝大仓村

重峦叠嶂，云雾浩渺。在湘赣边界罗霄山脉中段井冈山深处坐落着一个安静的村落——大仓村。井冈山革命斗争时期，毛泽东和袁文才在这里举行了一场不同寻常的会见，从此工农革命军进驻井冈，"农村包围城市、武装夺取政权"的革命星火熊熊燃起、燎向全国。新时代，大仓村从"大仓会见"的历史中走来，以红色名村建设为抓手，传承红色基因，延续红色星火，绘就了一篇精彩纷呈的诗章！

一、打开山门迎客来

青瓦檀椽，白壁天井。夕阳余晖下，雕花门窗上斑驳的纹路尽显客家建筑的精美。谁承想，幽静雅致的林家祠堂里竟演绎过一场热闹非凡的"会面"。秋收起义部队经三湾改编后，只余下700来号人，"枪比人多"，亟待休整。革命道路该怎样走？井冈山位于湘赣两省之交，地处偏僻，山高林密，交通不便，敌人鞭长莫及。毛泽东立足实际，提出要到敌人统治力量薄弱的井冈山"落脚"，养精蓄锐、重整旗鼓。毛泽东随即派人给井冈山的"山大王"袁文才送信，表达想要"上山"的意愿。

在重重困境之下，毛泽东始终没有放弃上井冈山团结"绿林好汉"的意愿，还是希望能与袁文才见上一面。一番诚意"拨动"下，袁文才选择将会面的地点定在大仓村的林凤和家，既表达了礼重朋友之意，又做好了阻挡革命军进入"巢穴"茅坪的防备。杀土猪、摆米酒、做"客家榜"……林家祠堂里隆重的待客礼仪"杀猪礼"之下，却埋伏着多处暗哨。令人意想不到的是，来的只有几人马。袁文才放下戒心，悄悄撤下预先设下的伏兵，两双大手紧紧握在一起。就是这历史性的一握，工农革命军在井冈山安下了"家"，开启了革命道路。

时光流转，一场别开生面的"新会见"在大仓村上演正酣。

初中毕业后的张丽红，早早嫁了人，生了3个孩子。曾以为自己这辈子只能当个家庭妇女，不曾想过现在竟还化起了妆，当起了茶吧服务员。"以前村子穷，又偏远，不要说见老外，就连外地人也见不到几个。"张丽红说，"现在全国各地的人、外国人都来大仓旅游，我学会了怎么服务，长了见识，一个月能拿2800元的工资，年底还有奖金，兜里有钱哩。"曲径通幽，花木簇拥，精美别致的耕云·红梦源民宿依山而居。在党支部的带领下，大仓村主动策应全域旅游战略，"牵手"高端旅游公司，打造高端民宿及共享农庄共11栋52间房，村集体以土地入股，贫困户通过利润分红、发展餐饮、民宿打工等实现"双丰收"。近两年来，大仓村接待游客超过4万人次，民宿入住游客7000余人次，总体营业收入达到200万元，村民的人均年收入达到1.5万元以上。"我们通过乡村文化生态旅游新模式，引来源源不断的国内外游客与大仓村民来'会见'，蹚出一条继往开来的新路子。"谈起大仓村的发展，村支书林作贵的眼中闪着光，笑容荡漾开来。

二、同心前行大道宽

阳光洒在林家大院门前葱郁的桂花树上，漏下斑斑点点细碎的日影。一阵清风吹过，树叶婆娑作响，像是在讲述当年的故事。从上山目的到斗争主张，从对时局的分析到对未来的研判，毛泽东对袁文才开诚布公、推心置腹，袁文才也被毛泽东渊博的学识和宽宏的气度深深折服。一句"我们都是农民的儿子"，更是让两颗心拴在了一起。毛泽东询问袁文才有多少杆枪，袁文才讪讪说道，好坏60条。毛泽东当场提出要赠送袁文才100支枪。在"有枪便是草头王"的年代，这

个举动让袁文才感动不已、顿消疑虑，当即回赠了毛泽东1000块银元，并表示欢迎工农革命军进驻茅坪，所需粮食、伤病员安置等全包在他身上。

"疑心"变"交心"，"鸿门宴"变"同心宴"，革命从此上新途。

沿着石砌台阶拾级而上，一面同心照壁映入眼帘，这既是对历史的纪念，更是对后来人的告诫。70岁的曾秋妹，一辈子在村里种地，没想到自己种的莲子、腌的萝卜干竟深受游客青睐，成为发家致富的"宝"，卖给民宿一个月能赚个1000多元。"我们厨房窗口，挂着一块小黑板，每天需要什么菜，就写在上面。"途家民宿大仓店店长雷红艳说道，"只要是村民送过来的'山货'，民宿都会帮忙卖掉，店里招聘的帮手也基本都是村里人。"

"一个人富不是富，大家富才是富！"近年来，大仓村党群同心、干群同心，通过引进项目、盘活资产、联建帮扶等方式，19户68名贫困人口全部脱贫致富，昔日的"十二五"省定贫困村变成乡村振兴的示范村。

大仓村的"同心"故事远不止这些。

"这下好了，灌溉水渠有了，来年收成不用愁了。"大仓村村民一提到村里新修的水渠，都笑得脸上乐开了花。在以前，一到夏种农忙季节，大仓村河道干涸、水坝漏水，河水根本无法满足农田灌溉需要，水稻收成总是不景气。2021年，村党支部结合党史学习教育，扎实推进"我为群众办实事"实践活动，多次组织人员现场勘察，多方争取项目资金，发动党员群众加入修渠队伍中，一条通往百姓田间的千米"暖心渠"便蜿蜒穿行在大仓村的田间地头。同时，村里还成立了"五老"调解队，积极开展"大仓之星"评选活动，举办农家乐技能培训。"党建引领、村民共治"的管理模式让大仓村的发展道路越走越宽广！

三、红色基因代代传

在林氏积庆堂与林家大宅的空地上，干打垒的"红色讲习所"仞然而立，屋旁一株连理枝缠绵交错，屋内一棵楠木破顶而出，恰似一幅浑然成天的油画。大仓会见后，毛泽东意识到，要在井冈山真正站住脚跟，还必须要赢得当地老百姓的支持。

为此，他在大仓创建了农民讲习所，一方面通过讲习所向井冈山"老表"讲清楚中国共产党的政策和任务，密切与群众的关系；另一方面为建设基层农村党支部吸纳人才。

"唤起工农千百万，同心干。"团结组织群众是中国共产党代代相传的"法宝"。

新时代，为更好地组织宣传发动群众，大仓村党支部依循地形展开，在农民讲习所的旧址上新建了一个可容纳120人的新时代红色讲习所。

2022年10月26日，在这里，一场主题党日活动"走实"又"走心"。"党的二十大精神不仅要学，还要用到促进村庄发展的实践中去""以井冈山革命根据地创建95周年为契机，把红色大仓的牌子打出去"……大家你一言，我一语，结合村庄发展和自身实际，聊起了对党的二十大的感想体会，好不热闹。

如今的"红色讲习所"，不仅仅是宣传党的政策方针的前沿阵地，还是党员干部理想信念培训的教育阵地，更是老百姓学习技术的农学阵地和开展活动的文化阵地。

红色文化是大仓村的魂。为传承红色基因，除了打造"红色讲习所"外，大仓村还有很多扎实的举措。

"这是横江桥，当年毛泽东在这里下马驻足，步行走进村庄……这里是望红台，大仓会见的时候，袁文才就是在这里埋伏了暗哨……"林作贵如数家珍般介绍着大仓村的一景一物。

在大仓，像林作贵这样的"红色讲解员"有十几个，大家个个能说大仓历史，人人会讲会见故事。

除了打造红色队伍外，近年来，大仓村借力东南大学建筑学院，对村庄进行整体规划，打造红色IP，扎实推进了林家大院、横江古桥等革命旧址的修复改造工程，研发编写了《大仓会见》红色教材和《红土地的承诺》文艺节目，被评为江西红色名村。同时，大仓村还主动加入全市红色名村党建联盟，积极开展"三联"活动，主动对接中国井冈山干部学院、全国青少年井冈山革命传统教育基地

等培训资源，红色培训事业前景一片大好。如今的大仓，俨然成为一个没有围墙的红色学院。2021年以来，共接待300余个培训班次，培训学员2万余人次。

　　春来秋去，时光辗转。历经百年风雨的林家老宅依旧屹立不倒，承受过无数次雪压霜欺的老桂树越发坚挺葱郁。大仓村在红色文化的沐浴下，未来一定能放射出更加夺目的光彩。

江边荷花应时开

红色资源是鲜活的历史，是宝贵的精神财富，承载着中国共产党为人民谋幸福、为民族谋复兴、为世界谋大同的初心使命。大江边村成为红色之旅的打卡地后，每天都有惊喜。革命老区光焰四射的红色文化之光与新农村建设的蓬勃生机聚起的磁力，吸引本地和外埠的参观者蜂拥而至。

最近，大江边景区的荷花也为井冈山会师95周年应时而开，荷仙子应景的窈窕姿容再次在手机上"蹿红"，撩得爱荷花人的心花跟着绽开，恨不能自己也是一株碧荷、一朵荷花，抑或能变成与荷共舞的蜂蝶……

车出龙市城，一路畅通，满眼浓绿，鸟鸣洗耳。十来分钟，车过庄前遇到一队迎亲的车队堵了片刻，抢节日彩头办喜事，双喜临门。以村为界，南为城厢地界，北是古城辖区，站在庄前高处放眼北望，黛绿的浅丘如波涛起伏，绵延至天边，让人浮想联翩。

沿着319国道往东一直行驶到陶瓷工业园区，亮丽的庄前小学出现在眼前时，显示离大江边村不远了。而蜿蜒的公路两旁呈现在人们眼前的，除了天地造化的群山起伏涌动起大地浪漫的生机，就是人间创造的原生态稻田、漫山遍野的玉米林、葳蕤的树竹和散居的农家小院、新屋、瓦舍，勾勒出的人文之景，以及这些自然与人文缱绻出来的农耕文化的山情水味。

车驶过庄前小学门前不远便是今天的大江边红军村，沿公路建起的幢幢新楼，

或矮花墙围起的小院兼具古朴与时尚风格，红旗飘扬，红灯笼高悬，红对联惹眼。这些既凸显着乡土文化的底色，又令红色气息扑面而来；过去的落后与贫穷，已经找不到痕迹。新村的路街从公路旁一直到龙江边，展出乡村新镇的格局。

在雄伟华美的大江边村牌坊前下车的那一刻，已经车满为患，人头攒动，节日的气氛浓郁，像走进一个繁忙的乡场或参加一个盛大的活动。到此的游客大多胸前别着锃亮的井冈山徽章，手里拿着鲜艳的小红旗，有很多人还身着灰色的红军服，或头戴缀着红五星的八角帽。人们脸溢异彩，眼放光芒，情绪激昂，节日的大江边村沉浸在喜悦与兴旺里。此情此景，让人的内心不由自主也燃起红色情怀，甚至把人的遐思带到1928年红军带领群众打土豪、分田地的激情岁月。人们对先烈的敬仰之情和对红色文化的崇尚之意，以及对大江边村今天变化的赞许目光，也让人感到怀柔与亲切。

"被毛泽东誉为'泥腿子县长'的文根宗就是我们村里人，牺牲时年仅24岁。"大江边村红色故事宣讲员文忠明介绍说。井冈山斗争时期，大江边村群众前赴后继，浴血奋战，全村为革命牺牲的烈士有18人，涌现了许多可歌可泣、可书可铭的革命英烈，遗存下了丰富的红色资源、符号和印迹，成为大江边村宝贵的红色精神财富，激励一代又一代大江边村人坚定信念，攻坚克难，奋勇前行。

古老的大江边是那段苍茫岁月和艰辛历史的见证者；今天的红军村是红色基因的涅槃。每次踏访这块热土，都会让人热血沸腾和充满期待，能够从它化蝶的点滴中获取向上的力量。我抱着红色文化常温常新的执念和一睹红军村庆祝井冈山会师95周年的风采的目的，希望从中汲取红色养分与自然灵气，私心里也想借机赏看新村新荷开的美景，毕竟，手机上的风景与亲身融入自然不可同日而语。

融入怀揣虔诚的人群中，我漫步在一尘不染的"红色故里"，重温镶嵌在墙上的"讲红色故事，传红色精神"的标语，放飞思绪；瞻仰正气广场红色雕塑，驰骋遐想；参观文根宗烈士旧居，沉淀情志……在实物与时间的留痕、艺术与创意的展示、现实与历史的空间中，从细枝末节里深入岁月的骨髓，寻找着构思《大江边赋》的灵感。一圈下来，情感受到红色洗礼，思维有了较清晰的脉络。

作为最早的绿生植物之一的荷，花朵的绽开总带着喜气瑞意，加上从古至今，文人墨客都爱荷花，赋予了它浪漫和灵气。北宋周敦颐之《爱莲说》里"莲之爱，同予者何人？"就是作者被莲的自顾倔强、不理风月、静候时光、清雅脱俗的品格所折服。荷也叫作莲、水华、玉环……红军村的莲一种开白花，一种开粉花。当地村民介绍说，开白花长出来的藕为白花藕，开粉花长出来的藕为红花藕。夏天花开为大江边村添景，秋冬挖藕成产业增收。

小车被蜿蜒起伏的柏油生态游道牵引着，缓慢行驶在清风习习、鸟声啾啾的浓密而清幽的山林间，路边和林下还开着不少不知名的野花。

观景台上有台柱、木顶、木围栏，视野开阔。站台俯瞰，绿意从身后、两侧和脚下向南涌动，在远处的岗岭又如巨涛般跃向天边。放眼四周，除了绿还是绿，让人感觉清新的空气里都是绿因子而生机无限，脚下长根而不舍离去。台下的荷田，荷花点点。

从观景台看大江边红军村，车似甲虫，人如蚁，日光下的村落如绿锦中的美丽刺绣。可惜，不敢恣意滞留，能走马观花已然知足。最后，小车启动，又在山光林色里画了个半圆出林，再顺着东北方向的环行道绕至荷池。荷池规模略小，但红花繁盛，已有不少游客流连池畔，手拿相机和手机拍摄、留影。

看到家住景区的农户如今生活在公园似的环境里，迎早送晚，享受着改革开放的红利，幸福和惬意令人羡慕之极，恨不是他们中的一分子。此情此景，我写下了《大江边赋》：

　　古称旗硕沃，今名大江边。地处国道旁，隶属庄前村。龙江横贯东西，铁路纵穿南北。基祖永新固塘村，明洪武六年迁此。开疆拓地，安居乐业。耕读传家，正气做人。民风淳朴，义德归焉。

　　历史厚重，文化璀璨。祖祠堂，风采依然；旗杆石，功名遗存；莲花寺，香火旺盛；旌表匾，浩气贯虹；砖瓦窑，见证沧桑；土坯房，保留乡愁。

　　古往今来，人才辈出。明代子星，医学提领；永乐诚社，永州县令；崇祯文传，袁州知府；清代文炳，南康司铎；雍正士洁，游说讲学；商贾祥轩，家财万贯；增生锦斋，赐封"圣士名儒"；乡绅北书，授匾"孟光并美"；礼部侍郎茂林，册封"蜚声翰苑"。历代名贤，赞匾27块。金榜题名，进士7人（含岁进士5人）。赓续不断，循良接踵。精英团体，独领风骚。

井冈山斗争，组织暴动队；创建根据地，捐款送粮；团结穷苦乡亲，成立农民协会；发动群众闹革命，分得田来分地忙。18名英烈捐躯，血染红疆土。文根宗活捉伪县长，首任工农兵政府主席。红军团参谋"两文"（考古、星池），德才兼备智而勇，屡建战功传佳话，世代敬仰芳名留。

物产丰饶，富甲一方。土地肥沃，旱涝保收，鸡鸭成群，鱼跃池塘。稻菽遍地，涌天金浪。五谷丰登，六畜兴旺。工业园区，瓷城美誉。窑炉内外，溢彩流光。日用陶瓷，品种齐全。精美绝伦，器成天下。国字品牌，畅销市场。

美哉！魅力大江边，承前启后展宏愿，继往开来绘华章。壮哉！秀美大江边，奋蹄扬鞭谋发展，脱贫致富奔小康。

走进龙江新村

在龙市村窑下组有一片荒滩，面积60亩，这里原本是20世纪70年代末大队开垦种植的柑橘果园，由于功能老化、树龄过长、产量不高等，这块地荒废了十几年，无人问津。

到2010年，沉睡多年的老果园开始苏醒了，装载机、挖掘机、水泥搅拌车开进了施工点。从工程奠基、土地平整，到一座座院落拔地而起，仅用了2年时间，一个崭新的村庄在这片废弃的果园上诞生了。这是龙市镇实施的易地扶贫搬迁项目之一的龙江新村。按照统一规划、统一设计、统一风格，一幢幢崭新的小楼矗立起来，浅黄色的墙体上装饰着中式风格的图案，西式建筑与民族特色结合在一起，时尚中透着古朴。

2012年，50户移民户搬进了龙江新村的新房。钢筋水泥结构的三层小楼，四室一厅一厨一卫的设计让生活起居都十分方便。家家楼顶上都安装了太阳能热水器，门前都用铁栅栏圈起一个小院子，栽上花，种上菜，颇有几分别墅的味道。

龙江新村的崛起，改写了旧日窑下村贫穷、破败、脏乱的形象，"晴天尘土飞扬，雨天泥泞满地""牲畜满村跑，垃圾满天飞""下山一步滑三滑，上山一爬喘三喘"都成了过去式。

在龙江新村李小斌家的墙上贴着几张照片，其中有原居住地破旧的老房子和现在砖混结构小楼的照片，还有原居住地泥泞山路和现在平坦水泥路的照片……

一旧一新的照片上，其居住条件和出行交通状况对比鲜明，让人感叹。

几年前，李小斌家住在一个叫华岭村的地方。华岭村由于地处偏远，交通不便，加上缺水少雨的自然条件，传统的农耕方式经济效益极低，许多人家只能勉强维持温饱。

李小斌在10多年前不幸得了关节炎，久治不愈的疾病拖垮了家庭。各级政府的相关部门对李小斌家积极进行资金和产业等方面的帮扶，上大学的儿子在学校里也得到了资助。2017年他家脱贫出列，眼下面对的就是进一步巩固家庭经济收入，以防因病返贫。

记得我初次走入龙江新村，是应邀参加远房亲戚乔迁做圆屋酒席，也是村民移民后的第三个年头。来到新村，只有亲戚的亲切面容没有改变，其余的一切都是陌生的。一条大路由村头笔直通向村尾，大道两边对称平行排列着一栋栋3层高的楼房，门前是四通八达的黄泥路。路旁稀稀拉拉种有一些不起眼的小树，三三两两的自行车和摩托车搁在路边。村尾某户人家修造的假山水池倒是别具一格，彰显出时尚的设计理念，成为一道独特的风景；村中央的巷道左右各有一块面积不算很大的休闲空地，开始安置一些体育运动器材，活动场地边上种有少量的花草，是当时龙江新村最抢眼的风景。

伫立村头放眼四周，虽说视野开阔，但是除了一栋栋新建的房屋外，到处乱堆砖块石头、道路坑坑洼洼、管网线犹如"蜘蛛网"、绿化带杂草丛生，略显沧桑和荒凉。一种莫名的酸楚滋味涌上了心头，总觉得有些名不符实。

时隔10多年，我再一次踏进这个移民新村时，眼前的景象焕然一新。村口建起了一座雕龙画凤的高大村牌坊，上方"龙江新村"几个大字金光闪闪十分耀眼；牌楼两侧是书法家龙学昌撰写的楹联："龙江聚气入青云，虎岭藏风吟紫月。"整个建筑古朴庄重、大气壮观。

村中的房子已经大有改观，每栋房子几乎都修葺一新。门前大小道路全部铺上了沥青，路边的小树也已经枝繁叶茂，有的开满鲜花，美不胜收。曾经的自行车不见了踪影，取而代之的是一辆辆崭新的汽车。几个保洁员正在打扫村道，整个村庄干净整洁。

进村的公路已经拓宽，水泥路被沥青覆盖，新村外围花团锦簇，村内景色宜人。快要走入村口，首先映入眼帘的是奔流的龙江，站在岸边，可以看见鱼儿在碧波中嬉戏，河边的休闲石桌石椅布置有序；走入住宅区，主道墙壁上间隔挂着20多块木牌，木牌上分别写有"厚德载物""助人为乐""襟怀坦白"等新时代新风尚标语，令人耳目一新。同时，停放路边的摩托车数量减少了，大小汽车随处可见。拐入第三个巷尾，原来那块休闲空地已变成休闲广场，场内设有仿古木制亭廊、羽毛球场、儿童乐园，这里既是村民的议事中心，也是人们休闲娱乐的场所。

绕着村庄走上一周，发现村子已经新建排污管道，清理疏通化粪池，管网线下地，规范停车位，增加充电桩，安装智能安防系统，更换消防设施，等等。经了解，才知道那是政府出资100万元，从内到外、从地面到地下、从环境到设施、从舒适到美观，应改尽改，一改到底。其改造力度之大、改造程度之深，前所未有。政府通过打造15分钟生活圈，构建绿色、宜居、便捷的新村生活空间，村民的生活质量、幸福感大幅提升。

走在龙江新村的大道上，看见的是一派生机勃勃、和谐美丽的新农村景致；看见的是一群朝气蓬勃的人们，正在政策的春风中勤劳致富，奔小康的喜悦已经悄然挂在了乡亲们的眉梢。

在这充满希望的新时代里，龙江新村，正在为美丽龙市增添锦绣的一页。

人间烟火味——逛农贸市场

一日三餐，市井烟火，买菜还得去农贸市场。这是新年回家，人们走进龙市农贸市场后发出的感叹。现在的农贸市场，真的大不一样了……

一

相信很多居民都有这种感觉，习惯了线上买菜，突然来到农贸市场，发现它早已"改头换面"。就像走进了季羡林的散文里："一走进菜市场，仿佛走进了另一个世界。这里面五光十色，令人眼花缭乱。但是，仔细一看，所有的东西却又都摆得整整齐齐，有条不紊。菜摊子、肉摊子、鱼虾摊子、水果摊子，还有其他的许许多多的摊子，分门别类，秩序井然，又各有特点，互相辉映。"

市场环境从脏乱差变成干净、整洁、有序，市场摊位从单一化变成多元化，消费体验从随意变成规范，大数据从模糊变成可视可溯……

大家都说，新市场现在可干净亮堂了，门口的数据大屏真高级，菜价、排名、信用什么的都一目了然，普遍使用电子秤，没有了短斤少两的争吵。改造后的菜市场，从市场外看，新老字号商铺沿街林立，外立面修葺一新，市场招牌夺人眼球；市场门头独具特色，与周边公园、社区环境融合，令人眼前一亮。

二

随着文明城市创建工作不断深入推进，一场"菜场革命"席卷了位于龙市沿江河段的农贸市场，无论是外在颜值，还是内部管理，全部"脱胎换骨"。

走进农贸市场，整齐有序的摊位、亮洁的瓷砖、宽敞舒适的购物环境，让人仿若置身超市。人来人往，通道并不拥堵；一派忙碌，却不嘈杂。

在农贸市场门口，停车区有序划线，车辆整齐地停放；市场内，熟食区全部打造玻璃房，干净卫生；原先脏乱臭的活禽区不见了，变成了干净整洁的活禽摆放、宰杀和销售分离区。菜场还人性化地在各摊位前设置了垃圾桶，方便摊主和购物的市民投放垃圾。整治后的农贸市场功能完善、配套齐全，卫生环境明显改善。

三

"以前，菜市场又脏又臭，地面湿漉漉的，每次都要踮着脚进去。现在，进菜市场像逛大超市！"在农贸市场门口，市民张女士对现在的农贸市场环境连连点赞。市民刘先生是一位资深"家庭煮夫"。他说："以前菜市场环境很差，地上总是又脏又湿，味道很大，虽然自己住在菜市场附近，但都舍近求远，宁愿骑车去远一点儿的超市买菜。菜市场改造后，我再也不用赶去超市买菜了，节约了不少时间。"家住商贸城的谢女士习惯到农贸市场买菜："自从菜市场改造后，我越来越喜欢买菜。逛菜市场，已经从生活所需升级为生活享受了！"农贸市场管理人员颇有感触地说："农贸市场的改变，提升了老百姓的获得感。这是民生工程，更是民心工程！"

四

农贸市场在硬件设施上进行提档升级。排水通道统一铺盖不锈钢罩，能够有效防止垃圾堵塞排水管道；水产和蔬菜摊台外侧统一安装玻璃隔栏，解决了水往通道溢，造成通道湿滑的问题；为凉菜、熟食打造玻璃房，给食品建造"安全屋"。除了提档升级硬件设施，农贸市场还整顿经营秩序。对经营摊位实行摊台和划线管理，禁止超标、越线、占道；市场外划机动车和非机动车停车位，保证车辆摆放整齐、规范；每个摊位配备一个密闭式垃圾桶，垃圾日产日清。同时，农贸市场还安排专人每日对市场进行巡查，确保货物摆放整齐、环境整洁。在改造环境的同时，农贸市场也十分重视文明城市创建的宣传工作，市场内增设公示栏、公益广告和宣传画，用大喇叭循环播放宣传语，提醒商户及前来买菜的市民群众做到文明交易。经过改造升级，龙市农贸市场的"颜值"和"内涵"都得到提高，经营户文明诚信经营意识得到提升，内部管理井然有序，社会反响良好。

从马路菜场，到退路入室，再到标准化经营，菜市场的每一次升级，都见证着城市的现代化进程、管理水平的提升，以及居民生活的消费升级，体现了居民对环境卫生、健康安全的追求。只有补齐了"短板"，才能真正提升城市整体形象，让市民更有获得感、幸福感。

路灯照亮回家路

龙市人见证了改革开放后路灯和城市发展的变化。而这些小小的路灯，不仅记录了路灯管理工作史，也见证了城市发展变迁。

20世纪80年代，龙市还是个小县城，城区仅有路灯58盏，分布在会师路、沿江路等几条主干道两旁。

这些路灯大多为发着白色光的单臂灯，照明范围十分有限。尽管如此，夜空中点点亮光足以为行人和骑自行车的人指引方向。然而，在有限的主干道外，其他道路依然漆黑一片，很多市民回家的路上没有灯光。"让人民回家之路不再有黑暗之处"成为那个时期党和政府的奋斗目标之一。

进入20世纪90年代，伴随着摩托车等机动车的增多，群众的照明需求激增，城市新建区域路灯安装工作有条不紊地进行，并不断向背街小巷转移，城区路灯覆盖面积达到了60%。除新建区域安装了路灯外，1997—1998年，龙市先后对站前路、河西路等路段的部分路灯进行了修复改造，改造后的路灯在外观、照明范围、使用寿命等方面都有了长足进步。

随着制造技术的发展，路灯的种类不断增多，出现了双臂灯、花灯等多种灯型，可以根据不同道路的特征进行选择，满足各类道路的照明需求。随着路灯数量的增加以及灯杆高度的变化，维修人员的工作量和维修难度也在增加。在维修工具有限的情况下，当年维修人员使用竹梯、双轮车、铁质脚扣攀登灯杆进行维修，身体和心理承受着巨大压力。可以说，每一盏路灯下都有安装和维修人员的辛勤汗水。

千禧年后的10年间，全国经济、科技迅速发展，龙市在路灯安装、改造方面的投资力度不断加大，从2000年的80万元增长到2009年的430万元，路灯从2000年的328盏增加到2009年的731盏。路灯在原先单一的照明功能上，增加了点缀景观和装饰建筑物的功能。这些具有装饰功能的彩灯，不仅照亮了夜晚道路，提升了群众出行的安全性，而且极大地修饰了夜晚的城市面貌，重新诠释了城市的美丽。

改革开放不仅使国家经济得到跨越式发展，也让科学技术得到了前所未有的进步。路灯管理工作借助机械化、科技化的力量，插上了腾飞的翅膀。在维修、养护方面，竹梯、双轮车渐渐被路灯维修专用汽车取代，既保障了维修人员的安全又提高了维修效率。更让人骄傲的是，2005年，结合实际情况，龙市城区主要路段安装了路灯自动化监控系统，养护人员实现了足不出户便能对路灯电流等情况进行实时监控。一旦有路灯出现问题，系统自动报警，监控中心即刻便能派出检修人员进行抢修。

2010年，龙市路灯管理所进行了改制，并根据城市规划要求，先后完成了会师路、下街巷、商业区等道路路灯新建工程以及骆家坪、工业区等道路路灯改造工程。近十年来，龙市共计安装路灯1500余盏，总投资约36亿元。这些数字，不仅体现了路灯照明建设的发展、城市面貌的改变，也从侧面反映出群众生活水平的提升。

从1988年的280盏到如今的1500余盏，路灯的意义不再局限于照明，它也承载着城市文化的印记。龙市作为"边界商贸重镇""朱毛会师圣地"，在路灯造型上充分展现了"古城""红色"的特点。例如，会师路和步行古街遥相呼应灯笼造型的路灯、美食街路用红绿灯管编织成的仙客来造型路灯。为创办"节约型城市"，目前，部分路线的路灯换成了LED灯，使用太阳能电池板供电。龙市利用先进技术、材料，实现了节约型、智慧型城市的建设。

进入新时代后，路灯的功能早已不是单纯的照明，伴随江心岛公园、沿江绿化带等城市生态项目建设，彩色映射灯、大型探照灯等被广泛采用，商贸市场、龙江河畔的夜晚呈现别样风情。现在，龙市有路的地方普遍都有路灯。龙市路灯的独特造型，不仅展现了城市深厚的文化底蕴，也为建设宜居宜业宜游宜养的城市添砖加瓦。

一盏路灯，照亮回家的路；一盏路灯，渲染夜光下的美景；一盏路灯，体现城市几十年的变迁。一盏路灯，一座城，一种回忆，一段复兴路。

桥头夜市

90多年前，毛泽东率领的秋收起义部队和朱德带领的南昌起义保存下来的部队以及湘南起义农军，先后过了木桥，在龙江南东岸的沙洲上举行会师大会，成立了中国工农革命军第四军，开创了工农武装割据的新局面。新中国成立后，当地人民为纪念毛泽东、朱德等老一辈革命先驱的历史功绩，将木桥改名为会师桥。

富有光荣革命历史的会师桥，尽管没有赵州桥那样古朴典雅，也没有武汉长江大桥那样气势如虹，但它"握交通湖南之枢纽"，引桥伸到河西、沿江、会师三条大道的交会处，加上引桥自然形成了个"十"字。十字街口中央是个三角形的花圃，一盏高架灯在花圃中心屹立，照耀着会师桥头。

会师桥地处龙市闹市区，白天车水马龙，行人熙熙攘攘，来去匆匆。当天空拉下黑色的帷幕，会师桥头又是另一番景象：大商场霓虹灯闪烁，节日灯一串串从高楼垂到门楣、树梢，忽闪忽闪，如洒落的点点繁星。九盛超市、会师大厦等处的霓虹灯不停地变换着各种不同的色彩和图案；高架灯如一轮小太阳悬在高空，把会师桥头照得如同白昼。

忙碌了一天的人们，此时悠闲地迎着龙江河畔送来的爽风，涌进霓虹灯闪烁、乐声悠扬的会师桥头。有的坐在花圃石凳上小憩，有的走上会师桥倚栏而立，远眺龙江两岸的夜景，还有的在超市进进出出，挑选称心如意的时令货。

此时，最热闹的要数会师桥头星罗棋布的小吃摊点和露天广场舞。时近黄昏，摊主赶早搬来液化气灶，摆下小圆桌和高靠椅，桌上铺着洁白的桌布，一枝淡雅小花放于桌上，在夕阳的照耀下显得格外素净典雅。

夜色越来越浓，有客上座了，服务员沏上一壶香茗，端来五香瓜子，带着可人的笑容送上菜谱单，轻声一问："先生，要点什么？""酒酿荷包蛋，香菇肉丝面，笋干炒腊肉，老鸭汤，再加米粉鹅。"清一色龙市特产。此时炊具的碰撞声、老板的吆喝声，汇成一支嘈杂的"乐曲"。

各种食品中最具特色的是炒田螺，一盘田螺搭上一碗糯米酒酿，喝一口甜酒生津解渴，啜口田螺回味无穷。文静的小姐两个手指拈起田螺，小拇指翘得老高，放在红唇上，用舌头轻轻一啜，螺肉溜入口中，姿态自然优美。

人们边吃边聊，无拘无束地谈笑风生。情侣们相依而坐，时而高声喧哗，时而窃窃私语，生意人却常喝得满脸红光，双目迷离。

夜深了，人们带着喜悦和满足的心情离去。嗬！一群上下零点班的工人又匆匆从摊前经过，会师桥头又热闹起来了。

不久，一辆双层卧铺汽车在会师桥头停下了，这是从深圳开往炎陵县的，每夜都是凌晨一时左右路过龙市。司机知道会师桥头夜市火红，就绕道一千米来吃夜宵。乘客也下了车，领略一下"会师圣地"的夜景，自然也要来一份龙市风味的小吃。因为还要赶路，来去匆匆。于是，服务人员就拿起话筒送上一句"祝君一路平安"。

一群小伙和姑娘从火车站那方涌来，那是从广西开往吉安转湖南方向的列车，3时26分到龙市站。他们要转车回农村家里，没有班车，离天亮只有两个来小时，住旅馆也不划算，就走进了小吃摊点，尝一尝久违了的家乡小吃。吃得尽兴时，有的抓起话筒放开歌喉来一首"咱们的老百姓，真呀么真高兴……"或男女各执话筒，合唱一首经典闽南歌曲《爱拼才会赢》。

这些饶有情趣的街头夜市，一直开到东方发白。此时，摊主收拾灶具、桌椅，取而代之的是另一族——早餐摊点。奇怪的是，一夜生意兴隆，地下却没一丁点

儿鱼刺、肉骨，没一丁点儿油渍，原来摊主把残渣扫进塑料袋，大理石面上的油渍早用清洁剂洗净了。会师桥头，这块具有革命意义的圣地，有谁会去玷污她！

东方透射出一缕曙光，会师桥头更美丽、壮观了。

附录

历代诗词选

LI DAI SHI CI XUAN

龙头古八景诗

金龟玉印

一团怪石卧江边，名曰金龟不计年。

玉印流光碧渊照，子孙科第世联绵。

旗山凤舞

层峦叠嶂现奇观，锯月东升兴倍阑。

云中史公箫声引，鸾凤和鸣舞旗山。

缤蛛朝凉

露水晶莹晓风凉，丘如蛛网百结亮。

胜景莫为世尘染，日月山水齐同光。

鱼游春江

春江花月碧水流，杨柳依依弄笛舟。

渔父到此全忘我，不知张网任鱼游。

龙溪古阁

古阁高耸入苍穹，豫樟如屏紫气笼。

缅我先人初揽胜，拓基龙溪画图中。

江狮盘蹲

江湾盘盘雄狮蹲，鬼斧神工本天成。

石灵环护列东西，佑我子弟跳龙门。

驼峰叠嶂

仙驼九天下尘凡，伏在砻头镇西南。

双峰毓秀林木茂，浮云万壑紫气岚。

钟楼晚翠

钟楼从来景色明，晚霞如今快翠屏。

暮鼓唤得牧子归，一行白鹭上青云。

[作者萧人瑞（1800—1874），字冠榜，号五云，龙市人，清同治恩贡奖加六品衔，议叙巡政厅，登仕郎]

石陂八景诗

清溪乔木

清溪一道荡晴晖，古木横江四十围。

淼淼回澜荣柳岸，森森劲节压苔玑。

干排雷雨苍龙吐，影入云霄白鹤归。

料得渔郎来问讯，桃源佳境未全非。

古沼荷花

何代山根筑荷塘，芙蕖岁岁逞红装。

水晶宫里游西子，云母瓶中醉六郎。

向日一池皆丽色，迎风十里尽清香。

客来疑是西湖境，犹记笙歌宴晓凉。

黄牛州渚

垂杨溪畔绕长洲，草嫩莎肥碧水流。

卧隐平沙黄牛饱，秀舒细雨绿茵柔。

几声牧笛斜阳外，何处渔歌古渡头。

风光浑似桃林境，故老扶幼结伴游。

白马冈岳

峰峦突兀若腾骧，千古名传白马冈。

磅礴峻峭天际杳，嶙峋远接地维长。

昔年瑶草怜骐骥，今日云山记肃霜。

屹立乾坤钟秀异，秋风春雨几斜阳。

石岭祖茔

峰如削针立西南，气势峥嵘紫翠间。

夜月仙归华表近，春风人见冷碑闲。

萦回山水蟠龙隐，突兀松楸老鹤还。

今古古今孙又子，年年祭扫踏巉岏。

丝茅仙迹

谁别蓬莱适野村，偶然驻足印仙墩。

青青瑶草藏灵迹，点点莓苔护石痕。

五色自同天地老，一卷长共古今存。

芒鞋踏存麇痕去，笑驾白云入帝阍。

陂田古社

水外螺峰山外湄，花畦稻陇雨参差。

千年老树依灵石，万顷平畴障古陂。

桑拓雨停分胙日，鸡豚酒熟赛神时。

田翁西皋无余事，步履春风处处宜。

洞口平桥

舆梁百尺跨江波，南北行人几度过。

雨霁彩虹垂碧落，秋清灵鹊渡银河。

气联颍水渊源阔，势小郑溪栈道多。

驻看中原题柱客，重来驷马意摩娑。

[作者陈兴（生卒不详），号西麓，龙市石陂村人，明永乐二年（1404年）甲申科进士，选翰林院庶吉士]

上桥十景诗

跨波平桥

一派悠然过颍川，架梁鞭石自何年。

彩虹隐下云霄外，玉带长横浦淑前。

灵鹊心软河汉晓，蹇驴迹印雪霜天。

往来颇异乘舆惠，题柱策名代有贤。

凌云古木

会从毫末至参天，万叶千枝雨露鲜。

侵晓长能笼堞瑷，方宵尤为蔽婵娟。

阳连颍水增佳致，赖因春风恼醉眠。

任是雪霜禁首稳，苍苍颜色挺依然。

府槛清流

虞潢一派接昆仑，浩浩长流秀绕门。

桂子秋晴清有韵，桃花浪暖绿无痕。

鱼龙得趣潜远跃，鸥鹭忘机旦复昏。

几度春光游目处，乘槎满拟访天孙。

列户文峰

玲珑窗户对南开，翠耸层峦列壮哉。

何异一挥毫胜碧，落绝胜管插书台。

花芳江淹曾疑梦，烟锁陈元为染煤。

自是地灵多胜迹，故教累世毓贤才。

祀先祖堂

一自封陈泽远流，根墙在念特崇修。

恽飞固已光前代，仑奂尤能骇众眸。

兰桂枝庭胜雨露，频繁入匾递春秋。

孝恩几度升登处，俯仰爱然感莫休。

训贤书舍

当年前哲会流芳，肯构高齐育后良。

几席清分时雨化，咿唔声接夜更长。

柳摇画锦交窗翠，花落春风入砚香。

今古儿孙蒙此泽，玉堂步武姓名彰。

虎象佳城

初分混沌见成形，隔负东南势独宏。

雾锁黄昏威气肃，风号白额远人秀。

凝神远域江山拱，灵长楸梧雨露荣。

阴衍儿孙来祭扫，登临千古仰雄名。

荷花芳沼

鸿鹄会从泰华飞，辛勤卸子种芳池。

娇娇西子游金殿，艳冶六郎醉玉卮。

清馥风传梅熟日，红衣露湿桂开时。

淡然月赏无边趣，何必西湖境独特。

樟坪古社

旷境蓊然若邓林，拜从三代岁华深。

九秋赛饭匙翻雪，五代羞鸡色漾金。

里闬莫安扶国运，阴阳燮理副君心。

田翁沐惠无穷乐，鼓腹遨游日醉吟。

水口狮石

狻猊何事住江边，带月披云不记年。

势壮岂惟贪水饭，骨棱更觉逐波眠。

声振天地狐狸伏，气聚山河鹭鸶旋。

指日金毛徐变化，回澜砥柱作障川。

（作者陈景贵，龙市镇上桥村人，明弘治年间邑庠生）

庄前巷口五绝

一

有水皆朝东，西流造化工。

沅头从日出，形势县城同。

二

占鳌曾出类，马上又超群。

此石鞭难动，扬镳待将军。

三

虎溪传旧迹，古井亦驰名。

欲问源头处，长天一色清。

四

古迹磨盘在，新宁两处留。

好同叶鼎纪，一石镇千秋。

（作者佚名，生平不详）

渌源八景诗

鹅子晴岚

好山幻出秀崔巍，上有晴岚画不开。

淡锁峰峦青有影，浓封林树白无埃。

风勾引闲舒卷溪，日牵留自忆去回。

忆背登临回首处，恍疑飞步到天台。

古祠晓钟

故家祠宇枕乡关，惯叩鲸音半晓间。

惊破偷闲魂梦醒，唤回追念泪痕潜。

声随残月腾苍汉，响落长江漾碧湾。

催起桐封贤后祠，鸡鸣为善未曾闲。

仙井香泉

祠外闲阶半绿台，香泉谁甓绝尘埃。

天光下映冰壶净，月影倒涵玉鉴开。

一脉泉流今旦古，万家人汲去还来。

当今幸有明王在，取人天瓢济九垓。

浆流漱玉

一湾泻出碧山头，度壑穿岩势莫留。

衮衮雪翻千峰雨，磷磷月碎一天秋。

琼波清洁朝宗急，壁浪泓漫就下流。

最是长年花落后，飞红点破玉光浮。

渌源书声

故族联居远市廛，惟将诗礼世相传。

常关云馆阴能惜，几多兰膏夜未眠。

玄诵高低闻里外，吾伊远近夹江边。

会看射策龙门去，世有科名虎榜悬。

南亩嘉禾

膏腴南亩接溪流，岁种嘉禾信有收。

苗长晓云青障陇，花开时雨白盈丘。

饭炊银杏登谷日，酒泛葡萄稻熟秋。

偏喜吾宗居此地，从未荒歉不知忧。

丹崖叠翠

丹崖万丈出林坰，黛色重重路杳冥。

瑶草染云生钿碧，石苔湿雨长铜青。

岚收绝胜开图画，日上何殊列绣屏。

山下人家千百载，好将文献石间铭。

娥皇遗迹

云树萧疏路渺渺，共传此外驻娥篁。

露草似含湘竹泪，晴苍犹带花粉香。

唐虞盛迹千年在，一度登临一感伤。

［作者唐祯（生卒不详），字世祥，号敬轩，龙市镇坳里村人，明弘治壬子乡贡，曾任漳州府学训导］

井冈山会师（1957年7月）

革命雄师会井冈，集中力量更坚强。

红军领导提高后，五破围攻固战场。

红军会师井冈山（1961年6月）

红军荟萃井冈山，主力形成在此间。

领导有方在百炼，人民专政靠兵权。

砻市大会师（1961年6月）

一九二八年，五四纪念节。

砻市大会师，庆祝大团结。

人民来欢迎，个个皆喜悦。

领袖毛泽东，革命重政策。

纪律严明时，群众自亲切。

为民除恶霸，安居才乐业。

［作者朱德（1886—1976），字玉阶，四川省仪陇县人。1927年参加领导南昌起义，任起义军第九军副军长。1928年4月率部与毛泽东部在龙市会师，成立中国工农革命军第四军（后改为中国工农红军第四军），任军长兼第十师师长、红四军军委书记，是井冈山革命根据地的主要创始人。1930年后，任红一军团总指挥、红一方面军总司令、国民革命军第八路军总指挥（后改为第十八集团军总司令）等职。新中国成立后，被授予元帅军衔，曾任中央人民政府副主席、中共中央军事委员会副主席、中国人民解放军总司令，并当选为第二、第三、第四届全国人大常务委员会委员长、中共第八届中央委员会副主席等职］

赠宁冈人民（1983年4月）

秋收起义上井冈，朱毛会师谱新章。

红色江山红军保，星火燎原照四方。

［作者何长工（1900—1987），湖南省华容县人。1927年9月，参加湘赣边界秋收起义后来到宁冈，曾任中国工农革命军第二团党代表、红四军第二十八团党代表、湘赣边界特委委员、红三十二团党代表兼宁冈中心县委书记、红五军第五纵队政治委员、红八军军长等职。新中国成立后，任地质部副部长、党委书记，中国人民解放军军政大学副校长，全国政协副主席，中共中央顾问委员会常务委员等职］

赠宁冈县（*1977年11月*）

罗霄中段创奇迹，工农割据成大业。

世界高峰皆登上，繁荣富强站前列。

领袖遗言坚如铁，永不称霸是天职。

谁若胆敢违此志，公众围歼把霸灭。

〔作者谭震林（1902—1983），湖南省攸县人。井冈山斗争时期，曾任中共湘赣边界第二届特委书记、边界工农兵政府土地部部长等职。新中国成立后，任中共中央政治局委员、国务院副总理、全国人大常委会副委员长等职〕

缔造红根地（1961年5月）

朱毛会师湘赣边，春花烂漫井冈前。

南瓜红米味饶美，绿水青山气相连。

万颗赤心何灼亮，两支劲旅胜钢坚。

红军正是擎天柱，艰苦斗争不穿棉。

［作者杨至成（1903—1967），贵州三穗人，先后参加了南昌起义和湘南起义。井冈山会师后，任红四军第二十八团第一营四连连长、留守处主任、军部副官长等职。新中国成立后，被授予上将军衔，曾任中国人民解放军武装力量监察部副部长、高等军事学院副院长、国防委员会委员、全国人大常务委员会委员等职］

红军会师桥（1965年7月）

革命风云怒，会师有大桥。

龙江流碧血，鹅石卷惊涛。

五井金銮殿，万山卿士寮。

工农须作主，携手入罗霄。

[作者郭沫若（1892—1978），四川乐山人，1927年参加南昌起义，同年加入中国共产党。新中国成立后，曾任中国科学院院长、中日友好协会名誉会长、中共中央委员等职]

朱毛会师龙江边（1988年）

朱毛会师龙江边，红军组建宁冈县。

七溪岭头歼强寇，黄洋界上唱凯旋。

创建农村根据地，包围城市起烽烟。

红米南瓜香犹在，星星之火可燎原。

[作者赖春风（1913—1993），江西宁冈县古城镇沃壤村人。井冈山斗争时期，在湘赣边界六县总指挥部任排长，后任红六军团连长、营长，参加了湘赣、湘鄂黔苏区反"围剿"、长征、山城堡战役和入朝作战。新中国成立后，被授予少将军衔。曾任广州军区副参谋长、顾问等职]

后记

　　一代人有一代人的记忆，一个地方有一个地方的回忆。一座边界小镇，总有一些街面、建筑、文物、树木、山川、河流等是可以成为见证历史、承载文化、寄存情感、留存记忆的载体。为了一代情结，更为了挖掘保护、传承弘扬井冈山文化，讲好革命老区故事，我们组织编著了《历史选择了龙市——龙市记忆》一书。本书通过详细调查和系统梳理，全面探寻了龙市的历史沿革、革命斗争、市镇变迁和发展过程，展示了龙市历史风貌和文化脉络，让广大读者进一步了解龙市镇情，传承革命精神，赓续红色血脉，特别是为生于斯长于斯的龙市乡亲留住一些记忆，守住一种乡情，助一文化之力。

　　在编撰体例上，本书主要由历史概况、革命斗争、变迁发展三部分构成。历史概况部分主要准确描述了龙市镇的基本情况，包括地理情况、政区沿革、名胜古迹、重要人物等，简介、记事、特写并存，以展现百年古镇的人文底蕴；革命斗争部分主要介绍朱毛会师盛况、旧址遗迹、纪念设施，从不同侧面结合革命故事阐述，展现当年的烽火岁月，再现革命先烈的斗争情景；变迁发展部分主要介绍龙市改革开放以后尤其是新时代以来经济发展和社会生活的变化，曾经在这里工作过的老领导、老干部、老职员和当地的居民、村民、移民，以口述或撰文的形式，在缭绕的人间烟火中共同见证岁月的变迁，发出肺腑之声，凝聚龙市的和音。在编纂内容上，本书文字力求翔实客观、通俗易懂，融史料性、知识性和趣味性为一体，同时辅以图片，实现图文并茂，相得益彰。

本书由梅黎明教授创意、统稿、修改和定稿。在本书编撰过程中，全体参编人员齐心协力、克服困难，完成了资料搜集、筛选和撰稿工作，为本书顺利出版付出了辛勤汗水。龙市镇党委书记许恒新、镇长龙江辉以及曾经在龙市镇工作和生活的镇、村领导、老同志、村民给予了指导和支持；井冈山市文广新局退休干部、中国散文学会会员、江西省作家协会会员尹小平同志承担了本书撰稿编著工作；井冈山市政协原副主席谢望中细阅了书稿，对书稿提出了修改意见；井冈山革命博物馆副馆长谢才寿提供井冈山会师文献资料及旧址旧居解说词；江西教育出版社编辑严谨认真，从专业角度对本书进行了调整和编排，使书稿质量得以进一步提高，在此表示衷心的感谢！

在本书编撰过程中，参考和引用了地方同仁及学术界大量基础资料和研究成果，主要有《湘赣边界革命斗争史》《井冈山革命根据地全史》《井冈山英烈》《宁冈县志》等，以期使龙市古代历史、革命斗争和发展变化呈现更为准确、清晰、完美。

由于编撰本书对史料搜集、内容筛选、篇章结构等工作要求较高，编者水平有限，缺陷难免，敬请读者批评指正。

编者

2025 年 2 月